中国社会科学院老学者文库

改革开放40年
我国"三农"问题论文选集

吴 崚 ◎著

中国社会科学出版社

图书在版编目（CIP）数据

改革开放40年我国"三农"问题论文选集/吴崚著.—北京：中国社会科学出版社，2019.12

（中国社会科学院老学者文库）

ISBN 978-7-5203-5586-5

Ⅰ.①改⋯　Ⅱ.①吴⋯　Ⅲ.①三农问题—中国—文集　Ⅳ.①F32-53

中国版本图书馆 CIP 数据核字（2019）第 249094 号

出 版 人	赵剑英
责任编辑	刘晓红
责任校对	周晓东
责任印制	戴　宽

出　　版	中国社会科学出版社
社　　址	北京鼓楼西大街甲 158 号
邮　　编	100720
网　　址	http://www.csspw.cn
发 行 部	010-84083685
门 市 部	010-84029450
经　　销	新华书店及其他书店

印　　刷	北京明恒达印务有限公司
装　　订	廊坊市广阳区广增装订厂
版　　次	2019 年 12 月第 1 版
印　　次	2019 年 12 月第 1 次印刷

开　　本	710×1000　1/16
印　　张	16.75
插　　页	2
字　　数	218 千字
定　　价	96.00 元

凡购买中国社会科学出版社图书，如有质量问题请与本社营销中心联系调换
电话：010-84083683
版权所有　侵权必究

前　言

　　农业是国民经济的基础，"农业强，人心定、社会安"，这是社会发展的客观规律，违背不得，违背了就要走弯路，吃苦头。

　　新中国成立七十年，前三十年由于党的主要领导对社会主义建设的长期性认识不足，认为短期内即可由社会主义向共产主义过渡，从而在政策、经济建设上急于求成，在所有制结构上急于求纯。人民公社运动从1958年7月开始发展，8月普遍规划、试办，10月1日全国农村基本上实现公社化。人民公社"一大二公"（规模大，生产资料公有化程度高），"政社合一，多级管理"，既是生产组织，又是农村基层政权，在公社范围内统一生产、统一劳动、统一核算、统一分配，搞"一平二调"，政社不分、以党代社、以政代社。公社实行分级管理，即公社、大队、生产队三级管理，公社、大队两级不直接从事生产经营，成了脱离生产的行政机构，有权者无责、有责者无权，生活上实行公共食堂，吃"大锅饭"。人民公社实行不久就陷入深层危机。后经"调整、巩固、充实、提高"，由于总的架构没有改变，也就很难取得实际效果。人民公社从它成立到1982年正式取消，沿袭24年之久，人民生活水平基本上没有提高，有些方面还有所下降，从吃的方面看，粮食人均消费量1976年为380.56斤，比1956年的408.58斤还减少了28.02斤。从穿的方面看，各种布的人均消费量1976年为23.55尺，比最高的1959年还减少5.62尺。由此可见，中华人民共和国成立前30年由于实行"左"的政策，对"三农"及全国人民危害之深是可想而知的。

1978年12月党的十一届三中全会召开，改革开放首先从农村突破，推行家庭联产承包责任制，废除人民公社，提高农产品价格，乡镇企业蓬勃发展，创造以工补农、以工建农、以工促农具有中国特色的农业现代化道路的典范。2006年，在经过多年的农村税费改革试点的基础上在全国范围内全面取消了农业税，终结了中国延绵了2600多年种地交"皇粮国税"的历史。

党的十八大以来，面对错综复杂的国内外经济、社会环境、多发频发的自然灾害，在党中央、国务院的坚强领导下，始终把解决"三农"问题作为全党工作的"重中之重"出台了一系列强农、惠农、富农的政策措施，开创了农业生产连年丰收，农民生活显著改善，农村社会和谐稳定的新局面。

这本"三农"问题选集就是我在改革开放40年中所写的论文、调查报告和述评以及国外考察的汇编，从另一个侧面反映改革开放的重大成就和问题启示。研究过程得到有关领导和专家学者的指导帮助，河北省农业厅原常务副厅长李明同志多次参加河北省的调查研究，农业部外事司原司长朱丕荣、国家林业局教授级高级工程师邱守思提供了大量典型资料，中国社会科学院农村发展研究所离退休党支部康淑君、沈翠华同志也做了大量工作，在此一并表示衷心感谢！由于本人学识粗浅，退休日久，对当前迅速发展的形势认识差距甚远，文中不当之处，希望大家多加批评指正。

目　　录

经济、社会转型期"三农"问题纵横谈 …………………（1）

试论"实施乡村振兴战略"的若干问题 …………………（84）

我国耕地现状·发展预测·开发潜力 ……………………（104）

水资源危机与节水高效型农业 ……………………………（118）

对调整我国农业结构的一些看法 …………………………（129）

对加快发展我国畜牧业的几点看法 ………………………（144）

发挥国有农垦企业的示范带动作用 ………………………（148）

乡镇管理体制改革与转型 …………………………………（165）

运用经济规律发展大豆生产 ………………………………（190）

近期无虑　长期堪忧
　　——河北省粮食生产面临的问题与对策思路 …………（198）

广东省外向型农业考察 ……………………………………（209）

因地制宜　循序渐进
　　——华容县调整农村产业结构的调查 …………………（221）

正确把握科学发展观，促进经济、社会、环境协调发展
　　——对河北省沽源、察北牧场的考察与思考 …………（229）

台湾农业经济概况与发展趋势分析 ………………………（237）

一种适应"贸工农"型生产结构的经济联合体
　　——漳浦县花果中心和水产开发中心评介 ················ (248)
瑞典的农业结构与农村发展 ·· (254)

经济、社会转型期"三农"问题纵横谈

一 经济、社会转型期的含义，主要经济、社会指标和特征

（一）经济、社会转型期的含义

经济、社会转型期是指经济、社会从一个历史阶段向另一个历史阶段的转变。一般表现为由自给、半自给的产品经济向市场经济转型；由封闭、半封闭的农业社会向开放的工业社会转型；由同质的单一社会向异质的多样性社会转型等。对于中国来说还有另一层的含义，即由原来的社会主义计划经济向社会主义市场经济转型；由城乡分割的二元经济社会向城乡一体化的经济社会转型等。

据美国著名社会学家 M. 列维在考察了不同国家现代化历程及活动方式以后，将现代化分为"早生内发型现代化"与"后发外生型现代化"，前者以英、法、美为典型。这些国家的现代化早在十六七世纪就开始起步，现代化的活动和推动力都源自社会内部使其自身历史绵延与发展，是由科技革命、产业革命和政治革命共同地较为协调地推进工业化、城市化和民主化。19 世纪中期，英国工业产值已经是农业产值的 2 倍以上，形成了世界上第一个工业化社会。随着工业、交通运输业和商业、金融业的发展，城市化程度加快，1851 年英国城乡人口的比例各占一半，到 20 世纪

80年代英、法等西欧早生内发型现代化国家城市化水平已达到80%左右，第三产业比重超过60%，人均国内生产总值已接近1.7万美元，进入了后工业化时代。

美国是一个后起的资本主义国家，殖民地时代和建国之初（1776年），美国人口约为230万人，其中90%的人口从事农业，是一个典型的农业国。但美国地域辽阔，地理条件优越，资源丰富，又是移民大国，堪称多元文化的熔炉，其开放性和多元性对其经济社会发展都具有十分有利的影响。

美国的工业化一般认为是从1807年"禁运"或1812—1814年的英美战争结束后开始的。1807年，为避免卷入欧洲战争而颁布的"禁运令"，一方面使美国的进出口贸易受到重创；另一方面也刺激了国内制造业的发展，1860年美国就成为仅次于英国的世界第二大制造业国家，1890年美国工业在工农业产值中的比重达80%，美国的工业化与其他先行工业化国家相似，也是经过一个工业比重超过农业，工业内部重工业比重逐步超过轻工业的产业结构升级的过程。从速度上看，美国农业发展慢于工业，但就农业本身来说，在工业化时期内，农业发展还是相当快的。美国农业发展得益于美国是一个没有经历长期封建制度统治的国家，农业现代化中土地问题的解决不需要废除封建土地所有制，也不需要对地主土地进行赎买，农业改造的成本较低，特别是西部大开发为美国农业发展创造了广阔的空间。政府采取了各种鼓励措施出售国有土地，吸收大批移民成为自耕农或小农场主，而且有力地促进了中西部城市化的发展。

美国农业人口向非农业人口转移大约经历了100年的时间，1860年以前，美国是一个典型的农业国家。1800年美国总人口为530.8万，其中农业人口496.8万，占总人口的93.6%，以后，虽然有农村人口向非农产业转移，但速度很慢，至1860年美国的人口达到3144.4万，农村人口仍然有2522.7万，占总人口的

80.2%。真正的农村人口向非农产业大规模转移开始于1870年以后，20世纪初出现农村人口转移的高潮，到1920年，美国城市人口首次超过农村人口，城乡人口结构发生了根本性变化，第二、第三产业总产值大大超过第一产业的产值，美国也由农业国进入工业国。1920年以后，随着工业化的发展和西部大开发，农业基本实现了现代化。美国出现了城市化后期的农业人口流动高峰，到1960年农业就业人口只占总就业人口的10.4%。1970年以后，美国农村人口趋于稳定，把产前、产中、产后的劳动力包括在内仍占就业人数的20%左右。能供应全国2.9亿人口的食品需要，还能有2/3农产品对外出口。美国的农业已成为同其他先进工业并驾齐驱的强大的现代基础产业。

概括起来看，大体上美国经济社会转型的路线是1807—1920年花了130年时间基本完成了工业化；1860—1940年花了80年时间初步实现了农业现代化；1860—1960年花了100年时间实现了城市化。

日本是后起的资本主义国家，但也是发展最快的国家，1868年，明治维新，开启了日本农村社会变革之门，推行了承认土地自由买卖、振兴现代工业、对外开放等一系列政策，特别是1874年以后，先后侵略我国台湾和澎湖列岛，霸占朝鲜市场，1894年8月发动大规模侵华战争——中日甲午战争，从满清政府获得战争赔款2亿3千万两白银，加速资本主义原始积累，带动了钢铁、造船、煤炭等工业及铁路大发展。1868—1920年，约半个世纪的时间内，走完了西方资本主义国家差不多用了200年时间才走完的近代化进程，成了非西方工业化国家。

其间受20世纪30年代世界经济危机的影响，日本工业生产大幅下降，农业也不能幸免，农业劳动力比重几乎又倒退20年代初期的水平。30年代至1945年第二次世界大战结束，日本经济社会遭到战争的严重破坏，陷入停滞倒退阶段。据刘昌黎的《现代日本经济概论》记载:"1934—1936年度相比,1946年度日本国民经济和生产能力的下降情况是:实际GNP为62%,人均实际GNP为55%,人均实际消费为57%,制造业实际工资为30%(1947年度),工矿生产为31%,农业生产为79%。社会物资匮乏,黑市猖獗,1947年通货膨胀率高达195%。"

1945—1955年,在美军占领下日本实行三项民主改革:土地改革,以和平的方式建立起自耕农制度;劳动改革,保障了劳动者的利益;解散财阀,禁止垄断,打击了日本军国主义势力的经济基础。特别是1950年6月爆发的朝鲜战争,给日本经济带来了意想不到的战争景气。1955年,日本经济已恢复到战前的最高水平。1955—1972年,日本经济社会进入了高速发展的新阶段。18年间,日本经济实际增长率年均为9.7%。1955年,日本GNP为240亿美元,到1973年增至4170亿美元,分别相当于联邦德国的1.21倍、英国的2.3倍、美国的31.9%,居于世界经济第二大国的地位。

在工业化迅速发展的同时,农业和农村社会经济也得到同步发展。1951年,日本农业生产即恢复到战前最高水平,1955年稻米实现了自给,为农村劳动力转移创造了有利条件。1955—1975年,日本城市人口比重由56%提高到76%,世界各国农业劳动力份额占就业份额从50%下降到10%左右,以所经历的时间进行对比,日本完成这一转变,若从1930年算起为50年,若从1950年算起只有30年。而其他国家所花费的时间则在80—120年。可见日本是农业劳动力转移最快的国家之一。

表1

阶段	人均GDP(1980年美元)	经济发展阶段
1	300—600	初级产品生产新阶段

续表

阶段	人均 GDP（1980 年美元）	经济发展阶段	
2	600—1200	初级阶段	工业化阶段
3	1200—2400	中级阶段	
4	2400—4500	高级阶段	
5	4500—7200	初级阶段	发达经济阶段
6	7200—10800	高级阶段	

（二）经济社会转型期的主要经济社会指标和特征

1. 工业化是有阶段性的，在工业化的不同阶段，工业化的方式是不同的

发展经济学家钱纳里依据对多国数据的统计分析，按照人均GDP水平将工业化分为三个阶段：第一阶段，人均 GDP 300—600美元（以 1980 年价格水平），第二阶段，人均 GDP 1200—4500 美元，第三阶段，人均 GDP 4500—10800 美元。

钱纳里从产业结构演进角度，将人均 GDP 水平划分为 6 个变动时期。第一阶段即第一产业比重最大的阶段，第二至第四阶段是第二产业逐步占据比重最大的工业化阶段，第五至第六阶段是第二产业逐步下降，第三产业比重最大的经济发展阶段，其中，钱纳里在实证部分给出了不同工业化阶段产业结构变化的特征：第二产业超过第一产业，工业化进入初期阶段；第一产业比重下降到 20% 以下。第二产业比重高于第三产业并在 GDP 中占最大比重时，工业化进入中期阶段；第一产业比重下降到 10% 左右，第二产业比重上升到最高水平时，工业化达到基本实现阶段。

按此标准与我国经济发展情况分析，2006 年中国 GDP 为209407 万美元，按年末总人口和年末人民币兑换（1 美元兑7.8087 人民币）计算，中国人均 GDP 达到 2040 美元，第一、第二、第三产业增加值占国内生产总值的比重为 11.8%、48.7% 和

39.5%；从就业结构、城乡居民收入差距及城市化水平看，第一、第二、第三产业的就业人员之比为42.6∶25.2∶32.2；城市居民人均可支配收入与农村居民人均纯收入之比为3.3∶1，城乡人口之比为43.9∶56.1，远低于世界发达国家。根据钱纳里的研究，当时中国处于工业化中期阶段。

与经济转型相对应的是社会转型，目前对社会转型虽然还没有规范的定义和内容，但大体上是指从农业、乡村、封闭半封闭的传统型社会向工业、城镇、开放的现代型社会转型；从同质单一性社会向异质多样性社会转型；从伦理社会向法理社会转型；等等。

从社会发展进程来看，当时经济社会发展进入了一个新的发展阶段，即进入"黄金发展期"与"矛盾高发期"并存的阶段，也就是经济容易失调，社会容易失序，心里容易失衡，社会容易失控的关键时期。

从中国目前来看也正处在经济迅速发展，政治总体稳定，社会矛盾多发凸显的时期。为什么经济迅速发展，人民生活显著改善，而社会矛盾反而凸显高发呢？社会上对此也有不同的观点和看法。一种看法认为：首先，这是巨大社会变迁中的社会矛盾。改革开放以来，随着社会主义市场经济的深入发展，我国社会也发生了巨大的变迁。这种变迁的规模之大，速度之快，波及之广，影响之深，势头之猛，在世界现代历史上是罕见的。社会矛盾多发凸显与这种巨变的规模、范围和速度是密切关联的，很难指望这样一个巨变过程是轻松欢快的旅游，毕竟改革是深刻的利益关系的调整。其次，这是伴随社会进步而产生的社会矛盾，社会进步是主流，社会矛盾是伴随而产生的，看不到这一点，甚至以存在的社会问题否定改革开放的实践和成就，那也是偏颇的，会导致误判。最后，这是经济社会发展不协调、不均衡的结果。我国改革是以经济体制改革为主线，社会体制改革滞后于经济体制改革，社会发展滞后于经济发展，驾驭巨大社会变革的能力滞后于驾驭市场经济的能力，所以要通过全面深化改革，建立起适应社会主义市场经济和民主政治的社会治理体制，激发社会活力，处理好社会矛盾，促进社会和谐。

2. 经济社会转型期的主要特征

（1）转变经济增长方式——由粗放型向集约型发展。发展中国家由传统农业社会向工业社会转变的初期，经济发展模式，一般多采取粗放型，即高投入、高消耗、高排放、低效益的模式发展。但是到了工业化中期后，再按这一方式发展，资源、环境就难以承受。因此，经济发展模式由"三高一低"向"三低一高"（低收入、低消耗、低排放、高效益）转变，这就成为工业化中期后的经济社会转型期的主要特征。

中国是世界上的人口、资源大国，但由于人口多，分配到每个人头上的资源就很少。时任国务院总理温家宝说，"一个很小的问题，乘以13亿，就会变成大问题；一个很大的总量，除以13亿，就会变成一个小数目"。用这句话形容我国粗放型经济发展模式，也是很形象的。据国土资源部负责人2007年在38个"世界地球日"接受记者采访时说过，我国石油、天然气、煤炭、铁矿石等重要矿产资源人均储量分别相当于世界人均水平的11%、4.5%、79%、42%，而能源利用效率只有33%，比世界先进水平低10个百分点，单位能耗是世界平均水平的3.1倍，是日本的7.6倍，美国的4.2倍，印度的1.5倍，工业万元产值用水量是国外先进水平的10倍。另据国家发改委能源局公布资料，我国每吨标准煤的产出效率相当于美国的28.6%，欧盟的16.8%，日本的10.3%。国家发改委负责人介绍，我国第二产业的劳动生产率只相当于美国的1/30，日本的1/18，法国的1/16，德国的1/12，韩国的1/7。粗放的经济发展模式，不仅反映在工业上，而且也反映在农业上，许多地方盲目追求外延型模式扩张，不注意内涵式集约经营,习惯广种薄收,过度开放索取。长期以来的过度垦荒、放牧、砍伐、捕捞,过度使用化肥、农药,已经给农业生态、环境带来严重危害。以大水漫灌为主要特征的传统农业灌溉方式,使近50%的水白白浪费掉,既加大了农业产出成本,又使本来就紧张的淡水资源更加紧张。

总之,无论是工业还是农业,传统粗放的增长方式都已走到了"尽头",难以为继,不应当也不可能再延续下去。因此,工业要节约减耗,发展循环环境,农业和日常生活也要搞循环经济,最终走向绿色发展。

(2)社会矛盾凸显,如何针对矛盾特征,通过综合治理,实现社会和谐稳定,是经济社会转型期必须解决的第二大问题。

上文对社会矛盾凸显的原因已做了笼统的阐述,下面就我国实际情况作些具体分析和补充。

第一,经济与社会发展不平衡表现在城乡之间、区域之间和行业之间,各种矛盾错综复杂地交织在一起,必然造成大量的社会矛盾。比如,城乡收入差距最高时达到3.33∶1(2009年),2014年降到2.9∶1,如果加上灰色收入、各种补贴,实际收入差距可能是5—6倍,而合理区间应该是2倍以内。再看区域差距,2012年全国农民人均纯收入7917元,但上海与贵州差距达15倍以上。不同行业间差距,根据2008年的数据,石油、电力、电信、烟草等行业的员工人数不到全国职工人数的8%,但其收入相当于全国职工工资总额的60%。

第二,现在社会矛盾发展对民生需求重于政治诉求,调查显示,中国民众感兴趣的问题,都是民生问题,一般是社会保障、通货膨胀、医疗、公共卫生、教育、养老等问题,只要这些问题得到一些改善,一般不会发展到对抗性矛盾,引发大规模的社会骚乱。

第三,要控制好几个特别重要的具体变量,就具体的变量来看，除了宗教和民族与边疆地区之外，有几个变量特别需要控制好。一是通货膨胀问题。通货膨胀一旦出现，对低收入和中等收入者杀伤力最大。二是大学生的就业问题。现在大学生跟以前大学生不一样了，他们付出高昂的学费，上大学是要收回成本，结果发现连工作都没有了，会引起极度不满。大学生精力充沛、见识广泛，活动范围广阔，不满就会造成很多麻烦，新生代农民工也有类似的情况，有几个群体特别需要引起关注。

第四，腐败问题。下一步能不能把腐败问题解决好，直接影响党的公信力，而且是影响到我国民生问题能不能解决好的问题。

以上几个问题如果能够真正很好地解决，社会矛盾就可以得到最大限度地缓解。

(3) 城乡发展不协调是经济社会转型期的第三大问题。1949年我国城市化率只有12%，1978—1984年改革开放，城市化率恢复到25%，2009年城市化率达到46.4%，全国接近一半的人口常住城镇。城市化迅速发展对国民经济超常规发展起到重要的促进作用，但也带来许多弊病。一是城市空间开发无序，一些超大型城市急剧膨胀，我国城镇人均用地高达133平方米，大大高于世界上发展中国家平均83.3平方米、发达国家平均82.4平方米的水平，不合理的城市规划是城市任意扩展的始作俑者。二是城市文化特色消失，几乎所有大城市都在进行大规模建设，拆旧楼建新楼，千城一面，缺少特色，一批具有历史价值和文化价值的建筑被损坏、拆除，原有的城市文化特色逐渐消失。三是交通拥堵，城市生态环境受到严重破坏。北京、上海、天津等中心城区私家车拥有率高达60%以上，停车设施缺失，交通事故频发。特别是大城市汽车尾气、大气粉尘、水体污染，都严重损害了人们的身心健康。

与此相对应，新农村建设却明显滞后。虽然"三农"问题在改革开放30多年来也取得明显成效，农产品供应、农民收入、农村基础设施建设都得到相当改善，但农业还是"四化"的短腿，农村还是全面建成小康社会的短板。具体表现在以下几个方面：

第一，1995—2006年耕地面积十年减少1.2亿亩，地方政府通过"低进高出"办法，获得巨大的土地差价收益，成为重要的财政来源。2009年土地出让金达1.4万亿元，2010年上升为2.9万亿元，增长106%，可以说城市化是以牺牲农民权益为代价的。

第二，调整国民收入二次分配结构，真正实行"工业反哺农业，城市支持农村"的方针，提高财政用于"三农"支出的比重，改变多予少取的局面。2011年中央财政用于"三农"的支出首次突破1万亿元，但占财政总支出的比重不到10%，与农村经济总量占全国GDP一半的格局是不相称的。这一年仅乡镇企业上交税金就高达1.3万亿元，超过中央财政用于"三农"的总量，这种局面要下决心动真格加以调整，使中央的方针真正落到实处。

第三，我国农产品总体上还是供不应求，粮、棉、油、糖、肉这几大农产品都需要从国际市场进口。比如，2011年我国从国际市场上进口的粮食包括大豆在内，一共是5800多万吨，相当于1160多亿斤，相对于2011年国内粮食总产量11424亿斤，进口的粮食超过国内粮食总产量的1/10。再比如，我国进口棉花331万吨，国内总产量660万吨；进口植物油674万吨，国内总产量1000万吨；进口食糖200万吨；海关统计的进口猪肉接近100万吨。……按照我国目前大豆亩产254斤、8亩地可生产1吨大豆计算，那么5500万吨大豆缺口至少需要自种4.4亿亩播种面积。按照油菜籽亩产量85斤计算，700万吨植物油缺口至少需要自种1.6亿—1.7亿亩播种面积。这说明，我们需要使用6亿—7亿亩境外播种面积才能维持当前的现状，按照土地产能来计算，我国播种面积缺口达20%，可见，我国农产品供求现状非常严峻，这也是中央为什么反复强调要守住18亿亩耕地红线，为什么强调要加强农田水利基础设施建设，为什么强调要加快农业科技进步的重要原因。

第四，全国有14个连片特困地区，832个贫困县和片区县，12.9万个贫困村，扶贫攻坚面对的都是难啃的"硬骨头"，为消除贫困，我国政府提出到2020年农村贫困人口全部脱贫的目标，而国家统计局统计显示，目前我国还有7017万贫困人口（约占现有农村人口的10%），这就意味着要用不到5年的时间解决7000万贫困人口的问题，应该说是一个需要全国人民共同努力、艰苦奋斗才能解决的困难。

二 五大国（美国、日本、巴西、印度、中国）经济社会转型期对"三农"问题的战略思路、政策措施、主要经验与教训

国际经验表明，经济社会转型期是一个关键时期，存在两种可能：把握得好，经济、社会和生态环境就会保持稳定、协调、可持续发展的势头前进；把握不好，丧失机遇，就有可能陷入徘徊、停滞甚至不可持续发展的境地。为此，我们选择五个有代表性的大国就若干问题做一个比较分析。

美国：既是农业强国，又是农产品出口大国，但仍把农业摆在国民经济的重要位置

美国既是全球经济强国，也是农业强国。美国自然资源丰富，国土面积937万平方公里，本土介于北纬30°—39°，大部分地区降水充沛，平均年降水量760毫米。地域辽阔，平原、山脉、丘陵、沙漠、湖泊、沼泽等多种地貌类型均有分布。耕地面积1.886亿多公顷（28.29亿亩），占国土面积1/5以上，天然草原面积2.42亿公顷（36.3亿亩），占国土面积的26.5%，为畜牧业发展提供了广阔的饲料基地；森林和林地2.7亿公顷（40.5亿亩），森林覆盖率达33%；淡水资源也比较丰富，东北部五大湖是世界上最大的淡水湖群，人均水资源达1.2万立方米。上述自然资源都为农业发展提供了良好的条件。

美国能成为全球农业强国，除自然资源条件优越外，还与农业发展战略理念及农业行政管理体制密切相关。美国全国约有200万个家庭农场，平均经营规模193.4公顷，农业劳动生产率较高，平均每个劳动力可以养活100人。还是农产品出口大国，2001年农业出口值552.9亿美元，进口值443.8亿美元，顺差109亿美元。2005年美国出口的农产品占世界同一产品出口量的比重如下：小麦占8.43%，玉米占40.23%，大豆占39.19%，棉花占19.08%，肉类占14.90%。美国稻谷的储存量约占世界库存量的1/3，对世界粮食安全影响甚大。

美国农业发展战略理念是推进建立一个土地利用合理、食品健康安全而不匮乏的国家。以合理的公共政策、尽可能的科学依据以及高效管理才能，就食品、农业、自然资源、农村发展以及有关问题提供指导，以建立一个能促进农产品贸易和农业经济发展，改善农村生活质量，保证全国粮食供应，提高全国营养水平，保护与改善全国自然资源和环境充满活力的社会。

美国是典型的市场经济国家。尽管农业经济比重不大，但联邦政府十分重视农业、农民、农村，设立了庞大而强有力的农业部对农业进行管理，为"三农"服务。

据1999年的统计资料，美国农业部有10.6万名工作人员（雇员），2004年达10.98万名工作人员，约占美国联邦政府工作人员总数的6.6%，排位第五名，仅次于国防部、退伍军人事务部、财政部和司法部。农业部工作人员，在首都工作的仅有6500余人，在州、县及市的实地办公室工作的有9.8万余人。在海外领地和托管地工作的有1200余人，驻外人员约170人。

2004年美国国会批准的农业部财政预算776亿美元，占该年政府总财政预算的5.48%，排名第三位，仅次于卫生部及国防部。

美国农业行政管理的特点：

（1）依法行政、依法治农。美国法制体系比较完备。由农业部工作根据议会的立法来进行。众议院设有农业委员会，参议院设有农业营养和林业委员会。从传统农业向现代农业转变过程中，相继制定了一整套农业法律法规。政府行为只能在法定的范围内进行。

美国 5 年要修改一次农业法，以适应农业发展的需要，到 2008 年美国已先后制定出 31 个不同的农业方面的法规，对农业税收、土地使用、土地所有权、合同、信贷、生产资料供应、产品运输、加工企业和环境等都有明确的规定。

（2）综合管理、提高效率。美国农业部规模大、管理广、功能全。农业生产、农产品流通、加工、消费有关活动，从田间到餐桌，均由该部负责。横向来看，包括农林牧渔各业，还包括科研、教育、技术推广、动植物保护等领域。纵向来看，不仅为农业生产和农场主服务，还包括自然资源的保护和利用、水土保护、农村旅游、农业合作组织和农业发展、农产品加工运输和储备、食品安全和质量监督检测、营养健康、海外市场开发等方面，把产前、产中、产后各环节有机联系起来，有效地提高行政管理运行效率和质量。

（3）依托市场，宏观调控。运用发挥市场机制的作用。如土地资源市场化。除未开垦的荒滩、荒地和大面积草原、森林等归联邦政府所有外，农田归农民所有，受法律保护，由市场调节，可以自由买卖，有利于扩大农场经营规模。劳动力资源市场化，农忙季节雇用临时工，按市场机制雇用和付酬。生产资料市场化，生产厂商以推销优质产品提供咨询、维修等服务，坑农行为会使公司毁誉，假冒伪劣产品找不到市场。农产品市场化，靠市场调节，以降低成本，提高质量，提高产品竞争力，获取更大收益。政府通过发布各种指导性计划（农贷、保险、农产品计划等）进行宏观调控，并在农业教育、科研、推广和基础设施等方面给农民极大的支持。

（4）农业政策既要项目化，又要充分尊重农民生产经营自主权。政府通过计划或项目来落实农业改革，一般取决于计划或项目的资格条件或政府补贴的高低。如果补贴标准合理，农民自愿参加，按计划耕种土地，如果不划算，农民可以不参与计划。补贴政策，实际上是向农民提示市场信息，即未来市场产品的供求状况，有助于指导农民生产决策，缓解生产过剩和扩大国内外贸易。

这里更值得一提的是美国教育、科研、推广服务一体化对推动美国农业迅速发展的原因和动力。早在1850年，美国每个州都有联邦政府无偿给予3万英亩的土地建立一所农业大学，每个县都有一名受大学雇用的推广服务代理人员，负责教授农场主最新的农业科研知识和成果。每个州都建立一个从事农技推广和普及的机构——州合作推广站。据美国农业部2005年统计，全美有农技推广机构3300个，农技推广员1.7万名，一个由联邦农业部直属的农业科技研究中心，各州的农业大学科研、推广体系以及一些私人的农业科研机构组成的服务体系网络，把高新技术在农业上的应用作为发展优质、高效农业的重点来抓，从20世纪80年代开始，在遗传工程、生物技术、计算机技术、遥感、遥测研究和自动化技术的最新成果应用于农业生产，为美国农民带来了巨大的经济效益。

美国农业现代化的巨大成就及其教训。美国从1920年以后伴随着工业化的发展和西部大开发，农业基本上实现了现代化。农业现代化使农业劳动生产率和农产品产出率有很大提高。1920—1990年美国的拖拉机数量增加了18倍，农用卡车增加了24倍，谷物联合收割机增加了165倍，玉米收割机增加了67倍。1970年农用化学品的使用量是1930年的11.5倍，1990年的化肥使用量为1946年的6.1倍。现代农业的发展使美国农业生产力水平有了很大提高。1930—1990年，美国小麦单产提高了1.45倍，棉花单产提高了 2.57 倍，马铃薯单产提高了 3.48 倍，玉米单产提高了 5.12 倍。美国的"石油农业"不仅使美国农业实现了现代化，而且还为其他国家发展现代农业提供了可借鉴的模式。无论是发达国家，还是发展中国家，都先后派出农业管理专家到美国学习和考察，从美国农业发展模式获取有益的知识。20 世纪 60 年代末的世界粮食首脑会议肯定了这一模式是现代农业的必由之路，并把它作为此后 20 年改变粮食供应紧张，消灭饥饿的主要措施。但是，从另一方面，也必须看到"石油农业"给资源、环境、财政负担，以及经济、社会、生态可持续发展带来了一系列负面影响和问题。

（1）石油农业消耗了大量的能源，能源利用率低。一位美国生态学家认为，美国每人一年中消费的食物，需要用 1 吨石油生产，如果全世界各国都采用这种能源集约农业生产方式，那么占全球目前消耗量 50% 的汽油要用来生产食物，全球的石油储备在 15 年内就要告罄。

美国现代农业生产不但大量消耗不可再生的能源，而且能源的利用率极低。中国、印度尼西亚、缅甸等亚洲国家传统的农业生产方式，用 0.05—0.1 焦耳的热量，可以生产 1 焦耳热量的食物，而美国则需要 0.2—0.5 焦耳的热量，才能生产 1 焦耳热量的玉米、大豆、花生等。

（2）土壤流失严重，加速地力衰竭。美国农业大面积连年单作，大量使用化肥、除草剂，加上长期机械耕作，盲目滥垦草原，造成严重的土壤流失。20 世纪 30 年代，美国大平原地区出现严重的荒漠化，大约有 4 万个家庭，约 16.5 万人被迫离开了家园。大平原的南部是沙尘暴的重灾区，它位于堪萨斯、科罗拉多、西墨西哥、俄克拉荷马和得克萨斯五大平原州交界的区域，面积约为 5000 万至 1 亿英亩。据美国水土保持局的相关统计，20 世纪 30 年代沙尘暴天气频繁出现，能见度不足 1 英里的强沙尘暴，1932

年为14次，1933年为38次，1935年为40次，1936年为68次，1937年为72次，1938年为61次，到1939年才减为30次。据当地居民记忆，沙尘暴来临时，天空霎时变得一片漆黑。许多外出的人因为找不到避身之所而丧生，地面上到处都是被呛死的鸟雀和牲口的尸体。

美国大平原地区的荒漠化造成惨重的社会经济损失。2000多万英亩的良田变得沟壑纵横，1935年流失的土壤达到8.5亿吨，土壤的流失带走大量的腐殖质和氮、磷、钾等元素，降低了土地的肥力。而河流、水库则淤积堵塞，无法继续利用，增加了洪灾的威胁。……1936年在罗斯福总统授意下成立了跨部门的大平原干旱地区委员会，负责制定大平原长期发展规划。采取多管齐下、综合治理等措施，包括大规模建设防护林，控制生产，保护土地，对西部未被占用的8000万英亩草地交给联邦政府管理，永远禁止拓殖，只能用于放牧，实行生态移民，收回的许多土地被规划为国家公园、野生动植物保护区和印第安人保留地，等等。由于措施得力，到20世纪30年代末期，南部大平原的荒漠化防治已经初见成效，沙尘暴天气也随之减少。40年代大平原的降水又恢复正常水平，沙尘暴重灾区从南部大平原渐渐消失，成为一个历史名词。

（3）大量使用化肥和化学农药，畜牧业高度集中饲养，对生态环境造成很大的破坏。

美国爱荷华州大泉盆地在1958—1993年的35年中，地下水的硝酸盐浓度增加了3倍，这是大量施用化肥的结果。美国31个州存在化肥污染地下水的问题。大量使用化肥、农药，对于农业工人的健康也造成直接危害，美国农业工人伤亡率仅次于建筑业、采矿业，被列为三大危险的行业之一。

美国肉牛饲养业主要集中在13个州，有42000处肉牛育肥场，其中200个最大的肉牛育肥场，集中了美国总数的50%左右。

由于高度集中饲养，厩肥处理十分困难，造成地面和地下水的严重污染。高度集中饲养用水量集中，过量抽采地下水，造成地下水源日渐枯竭。中西部的8个州中3个州的地下水已开采过半，如此长期不断采水，蓄水层早晚有枯萎之虞。

（4）对农业和农村的支持保护政策有过而无不及，加大了政府沉重的财政负担。

美国与其他发达国家相比，政府对于国民经济干预是最少的，但对于农业却是干预最多的一个部门。自20世纪30年代经济大危机后，罗斯福总统实行"新政"以来，政府通过一系列立法，以保证农业的稳定发展，缓和农产品生产过剩的问题。政府的农业支持和保护政策主要包括：

第一，农产品价格和收入支持政策。是美国农业政策的核心部分。其内容是根据当年某一农产品的市场供求和年终库存状况，确定下一年度该农产品的播种面积和总产量。然后确定停耕面积的比例和对于农场主因停耕土地而遭受的损失给予补贴的比例。农场主只有接受政府制订的种植计划、休耕计划或部分轮作计划，才有资格享受价格补贴和贷款。

另外，由政府和国会制定各项农产品的最低价格。在一定时期内，如果市场价格低于最低价格，农场主可以领取差额补贴，据统计，2000年美国农业的净收入为464亿美元，其中近半数（229亿美元）来自联邦政府的直接现金支付。换句话说，200万农民人均从政府财政支持获得的收入高达11450美元，这些财政补贴大部分来自联邦税收。按美国的纳税人2亿人计算，人均农业补贴负担大概为100美元。

第二，农业信贷和税收优惠政策。随着农业现代化的发展，农业生产逐步由劳动密集型向资本密集型转变，因此农业生产需要越来越多的资金。据统计，美国农场的资本投入中约有40%的资金需要依靠信贷来解决，70%以上的商品，农场每年需要借款来维持或扩大生产。

美国政府的农业信贷机构主要有三大体系：一是全国联邦土地银行；二是联邦中期信贷银行及其所属的地方信贷协会；三是全国合作银行。联邦农业信贷体系的特点是：信贷利息低，偿还期很长，信贷重点对象是那些难以从商业银行获得资金的中小农场。

联邦政府还给予农场主税收优惠。一是延期纳税，即可以将一部分尚未出售或虽已出售但尚未收到现金的产品，延至下一年度纳税。二是减税，如对用于购买机器设备、生产用房及饲料一年以上的牲畜开支等可作为资本开支，从当年收入中全部扣除，而不像工业折旧费那样分期扣除。三是免税，即出售农业固定资产的所得可以免除60%的赋税。

第三，促进需求和扩大出口政策。美国农业劳动生产率高，农产品生产过剩一直是个严重的问题。美国政府的政策是：在国内促进需求，扩大农产品的消费，如实施在校儿童早餐和午餐计划、暑期食品供应计划、特别牛奶计划、食品券计划等。由政府出资，从库存粮食和奶品中拨出大批食品，实施这些计划和救济贫民。

为了扩大农产品的出口，美国政府拟订了"扩大出口计划"，采取一系列措施：如向农产品出口商提供出口补贴或对外赠予的办法，降低农产品出口价格，增强国际竞争力；通过向农产品出口国提供贷款，或以货易货的办法开拓海外市场；通过双边或多边谈判，扩大出口等。

美国为了实施这些促进农业生产和销售的政策，每年开支很大，1983年用于农业的各种资助和补贴总额高达540亿美元，1986年为314.49亿美元。农业部的支出，在国家预算中，仅次于国防开支和社会福利开支，居第三位。

美国历届政府所执行的农业政策，基本上有它的连续性，并产生实际效果，促进农业生产力的发展，保护农业生产者的利益。但是，政府在农业开支和补贴方面负担日益沉重，在20世纪80年代有人提出了逐步放弃对农业经济的干预，使农业政策逐步过渡到市场导向上去。这一设想，在80年代中期，未能得到国会多数议员的支持；在实践中，当前还有许多困难，这些改革恐短期内难以做到。

日本：实现了农业现代化，但食品自给率只有40%，在国际市场上缺少竞争力

（1）自然资源较贫乏。国土面积36万平方公里，包括北海道、本州、四国、九州4个大岛和6800多个小岛屿，山地丘陵占80%，多火山、地震，海岸线约3万公里。

农用地1961年有711万公顷，到2007年下降到465万公顷，减少了34.6%，耕地面积也从1961年的566万公顷下降到432.6万公顷，减少了23.6%，人均耕地仅0.04公顷（0.6亩）。

林地面积2486万公顷，森林覆盖率66.4%，但木材自给率仅为20%。

水资源比较紧缺，20世纪60年代初人均水资源占有量为4483立方米，到21世纪初下降到3361立方米。农业年用水量552亿立方米，占总用水量的62%。

日本矿产资源缺少，石油、煤、铁等都靠进口。

（2）日本在工业化过程中如何缩小工农、城乡差距。日本于1946—1950年在美国占领军司令部的监督下由政府强制收购地主土地，然后卖给佃农，提高了农民生产积极性，确保了农村社会稳定，于1955年完成了战后重建，经济恢复并突破了战前水平。1956年迎来了历史上第一个繁荣时期——"神武景气"，这种繁荣经历了短暂挫折之后，于1960年进入了以"二次工业化"为主要特征的经济高速增长时期，一直到1973年为止，日本经济以近10%的年增长速度增长，并于1968年经济总量超过德国，跃居世界第二位。

在此期间出现了工农间的两个差距（收入差距和生活水平差距）。以1960年为例，每个农业就业者的劳动生产率只有制造业者工资的21%，非农业者的26%。由此引发农村青壮年劳动力大量流向非农产业，农户兼业化比重不断加大。据统计，1955—1960年日本农业人数从1489万人减为1322万人，减少了167万人。1950—1960年兼业农户的比重由50%增加至65.7%。农户收入中来自农业的比重由1955年的71.4%降至1960年的55%。

针对工业化过程中出现的问题，日本政府采取了以下措施。

（1）加强对农业的支持和保护。以1960年制定的《农业基本法》，确立了以保障稻米价格为中心的农产品价格支持政策。随后，为调整农业结构，振兴收入弹性值高的农产品生产，一系列与农产品价格及流通相关的政策法规相继出台（大豆交付金暂定措施法，稳定畜产品价格等相关法律，加工原料乳生产者补助金等暂定措施法，稳定砂糖价格等相关法律，蔬菜生产上市安定法等）。

缩小工农产品价格"剪刀差"，原则上是把农产品价格定得高一些，把工业品价格定得低一些。日本政府对水稻收购价格采用了生产费补偿和平衡工农收入的计算方法。按这种方法确定的稻米收购价格，可以使农民得到与工人大体一样的劳动报酬。据统计，1962年，每60公斤大米的政府收购价格为5652日元，而出售价格为4877日元，出售价格一直低于收购价格，其差额由政府开支的预算补贴。日本用于农产品价格补贴的开支在农业预算总额中占很大的比重，1960年为22.5%，1974年曾达到45.2%，其中，对大米补贴最高时占95.8%（1974年）。另外，对畜牧业、水果、蔬菜等也实行相应的补贴政策。日本政府通过各种价格保护政策，力求稳定农产品价格，调整农产品生产，保证农民收入，从而达到保护国内农业的目的。价格保护政策是日本农业保护体系的重要内容。

（2）加速农业劳动力向城市和非农产业转移。

第一，较高的投资与储蓄水平。从 20 世纪 50 年代后期到 60 年代后期，民间企业设备投资的年增长率均为 20% 以上，政府的公共投资也保持很快的增长，使日本战后固定资本投资占国民生产总值的 1/3，较高的投资水平，为农民转移就业创造了更多的机会。

第二，中小企业大量存在。据统计，日本从 20 世纪 50 年代到 70 年代的城市化大发展期间，中小企业发展很快。

1954 年日本共有 328 万个中小企业，从业人数 1477.58 万人，到 1971 年中小企业发展到 508 万个，从业人数达到 3040 万人，与大企业相比，中小企业在提供更多的就业机会方面发挥了更大的作用，从 20 世纪 60 年代以来，中小企业职工占职工总数比重一直保持在 80% 左右。其中，特别是服务业快速发展，成为吸引农村剩余劳动力的主要渠道。1990 年第三产业就业人口比例上升至 60% 左右。

第三，政府政策措施起到十分重要的作用。首先，日本户籍制度允许农民可以自由移动，不存在"城市户口"和"农村户口"的问题，农业劳动力到城市工作，只要把自己的"誊本"从当地政府登记迁出，再于 14 天内到所到之地政府登记即可。其次，在日本城市里面，有公营住宅、住房公团等中低收入家庭居住进行保障住房的制度，为农民进城解决了安居的问题。再次，日本采取了全民保险制度，进城的农民都要加入养老保险、医疗保险、工伤事故保险、雇用保险等。这种一视同仁的保险制度，看起来增加了企业的负担，但实际上确保了企业的劳动力来源，不至于出现"劳工荒"。最后，日本的教育制度，日本实施 9 年义务制教育，学龄儿童转迁之后，必须在 3 天之内到当地教育委员会报到，由其安排入学。不存在借读和赞助入学问题，更不存在要回到当地参加高考的问题。政府重视农村劳动力的教育和培训。高中的升学率从1955年的50%上升到1970年的82%，1990年几乎达到100%，40%的农村适龄青年跨进了大学校园。同时政府还在农村推行了一套职业训练制度，保证了农村劳动力的转移就业。

（3）加速农业现代化步伐。根据本国国情特点，生产各种小型、灵巧的农业机械，如制造成功带土秧苗的水稻插秧机，实现了整地、排灌、植保、脱粒、运输和加工机械化。而且机械价格比较便宜，农民买得起。其他农业生产资料如化肥、农药也比较便宜。

更值得一提的是日本农协在农业现代化中发挥了不可替代的作用。日本农协由专业农协和综合农协共同组成，是半官半民性质的合作经济组织。综合农协主要从事指导、信用、购销、保险等有关农协成员的务农生活方面的所有事务，并经营本地区生产的所有产品。农民就可以集中精力去搞好生产，这不仅增加了农民收入，而且为日本农业走向专业化、社会化、规模化提供了有力保障。

在上述政策实施的作用下，日本农业劳动生产率有了很大提高。1960—1979年，农业劳动生产率提高的速度甚至超过了制造业劳动生产率提高的速度。1960年，每个农业劳动力的净产值相当于制造业工人的20.2%，1984年提高到27.8%。但其绝对水平仍低于其他发达资本主义国家。

农业内部结构也发生了较大变化，1960—1979年，种植业产值占农业总产值的比重从80.6%下降到72.1%，畜牧业比重从13.2%上升到25.6%。在种植业中，蔬菜和水果的比重分别由9.1%和6%上升为19.4%和7.5%。1955—1975年，农产品总生产额中，按出售量比重计算的农产品商品率从60.2%上升为88.8%。拥有3公顷以上的专业农户的商品率一般达到98%以上。

可以说日本的农业生产已经完成商品化了。

（4）大体上说到20世纪70年代日本在提高劳动生产率和缩小工农差别作为实现农业现代化的两大目标已经实现。包括水稻在内的农业机械化程度达到90%以上，稻谷的劳动生产率比基期提高近2倍，农户家庭收入与城市职工家庭收入之比，从20世纪60年代低40%左右到超过后者，40年间日本农业面貌发生了巨大变化，而且通过转移千万计的农业劳动力，土地的非农供给、扩大工业品需求等，支持了同期的国民经济增长。

但是另一方面也暴露出这种"日本农业现代化模式"存在的一些矛盾和问题。

第一，粮食和食品的自给率不断下降。1960—1998年粮食自给率由82%下降到27%，以热量计算的食物自给率从79%下降到40%。到2002年除大米自给率维持在95%以上之外，其他农产品的自给率分别为：小麦9%、大豆3%、饲料25%、牛肉61%、乳制品71%、蔬菜84%、水果49%。农产品进口额由1960年的8.8亿美元，增加到2007年的460.4亿美元。据计算，主要进口农产品的生产（按1995年进口额）在国外需要种植面积为1200万公顷，相对于当时日本耕地面积的24.2%。

第二，农业补贴不断增加。国民财政的农林水预算从1960年的1319亿日元，增加到2000年的34281亿日元，年平均增长15.25%。1960年、1980年和2000年的农林水预算相当于当年农业GDP的9.3%、51.2%和57%，再加上地方预算支出，日本财政支农资金超过农业GDP总额。

第三，农户的经营活力下降，农业生产后继乏人。1960—1999年日本农业就业人口由1454万人减少到384万人，占就业人口的比重由26.8%下降到4.7%，农户从605万户减少到324万户。尽管劳动力转移的速度较快，但户均耕地规模并没有相应扩大。除北海道以外，全国户均耕地1960年为0.277公顷，1999年为1.22公顷，仅扩大了58%。其中一个重要原因是政府为防止地主复活，对土地买卖采取严格的限制政策。由于耕地狭小，不足以支持收入增长，日本农户兼业化发展很快。在247万个销售农户中，主业农户占22.3%，一兼（准主业农户）占25.1%，二兼（副业农户）占52.6%，三类农户的非农收入占总收入的比重为12.4%、66.4%和70.7%。兼业化的发展，一方面使农户的收入重心越来越远离土地，经营粗放和土地"撂荒"现象呈蔓延之势；另一方面，大量的年轻劳动力转移到非农产业。农业劳动力中老龄化现象严重，65岁以上劳动力1968年占12.3%，1999年达到46.2%（另一说法是51.3%）。再过若干年农村中将很少有青年人了。

（5）1999年7月日本出台了《食品·农业·农村基本法》（以下简称新基本法），与旧基本法相比，在农业发展的路径选择上有了根本的调整。不仅仅强调农业发展，而是从国民整体利益出发，着眼农业和农村经济、社会的全面振兴，强调要发挥农业的多方面功能，即农业生产活动除确保粮食和其他农产品的供给之外，还具有国土资源保持、水资源养护、自然资源保护、传统文化继承等并非从农业生产劳动中直接产生的功能，即除经济功能外，同时还具有生态功能、社会功能和政治功能。

为了实现农业多功能的理念，日本政府及有关机构采取了一系列政策措施：

第一，对政府机构进行改革，明确农林水产省内部合理分工、职能转变，对下属的事务管理单位也进行了相应改革，引入独立的行政法人制度等。

第二，制订粮食、农业、农村基本计划。在稳定大米生产的同时，提高小麦、大豆、饲料等战略性作物的自给率；在消费方面，开展全民运动来重新审视和改善饮食生活，降低畜产品油脂类产品消费，扩大大米及奶制品消费，稳定进口，加强粮食储备等。

第三，重视农业科技开发与推广。确定以自给率较低的麦子、大豆、饲料作物为中心，加强新品种培育与技术开发，加强农业和食品生产废弃物的再生利用，利用天敌昆虫等生化农药，推行"绿色农业""循环农业""低碳农业"。加强中央地方（都、道、府、县）研究机构与大学、民间机构的合作，推进农业科研的集中化和高效化。为了加强农协的服务功能，克服过度干预和官僚化作风，将农协的三段组织结构改为两段式，逐步撤销都、道、府、县一级的联合会，为增强农户经营活力，实行农业者认定制度，推行农业经营法人化，国家对认定农业者在资金、税收、服务等方面都制定了优惠政策等。

第四，农户经营体制改革。进一步完善农户类型划分，在过去纯农户、一兼农户、二兼农户的基础上，再划分自给农户和销售农户，在政策上对销售农户给予重点扶持，包括各种补贴和技术指导，促进耕地流转，促进农户经营法人化和鼓励农户以外的法人进入农业。

但从执行的效果来看前景并不乐观，农村衰落的现象到处可见。如美国《洛杉矶时报》2009年9月28日报道：《在日本，小镇正在地图中消失》一文中说：在过去10年，日本已经有200余个社区消失了。在日本北海道，约10%的小镇面临消失的危险，其中约一半有可能在未来10年内消失。文中提到神无小镇曾经是一个繁忙的木材和农业中心，但现在已经没有什么商业活动，人口也从20世纪70年代的2万人降到2009年的2600人。这里超过60%的居民在65岁以上。两所小学和两所初中加起来的学生只有80人左右。高中生大多数都到外面更大的地方去上学，出去了就再也不回到这里住了。6年前，万场和中里两个小镇合并一起组成神无小镇，试图挽救该地区传统和丰富的文化遗产。这里离东京大概3小时车程，是政府标明6.2万个正在消失的村落之一……

总之，当今日本"三农"问题的深层矛盾在于：第一，农业小规模经营方式变化不大，农业劳动力老龄化，农户兼业化比重过大，农业经营主体缺少活力。第二，政府对农户财政补贴过度，大体农民收入的65%来自政府补贴，粮食生产对政府的依赖性更强。据计算，1990年日本大米生产成本为美国的6.5倍、泰国的9.5倍，经政府补贴日本大米零售价仍相当于美国的3倍、泰国的6倍。这是违背客观经济规律的，是没有生命力的，是根本无法参与国际市场竞争的。第三，迫于农民的压力和政治方面的考虑，日本对农业的过度保护，不仅大大增加了政府的财政负担，还使日本在对外贸易谈判中不得不做出让步，这也影响到国民经济其他领域的发展，所以，日本虽然已进入工业化后期，经济上是强国，但农业仍不能自立，这是发达国家所没有的现象（史美兰，2009）。

巴西：过度城市化和农村劳动力非正常转移，城乡发展严重失衡

（1）巴西联邦共和国位于南美洲东部，国土面积851万平方公里，仅次于俄罗斯、加拿大、中国和美国，为世界第五大国。2010年，人口1.2949亿。自然资源十分丰富，可耕地面积2.8亿公顷（42亿亩），人均1.75公顷（26.3亩），已耕地仅占1/5。巴西大部分地区为热带气候，日照充足，降水量充沛，全国大部分地区年降水量1500—2000毫米，人均淡水资源42604立方米。巴西森林资源丰富，森林覆盖率52.2%，亚马孙地区拥有世界上最大的原始热带雨林，总面积达330万平方公里，是世界上最大的动植物基因宝库。另有草地及牧场1.97亿公顷（29.6亿亩），为发展畜牧业提供了十分有利的条件。

巴西全国分为5个经济区域，东南部和南部属于经济发达地区，采用现代科学技术和管理方式经营农业，有大量的资本投入，集约化程度很高，其农业发达程度不亚于发达国家；但北部、东北部、中西部3个地区受干旱的气候、较差的基础设施等因素的影响，生产力水平低下，分散的小农户依靠传统的耕作方式生产、生活，地域差异差别较大是巴西农业、农村的另一特点。

（2）巴西"三农"问题的症结与转机。巴西自1822年2月宣布独立至今180余年，由一个单一依靠原料和初级产品出口的国家发展成为工业部门齐全、技术先进、农业发达的新兴国家，但又是一个地区经济发展严重不平衡、贫困，收入分配两极分化的发展中国家。

据巴西地理统计局1995—1996年的统计，拥有千公顷以上土地，仅占农户数1%的大庄园主占全国土地面积的45.1%，而占地不足10公顷的农户占农户数的52.9%，其占地面积仅占土地面积的2.7%，同时又有450万农户、1200万人没有土地。

另据巴西地理统计局2000年统计，1999年巴西10%的最富人口占当年国民收入的49.8%，10%的最贫困人口占国民收入的1%。2000年巴西有5300万人的收入不足以维持生计，在贫困线以下生活的居民占人口的32%。

造成这一问题的原因为：

一是历史遗留和社会制度：从殖民地时期开始，巴西的土著印第安人和从非洲被贩卖到巴西的黑人就受葡萄牙殖民者的统治而成为奴隶，成为贫困阶层。奴隶主拥有万贯家财，奴隶则一贫如洗。

二是自然地理环境因素。巴西主要的贫困人口集中在农村，特别是东北部地区的农村，这一地区十年九旱，土地沙化，其中2/3为低树林带。据巴西瓦加斯基金会刊登的统计数据，1999年东南部地区面积占全国的10.86%，其国内生产总值占全国的59.23%，南部地区面积占全国的6.77%，国内生产总值占全国的16.15%。北部、东北部和中西部三个地区的面积占全国的83%，国内生产总值仅占全国的25%。

（3）为改变贫困和两极分化，从1960年起政府采取反贫困措施，努力解决经济发展不平衡问题。

第一，迁都巴西利亚。在1960年4月迁都前巴西利亚是一座位于戈斯州不足10万人口的小镇，迁都后经过30多年的建设，巴西利亚联邦区已成为拥有5822平方公里，人口近200万，有10座卫星城的现代化城市和巴西的政治中心，迁都带动了巴西中西部地区乃至整个北部地区的经济发展。

第二，建立马瑙斯自由贸易区。1967年军政府颁布法令，建立马瑙斯自由贸易区，吸引了巴西私人企业，美国、日本、荷兰等国外企业来此投资设厂，经过40年努力，至2000年马瑙斯发展为人口140万，文盲率8.8%（全国平均为13.3%），人均产值2350美元，拥有1000余家企业，就业职工10万人的城市，建立了电子、冶金、手表、摩托车、电视机等上百个工业部门，一度衰败的马瑙斯再次成为北部地区经济的一颗明珠。

第三，建立落后地区开发署。20世纪80年代建立了东北部、中西部和亚马孙地区开发署，政府在该地区大量投资兴修水利，目前已拥有300座大中型水库、70余处灌溉区，灌溉面积达20万公顷，还投资兴建了上万公里公路、200余座机场，利用该地区旅游资源，发展旅游业。

第四，实施土地改革，发展家庭农业。土地分配过分集中是巴西农村贫困的主要原因之一。巴西政府曾多次试图通过有偿征收大庄园主的闲置土地分配给无地农民，但遭到大庄园主的反对，未能真正实施。1995年卡多佐政府执政以来在1995—2000年共安置465751户无地农民家庭，平均每年安置77500户。土改实施多年的经验证明，仅仅拥有土地仍然无法解决农民的贫困问题。为了改善贫困农民的生活，政府努力发展家庭农业，2003年巴西69%的玉米、87%的木薯是由家庭生产的，为了将小农与市场挂钩,在短短的几年中已经向140万家庭提供高达38亿雷亚尔的贷款。这些贷款手续简单,还贷灵活,利率很低。在发展家庭农业的同时还对他们提供技术支持,鼓励有条件的农村家庭发展家庭旅馆,提高农民收入的同时减少农村向城市移民。

(4) 卢拉执政期间大力推行以"零饥饿计划"和"家庭救助金计划"为主的一系列社会政策,取得了很好的效果。巴西贫困人口的收入5年间(2003—2008)增长了22%,而富裕人口收入只增长了4.9%;创造就业岗位465万个,工人最低工资也从2003年年初的200雷亚尔升至2009年年初的465雷亚尔;种族和性别收入差距有所缩减;中产阶级占全国人口总数的比例从2004年的42%升至52%;人均GDP从2002年的2800美元增至2008年的将近7000美元。

(5) 巴西过度城市化所带来的经济、社会矛盾和冲突问题值得警醒。所谓过度城市化,是指一国城市居民相对于全国人口的比例,超过了该国经济、社会发展水平所允许的比例。1940—1983年,巴西城市人口占总人口的比重由31%提高到70.7%,成为发展中国家中城市化发展速度最快的国家。过度的城市化造成了巴西农村劳动力的非正常转移。据统计,1950—1960年,巴西农村人口的增长部分中42%流入了城市;1960—1970年这一比例提高到58%。20世纪50年代初,每年流入城市的农村人口不到100万,70年代每年超过200万。农村劳动力流入城市,表明农业劳动力在快速向非农部门转移。1950—1985年,巴西农业劳动力占总劳动力的比重由60.6%下降到25.2%,也是战后发展中大国农业劳动力转移最快的国家之一。问题在于这些劳动力转移是在农村内部仍然存在很大就业潜力,而工业部门不存在巨大劳动力需求的情况下进行的。由于土地改革的不成功,巴西的农村有大量无地的农民,他们在农村已经没有生活的出路,被迫向城市转移。同时城市的迅速发展,就业的机会、完善的基础设施以及健全的社会化服务，使农村剩余劳动力形成美好的"心理预期"，他们认为只要进城，收益一定大于从事农业生产的收益和迁移成本之和，他们甚至认为，即使生活在城市贫民窟中，生活水平和质量也要高于农村。另一方面，农村劳动力的大量涌入，与巴西工业化的发展模式、城市劳动力就业状况不相适应。首先，在20世纪60年代初，巴西在结束非耐用消费品进口替代工业化战略时，跳过劳动密集型初级出口替代阶段，直接进入耐用消费品和资本货物的进口替代时期。战后发展国家的经验证明，只有劳动密集型工业的发展才能源源不断地吸纳从农村转移过来的剩余劳动力，耐用消费品和资本货物的进口替代工业的发展对农村劳动力的吸纳是有限的。其次，拉美国家在1982年的债务危机之后，开始深刻而广泛的结构改革，而这场改革深受以经济市场化、贸易自由化和企业私有化为特征的新自由主义的影响。其中大批国有企业被私有化，城市中的失业变得更加突出。因此，当大量农村劳动力进入城市后，必然在城市的劳动力市场中受到排斥。

农村劳动力进入城市找不到工作，农村又回不去，只能临时搭建简陋的住房栖身。根据巴西地理统计局的界定，贫民窟是指50户以上的人家混住在一起，房屋建筑无序，占用他人或公共土地，缺乏主要卫生等服务设施的生活区。1987年巴西全国约有2500万人居住在贫民窟，2000年人口普查，巴西有贫民窟3905个。贫民窟带来的社会问题，一是贫民处于贫困线，享受不到公民应享有的经济社会发展成果，居住、出行、卫生、教育条件极差，不仅影响当代人，也影响下一代人的发展。二是生活水平的巨大差异造成国民感情隔阂，加之贫民窟游离于社区和正常社会管理之外，影响社会安定。一些贫民窟为黑社会所控制，成为城市犯罪的窝点，成为一个不安定因素。

巴西过度城市化的经验教训告诉我们：一是要准确理解城镇化的内涵，合理把握城镇化的进度，使城镇化的速度与经济社会发展的实际水平协调起来。二是城镇化并非能自动解决农民问题，关键是农民进城就业创造更多的机会，使农民在城里有长期稳定生存的手段，只有这样，城镇化水平才可能扎实地提高。三是保持农民土地承包经营权的稳定，使农民在城乡之间能"双向"流动，有助于防止大量的无地农民集中于城市，形成贫民窟，产生严重的社会问题。四是要调整城市建设思路，在城市规划、住房建设、公共服务、社区管理上关注城镇纯收入群众和进城就业的普通农民工，让一部分外来人口逐步融入城市，有利于城市各种服务业的发展，有利于城市社会的和谐稳定。

（6）巴西农业、农村发展仍有较大潜力，大约还有1亿多公顷的土地尚未开发利用，目前国内农业发展势头稳健，农产品生产实现了多样化，农业生产力，特别是农业科技水平增强，提高了农产品在国际市场的竞争力。2006年巴西农业总产值占GDP的27%左右，这一数字远高于3.9%的世界平均水平，是巴西经济的重要支撑力量。主要农作物中甘蔗、可可、大豆和畜牧业发展迅速。1990年大豆产量仅为1989万吨，到了2007年达到5786万吨，年均增长率为6.4%，比1990年翻了两番。肉类总产量从1990年的771万吨，增长到2007年的1890万吨，年均增长5.4%。农产品贸易一直是巴西的重要外汇收入来源，2008年农产品出口额达到718亿美元，贸易顺差600亿美元，出口以谷物、烟叶、肉类、咖啡为主，联合国粮农组织称巴西为"世界粮仓"。

巴西建立了以生物技术为基础的农业科技研究体系。巴西农业部下属的农牧业研究院创建于1973年，是发展中国家最大的农业科研机构之一，拥有高级农业科研人员2000人，在全国有41个研究中心，3000多个农业技术推广站，农业技术推广人员2.3万人，在它成立以来的36年里向社会推出科研成果1万多项。重大科研成果有基因技术、胚胎移植技术、燃料乙醇和生物柴油技术、大豆生物固氮技术、甘蔗综合利用技术等。其中1957年就开始实施的"全国乙醇计划",初步形成了一条从甘蔗种植、乙醇提炼、乙醇汽油到乙醇汽车和多燃料汽车的产业链。经过30多年的努力,巴西不仅成为乙醇的生产大国,也是以乙醇燃料代替石油最成功的国家之一。目前,巴西使用乙醇汽油的车辆约600万辆,使用乙醇燃料的车辆200多万辆。2004年10月,巴西航空公司研制的世界首架使用乙醇燃料的飞机试飞成功。

巴西种植大豆一般不施氮肥或少施氮肥,而是采用固氮菌,这些研究成果已在大面积生产中广泛应用。生物固氮技术的应用,扩大了氮肥来源,大大减少了化肥施用量,减轻了化肥对土壤的污染,对改善生态环境、发展可持续农业具有重要意义。

印度:农业现代化走的路径与发达国家和发展国家有所不同

(1) 印度共和国位于南亚次大陆,东北纬8°—33°和东经68°—97°。国土面积297.47万平方公里,人口12.24亿(2010年)。自然资源丰富,土质较肥沃,灌溉面积占32.8%。印度大部分地区属于热带季风气候,年均气温在24℃—27℃,几乎没有霜期,雨量充沛,年均降水量为1170毫米,阳光充足,一年四季都可种粮食,多数地区可以一年两熟,有些地区可以一年三熟。

根据印度政府公布的统计数据,2008年的GDP为12153.27亿美元,其中农业占17.2%,工业占29.1%,服务业占53.7%,人均GDP为1024.56美元。印度共有劳动力5.24亿,就业人数农业占60%,工业占12%,服务业占28%。

(2) 印度农业现代化道路与发达国家和发展中国家走的路径有所不同。

第一,保守温和的土地改革给农业和国民经济发展留下的隐患。土改前印度土地制度极不合理和不公平。少数人占有大部分土地,对农民进行残酷的剥削。据统计,1950—1951年,地主和富农只占印度各地农村家庭的9.4%—13.5%,但这些家庭占有全部耕地的40.4%—50.8%,而占农村家庭总数36.1%—55.1%的贫农只拥有耕地的6.3%—12.2%。此外，还有许多佃农连一寸土地也没有。独立后，印度政府主要从以下几个方面对旧的土地制度进行改革。①废除中间人柴明达尔。废除中间人是以对柴明达尔给予补偿的方式进行的。据估计，印度政府为此支付了67亿卢比。补偿额以现金或债券的形式支付。同时，政府还允许柴明达尔保留部分土地自耕。只不过他们不再叫柴明达尔，而叫地主或大农罢了。②改革租佃权。一是规定地租限额，二是保障佃农的土地租佃权，三是最终使佃农获得土地所有权。然而，中央政府的要求并没有得到各邦政府的遵守，造成各邦给佃务农土地佃耕保障立法的实施和中央政府的文件精神之间存在很大差距。③实施土地最高限额法。土地最高限额法的实施以家庭为单位，土地最高限额大致固定在三个家庭的持有量上。但是，中央政府指导原则中提出的建议并没有被各邦政府完全采纳。

土地改革以后，虽然大地产呈现下降趋势，但是土地占有仍然极为不均。1971—1972年度，占地15英亩以上的大土地所有者只占农户总数的5.4%，却占有全部土地的39.4%；而占农户总数77.8%的小农和极小农（占地不足5英亩）只占有全部土地的1.58%。因此，可以说印度土改，使农村中封建、半封建的地主经济已不占统治地位，但和世界上一些土地改革进行得比较彻底的国家相比，印度的土地改革是保守的、不彻底的。没有消灭地主阶级，没有完全取消租佃制度，没有完全实现耕者有其田，农民的土地问题并没有获得完全解决。这就产生了两方面的效应，积极方面，农业生产力得到一定的解放。与独立前的1891—1946年与独立后的1949—1950年度至1985—1986年度比较，农业生产的年均增长率由0.37%提高到2.64%；其中粮食产量的年增长率由0.11%提高到2.64%；经济作物从1.31%提高到2.64%。粮食总产量从1949—1950年度的5492万吨增加到1988—1989年度的1.72亿吨，40年中，产量增加了两倍多，2008—2009年达到

2.28亿吨，基本上实现了粮食自给。消极的效应是，不同形式和封建的半封建的租佃关系的存在，压抑了佃农们的生产积极性和生产能力。研究表明，在传统的佃农制下，佃农得把相当大的一部分劳动果实交给地主，又没有长期租种土地的保障，随时担心被地主从耕地上赶走，因而他们没有能力也不愿对土地进行改良，更新生产技术和设备，这当然就使农业生产的发展受到影响，造成大规模的农村贫困现象。据印度政府估计，至1987—1988年度，印度农村中还有43.4%的人生活在贫困线下。世界银行的估计是到1990年，印度有2.26亿—4.48亿人生活在贫困中，占世界穷人总数的35%—40%。

农村的贫困也限制了工业产品市场的扩大，影响了工业生产的扩大和发展，印度学者在总结1965—1980年印度工业发展速度下降的原因时就指出较低的消费需求和不平等的收入分配是基本原因之一。

第二，农业劳动力转移十分缓慢。在工业化过程中，农业劳动力向非农部门转移，是发达国家和发展中国家的共同规律，但印度在这方面却不同于其他绝大多数国家。据世界银行提供的资料，1960—1978年，在世界124个国家和地区中，农业就业人口比重下降的有122个，只有印度一个国家农业就业人口比重静止不变，保持在74%。农业就业人口上升的国家是科威特（由1%提高到2%）。工业就业人口比重上升的有97个国家，下降的有13个国家，而不升不降的只有4个国家，印度就是其中之一。服务业就业比重上升的有96个国家，下降的有4个国家和地区，不升不降的有3个，印度还是其中之一。在世界现代经济史上，就业人口的结构如此长的时间里保持凝固状态是极为罕见的。据史美兰研究认为与以下原因密切相关。

一是资本密集型工业发展模式。独立之初，印度重工业产值在制造业产值中只占22%，各种轻工业占18%。而在轻工业中，仅纺织业一项就占46%，食品工业也占到39.7%。这是一种畸形的、残缺不全的殖民地工业结构。独立后，为了振兴民族经济，在历次的五年计划中，印度政府把70%—80%的工业投资都分配给了关键的基础工业，由于产品和技术的资本密集性质，严重影响了工业部门对劳动力的吸收。1961—1976年，在现代工业部门投资增加了139%，产出增长了161%，而就业仅增长了71%，单位资本的就业效应下降了28%，单位产出的就业效应下降了34%。

二是落后的农业生产方式。就生产的物质手段而言，农业基本上还是以原始的生产工具和手工劳动为主，现代的生产工具和物质要素的投入极少。1973—1974年，印度每公顷耕地化肥施用量仅为15.6公斤，1977年灌溉面积只占耕地面积的18%左右。显而易见，脆弱的农业基础，是难以促进国民经济其他部门的发展，并为农业劳动力向非农业部门的转移提供可靠的物质保障的。

三是人口的急剧增长。第二次世界大战前，人口出生率长期维持在46‰—49‰，20世纪40年代到60年代波动于41‰上下，1981年下降到36‰，人口年平均增长率1950—1960年为18‰，1960—1970年又上升到23‰，1970—1977年仍高达22‰人口的迅速增长，导致了劳动力供给的急速膨胀，在农业劳动力仍占绝大比重的情况下，即使非农就业机会的迅速增长也难以完全吸收全部新增劳动力，农业劳动力份额的下降和就业结构重心的转变受到严重阻碍，甚至有可能发生"逆转"现象。

四是僵硬的社会结构。印度的社会结构是以种性、等级制度为特征的。在这种社会结构中，人们的身份和地位等级，是根据其是否占有土地以及占有土地的多少来确定的。这种社会传统，使得人们对于土地具有浓厚的眷恋感，因而，占有土地的人越来越多，这就成为劳动力在区域间或产业间流动的一大障碍，使农业劳动力一生都固守于同一地点和同一职业，满足自己最基本的生活需要。

农业劳动力的转移就业，是发达国家和发展中国家在现代化中都会面临的一大难题。农业劳动力的成功转移，不仅关系到国家工业化的进程，更重要的是关系到一个国家现代化的现实问题，因为农民的出路和农民问题的解决，是一个大国现代化必经之路。在印度这样一个泱泱大国，要想加快农业发展，要想实现国家的现代化，就必须解决农业剩余劳动力的转移问题，打破就业结构的"凝固"状态。

第三，开展"绿色革命"，农业面貌有所改观。从1966年起，在世界银行和美国的帮助下，印度政府开始实施一项新的发展战略，以使用优良高产的农作物品种为主，同时提供灌溉设施，增施化肥、农药等投入，再以必要的公共制度和机制相配合来发展农业生产。因为它以使用靠生物学知识和技术获得的高产品种为核心，故称作"绿色革命"，这一战略使印度农业在较短的时间内取得了显著的成就。

——提高了农作物产量，基本上实现了粮食自给。从1965—1966年度至1985—1986年度，粮食产量从7235万吨增加到1.505亿吨，20年中翻了一番，其中，小麦产量从827万吨增至2032万吨，增长近1.5倍；水稻产量从306万吨增至642万吨，增长1.1倍。粮食产量提高就增加了政府粮食收购量。从1965年到1985年，政府收购的粮食从403万吨增至2009万吨，20年中增加了4倍。粮食进口量从20世纪60年代平均每年的570万吨减少到70年代的210万吨。1978年以后，印度基本上停止了粮食进口，有些年份还能有少量出口。1987年年初，粮食储备多达2360万吨，这使印度比较平稳地度过了连续3年的旱灾。

——促进了农业商品经济的发展。绿色革命以来，各种现代农业投入的增长大大加强了农业与市场的联系。这种高成本、高产量的农业经营使农户必须出售自己的部分产品以偿还贷款和购买新的农业投入，于是促进了农业由封闭的、自给自足的小生产向商品生产的过渡。1965年政府收购的粮食占当年粮食产量的5.2%；1985年，这一比例已升至15.8%，在绿色革命取得成效最大的几个邦，粮食生产的商品率提高得更快。比如旁遮普邦小麦的商品率已从1967—1968年的34.7%上升到1982—1983年的60%；同期，大米的商品率则从61%升至90%。

——推动了农业生产技术的变革。实行绿色革命以来，政府在引导农户采用现代生产技术方面做出了重大努力，效果也比较显著。高产品种的种植面积从1966—1967年度的189万公顷扩大到1985—1986年度的5520万公顷。灌溉面积从1965—1966年度的3090万公顷扩大到1985—1986年度的6230万公顷，同期，化肥施用量从78.5万吨增加到873.7万吨。农业机械化程度也有了较大提高。农用拖拉机从1966年的5.4万台增至1981年的57.9万台，电力水泵从41.5万台增至466万台。1970—1971年度，农业用电占全部用电量的4.3%，到1987—1988年度，这一比重已上升到20.7%。

——促进了印度农业资本主义的发展。绿色革命把农业变成了一种有利可图的产业，使一大批在土改后获得土地所有权的富裕农户率先成为现代的农业企业家；还有一部分过去大规模出租土地，从事封建或半封建地租剥削的地主、富农也逐渐加入了新兴农场主的行列。他们采用资本主义的经营方式，雇用农业工人，向土地投放资本，采用新技术进行商品生产。在开展绿色革命最早的旁遮普邦资本主义经济有了显著的发展。据印度的农业普查，1970—1971年度至1980—1981年度的10年间，该邦极小农和小农经营的土地面积分别减少了47.5%和17.9%。这些土地的大部分都以出租的形式转移到大、中农场主手中。这实际上是一种生产资料向大生产者手中集中的农业资本主义化趋势，它有利于农业生产率的提高，农业生产商品化的发展。

——提高了下层农民的收入水平，降低了农村的贫困程度。例如，在古吉拉特邦的多拉吉税区，使用高产品种的小农家庭的农业收入达到4744.2卢比，而没有使用新技术的小农家庭的农业收入只有2807.8卢比。绿色革命也提高了农业工人的收入。在同一税区，在广泛采用新技术的农村中，男性农业工人的雨季播种收入是9卢比，而在很少采用新技术的农村中，男性工人收入只有6卢比。在前一类农村中，男劳动力一年的收入是814.2卢比，女劳动力是591.8卢比，孩子是233卢比；但在后一类农村中，相应的数据只是565.8卢比、364.7卢比、160.4卢比。所以在绿色革命搞得好的地区，农村贫困现象也有了缓解。

其实在"绿色革命"的同时和以后，印度实施了"白色革命"（牛奶革命）、"蓝色革命"（鱼制品革命）和"金色革命"（园艺革命）。据全国抽样调查组织（NSS）的最新调查，畜牧业发展为印度提供了大量就业机会。主要从事以畜牧业为主的就业人数约为1144万人，附属人员约为1101万人，两者合计占全国农业劳动力的5.5%（其中1684万为妇女），如加上从事渔业的劳动力共为3694万人，约占农业劳动力的9.05%。

另据中央统计组织（CSO）的估计，2007—2008年家畜和渔业部门的产值加起来约为28.28亿卢比，约占农业及相关部门产值89.44亿卢比的31.6%，2007—2008年，肉类产值为4.04亿卢比，牛奶产量由1990—1991年度的5390万吨增加到2007—2008年度的1.05亿吨。印度是世界第三大海鱼生产国和第二大淡水鱼生产国，1991—1992年度，鱼获量为416万吨，其中海鱼245万吨，内陆鱼171万吨，到2007—2008年度鱼获量增加到712万吨，其中海鱼292万吨，内陆鱼420万吨。

随着农业面貌的改观，印度农产品进出口贸易的形势也发生了较大的变化。1957年以前，农产品贸易是顺差，但规模不大，而且具有"饥饿出口"的性质；从1957年起，随着粮食进口量的不断增加，农产品进口逐渐大于出口，成了农产品净进口国；进入20世纪70年代以后，特别是1975年粮食基本自给以后，农产品进出口逐渐趋于平衡并略有顺差。2006—2007年度进口2354.51亿卢比（折合51.97亿美元），出口6119.42亿卢比（折合135.08亿美元），顺差3764.91亿卢比（折合83.1亿美元），进出口分别占全国进出口额的2.73%和10.70%。

出口产品如茶叶、咖啡、香料和烟草，20世纪60年代中期以后增加园艺、畜牧、渔业和蚕业产品，逐步加大了大米、水果、蔬菜、肉类和海产品出口。

进口农产品在20世纪70年代中期以前，主要是小麦、大米、原棉和食糖，70年代中期以后，除个别年份外，基本没有进口粮食。原棉在1976年以前是大宗进口，从1977年开始转为大量出口，2007—2008年度出口达800多万包，食用油在20世纪70年代以前只有少量进口，70年代以后进口量逐年增多。

第四，社会发展指标相对落后。2003年印度小学总入学率为99%，中学为50%，高等教育为11%，1999年印度平均受教育年限为5.06年。2002年印度成年的识字率男性为68%，女性为45%，青年识字率男性为80%，女性为65%。社会发展指标落后，也充分暴露出印度发展模式的内在缺陷——畸形的、不平等的发展。

社会基础设施（包括电、水、公路和铁路）相对落后，明显落后于中国，中国2010年高速公路达5.5万公里，印度只有几百公里的高速公路。

造成社会发展落后的原因，除上述土地改革不彻底、农村劳动力转移缓慢、人口增长过快以及传统的种姓制度等外，还与传统影响和民主体制束缚造成事实上"软政府"的存在很有关系。印度继承了英国殖民者留下的西方民主政治与注重保护私人产权的法律体系，但是，这套移植过来的体系并未良好地发挥其内在功能。印度民族、宗教、政党众多，国家内部各种势力争斗激烈，政府难以在短时间内形成统一决策，从而集中有限资源用于促进经济、社会发展。

中国：前后三十年"三农"问题的战略思路和政策有明显差异，具有中国特色的农业现代化道路仍在探索实践中

中国国土面积960万平方公里，其中丘陵、山地占2/3，2008年耕地面积1.22亿公顷（18.3亿亩），占国土面积12.68%；森林面积1.75亿公顷（26.25亿亩），森林覆盖率18.21%；内陆水域面积1747万公顷（2.62亿亩），占国土面积1.82%；可利用草地面积3.13亿公顷（46.95亿亩），占国土面积32.64%。

中国光热资源、生物资源、劳动力资源都比较丰富，但耕地资源和水资源短缺，2008年人均耕地面积0.0917公顷（1.38亩），只有世界人均的1/3；人均水资源2200立方米，只有世界人均的1/4，且分布不均，自然灾害频繁，影响农业生产的稳定性。

2008年，第一产业生产总值为3.4万亿元，占国内生产总值比重为11.3%；第一产业从业人员占全社会从业人员的比重为39.6%。农、林、牧、渔产值占农业总产值的比重为48.85%、3.71%、35.49%、8.97%。

2007年中国农产品进口总额479.59亿美元，出口总额277.49亿美元，贸易逆差202.1亿美元（2014年贸易逆差505.8亿美元）。

改革开放前30年（1949—1978年）影响我国国民经济的主要制度和政策是农产品统购统销制度、人民公社制度、城乡分割的二元户籍管理制度，有人形象地比喻是"计划经济＋'三套马车'"。

（1）1949年新中国成立后，在新解放区进行农村土地改革，使全国3亿多无地少地的贫下中农分得7亿亩耕地及其他生产资料，并免除了向地主交纳的700亿斤粮食的地租，大大调动了他们的生产积极性。1952年全国粮食总产量达到3278亿斤，比1949年增长44.8%，超过战前最高水平1936年3000亿斤（包括大豆）的9.3%，是土地改革之后的大丰收年。

大丰收之后粮食供销形势未见缓和，反而呈加剧趋势，主要原因：一是工业发展，城市人口大量增加，1949年城镇人口5769万，1953年达到7826万，增加了36%，城镇销粮大量增加。二是农村有1亿人口缺粮，每年需要返销粮食300多亿斤。同时农户分散储备增加，上市粮食相对减少，这些都加大了粮食市场的供需矛盾。1952—1953年粮食年度，国家收支有40亿斤赤字。

面对这种情况，国家决定实行粮食统购统销。从全国来看，1953年首次统购，共征购785亿斤，比上年增加30%，1954年又多购了100亿斤。在这两年中，都有许多强迫命令和购"过头粮"的现象，加剧了国家和农民关系的紧张。例如当时浙江、黑龙江、河北、山东、湖北、广东、广西等地问题比较严重，有的地方闹粮荒，死了人，还发生了群体性的暴乱事件。为此，中央决定减轻征购任务，实行粮食"三定"（定产、定购、定销）。

粮食统购统销，在当时粮食短缺年代，确实收到了效果，它对保障供给、支持工业建设曾起到积极作用，但也对以后国民经济发展和"三农"问题产生了许多不利影响。

一是政府对粮食的垄断引来了连锁反应，统购的面越搞越宽，由粮食延伸到油料、棉花、麻、丝、畜产品、水产品、木材等多种产品实行派购，对城镇居民粮食、棉布及一些副食品实行计划供应和定量供应。"越统越死，越死越统"，形成恶性循环，人为地违背价值规律在农产品购销中的作用，对农业生产和人民生活带来的影响是极其严重的。

二是为了使统购统销有效地实施，国家决定加强管理与粮食有关的部门和企业。由国家粮食部统一管理粮食的征购、储藏和销售，所有私营粮店一律不许自由经营粮食，关闭农村自由市场，禁止粮食自由买卖，为了保障粮食生产和粮食收购计划的完成，严格控制务农劳动和粮食播种面积，"以粮为纲，其他砍光"，限制家庭副业发展，严重影响农民收入的提高。粮食的垄断经营，也为以后粮食经营体制改革增加了种种阻碍，国家背负了沉重的财政包袱。

（2）为了控制农村人口盲目流入城市，减轻城市粮食压力。1953年7月国务院发布《关于制止农民盲目流入城市的紧急通知》，1958年1月9日经全国人大常委会讨论通过，毛泽东签署一号主席令，颁布新中国第一部户籍制度《中华人民共和国户口登记条例》，确定了一套较完善的户口管理制度，把户口制度与市民的住房制度、人事劳动制度、社会福利制度等联系在一起，在城乡之间形成一道利益鸿沟——城乡二元经济社会结构，严重影响市场化进程，1957年城市化水平为15.4%，一直到1976年城市化水平仍停留在17.4%，在全国和世界上实属罕见。

（3）1955年农村形势出现了一场历史性转折变化。1955年9月起毛泽东开始亲自着手编辑《中国农村的社会主义高潮》的书，此书一出版，即对我国农业合作化运动产生了巨大影响。一是批判邓子恢为首的"小脚女人"，即"右倾保守思想"；二是改变了把富裕中农作为团结对象的政策；三是大力提倡办高级社和大社。在上述思想影响下，一年几个月的时间我国农村就一举实现了高级形式的合作化，到1956年12月全国入社农户为96.2%，除西藏和几个省区牧区外，实现了全国"合作化"，从1953年起，原来15年的计划3年就完成了。由于速度过快，工作太粗、太急，1957年春不少地区出现了"退社风潮"，当时正值全国开展"反右"斗争，农村中出现的这一情况被错误地认为是富裕中农向党发起的一次攻击，是要复辟资本主义。1957年秋在农村发动了一场关于农业合作化优越性的大辩论，对富裕中农和对合作化优越性持怀疑态度的人进行了猛烈的批判和严厉的斗争，用政治高压手段解决生产关系变革所带来的问题，使农村偏离正确的方向，引发1958年以后的"大跃进"、浮夸风、人民公社化运动，把农村引向苦难的深渊。

（4）"大跃进"及人民公社化运动。"大跃进"运动从农村开始。1957年9月党的八届三中全会改变了党的八大提出的既反保守又反冒进，即在综合平衡中稳步发展的经济建设方针。毛泽东提出，中国应创造出一个更大跃进发展的新局面。紧接着11月13日《人民日报》刊发了经毛泽东亲自签发的社论《发动全民，讨论四十条纲要，掀起农业生产的新高潮》，社论第一次使用了"大跃进"一词，在快捷赶超和打破"消极平衡"的思想指导下，党内批评"反冒进"的声浪一浪高过一浪。各省纷纷提出超前实现《农业发展纲要》目标的要求，过高的指标，急于求成的行为，引发了农业"大跃进"中严重的浮夸风。粮食高产"卫星"一时放遍全国。

《人民日报》1958年9月18日报道广西环江县红旗农业社水稻亩产130434斤。此外还陆续报道了番薯、芝麻、白菜、玉米、高粱等作物的高产典型。这些离奇的高产，大多是采用"并田"的方法假造出来的，也有一些是按密植株数推算出来的。

"大跃进"运动由农村引发，很快波及钢铁等工业部门，全国动员成千万人大炼钢铁，修水库，庄稼熟了不收割，造成丰产不丰收，糟蹋了不少粮食。据统计，1958年实际粮食总产量仅比1957年增加2.5%，而征购粮却由960亿斤增至1175亿斤，上升22.23%，造成1959年全国范围内农村春荒闹缺粮。

人民公社运动从1958年7月开始发展，经过8月普遍规划、试办，9月进入全国高潮，10月1日，新华社报道，全国农村基本实现了公社化。全国27个省、自治区、直辖市中有12个省、自治区、直辖市100%的农户加入了人民公社，只有云南一省计划

10月底完成。全国共建起人民公社23384个，加入农户一亿一千二百万户，占农户总数的90.4%，每社平均4797户。

人民公社"一大二公"（规模大，生产资料公有化程度高）、"政社合一"、"多级管理"，既是生产组织，又是农村基层政权，在公社范围内统一生产，统一劳动，统一核算，统一分配，搞"一平二调"，政社不分，以党代社，以政代社。公社实行多级管理，即公社、大队、生产队三级管理，公社、大队两级不直接从事生产经营，成了脱离生产的行政机构，其结果是，有权者无责，生产队失去自主权，这是瞎指挥风乱起来的组织基础。对集体经济的经营方针，农业生产种植计划、作物布局、增产措施，一直到田间管理，社员无权过问，农民只能机械地、被动地服从安排，失去了生产的主动性和责任感。公社分配制度是工资制和供给制相结合，生活上实行公共食堂，吃"大锅饭"。

由于体制和机制上违背客观经济规律和个人物质利益原则，人民公社成立不久就陷入深层危机。一是管理混乱，"五风"（共产风、浮夸风、强迫命令风、瞎指挥风、干部特殊化风）盛行。二是社员劳动热情普遍下降。"大锅饭"与人们的劳动贡献割断了联系，干多干少、干好干坏一个样，不干活少干活照样吃饭，偷懒的思想弊端泛滥开来。三是大炼钢铁、修水库占用大批劳动力，致使许多地方大批庄稼烂在地里无人收割，1959—1961年3年平均粮食产量比1957年减少827.6亿斤，而平均每年征购粮食则比1957年增加95.8亿斤，全国农村平均每人全年粮食占有量由1957年的589斤下降到1960年的429斤。1960年、1961年两年，农村每人每天平均口粮不足1斤，重灾地区每人每天只有几两口粮。由于没有了饲料粮，牲畜大批死亡，1961年年末骡、马、驴、牛存栏数为6949万头，比1957年年末存栏8382万头减少17.1%；1961年年末生猪存栏有7227万头，比1957年年末存栏14590万头减少一半以上。

薄一波在 30 年后回顾这段历史，就曾坦诚地承认：我国人民所经历的 1959—1961 年"三年困难时期"，主要是因为"大跃进"、人民公社化运动和反右倾斗争造成的。在"三年困难时期"，全国广大人民因食物缺乏、营养不良，相当普遍地发生浮肿病，不少农村因饥饿死亡增加，据统计 1960 年全国总人口减少 1000 多万。在和平建设时期发生这种事情，我们作为共产党人实在是愧对百姓，应该永志不忘这沉痛的教训！

人民公社运动虽然在以后经过几次调整，1962—1965 年实行"调整、巩固、充实、提高"方针，贯彻"统一领导，队为基础；分级管理，权力下放；三级核算，各计盈亏；分配计划，由社决定；适当积累，合理调剂；物资劳动，等价交换；按劳分配，承认差别"。但由于总的架构没有改变，思想理念（左的思潮）没有改变，也就很难取得实际效果。特别是 1966 年发动"文化大革命"，大搞阶级斗争扩大化，批判"三自一包"（自由市场、自留地、自负盈亏、包产到户）和"四大自由"（雇工自由、贸易自由、借贷自由、租地自由），提倡"穷过渡"，使 1967—1968 年我国农业连续两年处于下降和停滞局面，加上计划生育工作受到影响导致人口剧增，1976 年总人口达到 9.37 亿，比 1966 年的 7.45 亿，增加近 1.92 亿。"文化大革命"10 年间人民生活水平基本上没有提高，有些方面还有所下降，从吃的方面看粮食人均消费量 1976 年为 380.56 斤，比 1966 年的 379.14 斤仅多 1.42 斤（比此前最高的 1956 年的 408.58 斤减少 28.02 斤）；食用植物油人均消费量 1976 年为 3.19 斤，低于 1966 年的 3.52 斤（比此前最高的 1956 年 5.13 斤减少 1.94 斤）。从穿着方面看各种布的人均消费量 1976 年为 23.55 尺，比 1966 年的 19.89 尺略高一点（比以前最高的 1959 年减少 5.62 尺）。由此可见，人民公社从它成立到 1982 年正式取消，在我国农村沿袭达 24 年之久，其对"三农"及全国人民危害之深是可想而知的。

（5）农业学大寨和知识青年上山下乡运动，是改革开放前30年对"三农"影响较大的两件事，限于篇幅笔者不想在此详谈，前者引述杜润生1980年11月代中央草拟的一个批示指出，发这个文件的意图一方面在于肯定大寨的艰苦奋斗精神是好的，包括大寨田是好的；另一方面也指出大寨那套用批资本主义开路，"大批促大干"，搞政治工分，只许报喜不准报忧的做法是错的；一个人当了劳模就自认为一切都好，成了完人、圣人，只能表扬，不能批评，也是错误的，鉴于此，提倡对一切问题都要按实事求是的原则进行分析。

关于知识青年上山下乡在20世纪60年代初和"文化大革命"1967—1969年共两次，据有资料统计，第一次人数约30万人，第二次1600万人。从当时的背景看，前者是三年困难时期为了压缩城市人口，减轻城市粮食供应压力，动员家在农村的工人回农村；后者是"文化大革命"，"停课闹革命"，高校停止招生，仅1966—1968年高初中毕业生就有1100万，既不能上学又无法就业（许多工厂也停工），上山下乡就成了主要出路。可是许多地区对知识青年上山下乡缺乏系统管理、具体的安排，有的地方原本人多地少，经济不发达，不具备接受知青的条件，知青下去就更加重了当地农民生活的困难。70年代后期不少地区知青要求返城，采取上访、告状、罢工、闹事给社会和国家造成极大的震荡和不安。应该说是在特殊背景、特殊条件下，"四不满意"（知青、家长、农民、国家）弊多利少的失败政策。

总的来看，改革开放前30年我国在"左"的思想路线指导下，对国民经济和"三农"采取的政策、措施是弊多利少，中共中央党史研究室原副主任张启华在接受记者采访时认为：我们犯错误归纳起来主要是三条：经济建设急于求成，所有制结构急于求纯，阶级斗争扩大化。"文化大革命"是要彻底否定的，但是"文化大革命"和"文化大革命十年"是两个概念，"文化大革命"是这十年中发生的最大一件事,但在这十年中,我们还干了其他事,在某些领域也有取得成就。比如外交、科技、经济发展等领域(编者按:例如中美酝酿建交,中国加入联合国,成为常任理事国,建立重工业发展体系,"两弹一星"上天等),因此"成就要写够,错误要写透,评价要公正",应该说是实事求是、客观公平的评说。

(6)推行家庭联产承包责任制、废除人民公社、提高农产品价格这三个政策,极大地调动了农民生产积极性。从1978年12月党的十一届三中全会开始,改革开放首先从农村突破,据统计,到1983年,实行包干到户的基本核算单位占全国核算单位的97.8%,实行包干到户的农户占全国农户总数的94.5%。

随着家庭联产承包责任制的普遍推行,使人民公社政社合一的体制失去了存在的基础。1982年12月4日五届人大五次会议通过新的《中华人民共和国宪法》,改变了人民公社政社合一的体制,设立乡、民族乡和镇为我国最基层的行政体制,宣告延续了24年的农村人民公社体制历史的终结。到1984年年底全国共建乡85200多个,建区公所8100多个,鉴于大多数地区乡的规模偏小,1985年又着手撤区并乡工作,到1996年年底,全国的乡数减少到58400多个,撤并了32000个。

大幅度提高农产品收购价格。国务院从1979年3月起,陆续提高了粮食、棉花、油料、生猪、鲜蛋等18种主要农产品的收购价格,加上实行议价收购的农产品更高于统购价格和超购价,1979年全国农产品收购价格总指数比上年提高了22.1%。随后连年有新提高。1984年全国农产品收购价格总水平比1978年提高53.6%,明显高于农村工业品零售价格总水平上升7.8%的幅度。通过这一举措,初步缓和了长期以来工农产品价格"剪刀差"过大的状况,极大地调动了农民发展农业生产的积极性。再加上调减粮食定购指标,采取国家、集体、农户多方面的农业投入政策,农户成为投入的主体力量，使 1978—1984 年全国农业出现高速增长的大好局面，农业总产值年均增长 7.6%，粮食、棉花产量年均增长 5% 和 19%。1984 年粮食总产量达到 40731 万吨（8146.2 亿斤），比 1978 年增加 1/3 以上，人均粮食占有量达 393 公斤。农村贫困人口从 2.5 亿人降到 1.3 亿人，贫困发生率从 30.7% 下降到 15.1%，成为人类消除贫困历史上的一大奇迹。

（7）乡镇企业蓬勃发展，创造以工补农、以工建农、以工促农具有中国特色的农业现代化道路的典范。1985 年以后我国农业主要是粮食生产又出现停滞徘徊的局面，原因错综复杂：在盲目乐观情绪下，在价格政策和农业投入政策上采取一些不适当的措施，如粮食收购价格调整，由原来超购加价改为"倒三七"比例价；国家、集体、农户对农业投资减少以及调整农村产业结构，发展多种经营，鼓励农民从事工商业等非农产业，发展乡镇企业等。乡镇企业发端于人民公社，其前身为社队企业，属集体性质。发展方针为"围绕农业办工业，办好农业促工业"，采取就地原料、就业生产、就地销售"三就地"原则，被毛主席赞誉为"光明灿烂的希望所在"。到 1978 年，社队企业产值占农村总产值的 30%，劳动力占农村劳动力总数的 10%。

改革开放以后，社队企业有了快速发展，出现了"四轮驱动"（乡办、村办、个体、私营）和"五业并举"（工业、运输业、建筑业、商业、服务业）的新局面。由于政社合一的人民公社解体，1985 年起将社队企业易名为乡镇企业，虽在发展进程中遭到一些非议和责难，发展速度起起落落，但总的来说它对改变农村面貌乃至在国民经济发展中，做出了不朽的重大贡献，主要表现在：

第一，乡镇企业使农村产业结构发生了重大变化，改变了农村单一的农业结构，形成以农业为基础、工业为主导带动第三产业发展的新局面。2014 年，农业产值占农村总产值的比重由改革开放初的 70% 下降到 30%，从事第二、第三产业的劳动力由占总劳动力总数的10%上升至20%。在整个国民经济中，乡镇企业成为重要组成部分，处于举足轻重的地位。全国三次产业中，第一产业占10%，第二产业占44%，第三产业占46%，其中农村第一产业为10%，第二产业为22%，第三产业为12%，合计为44%，相当于半壁江山。

第二，乡镇企业是农业劳动力就地"农转非"的主要载体。目前，在离土不离乡的乡镇企业劳动力有1亿人，加上离土又离乡进城务工经商的农民工1.6亿人，合计2.6亿农民工实现了"农转非"，占劳动力总数的50%以上，他们的工资性收入已超过家庭经营收入，这是社会发展的巨大进步。

第三，乡镇企业承担着"以工补农，以工建农，以工促农"和发展社会福利事业的任务。这是与一般工商企业不同的特点。这部分支出可在税前列入。目的是在工业化与城镇化过程中同步推进农业现代化。目前在村级经济中靠企业收入1亿元以上的有12000个，10亿元以上的有300个，100亿元以上的有30多个，最多的华西村达500亿元。其中农业的比重下降为5%以下，而农业现代化水平和农业劳动生产率高，实现了集约化与规模化的示范作用。

第四，乡镇企业推进了小城镇建设，为改变不合理的城市布局做出了重要贡献。

第五，乡镇企业带动了农村文化产业的发展。

第六，乡镇企业实行"走出去"的战略，也初见成效，除了生产出口产品外，还在国外创办企业。鲁冠球的万向集团已在6个国家建立或兼并企业……

农村工业特别是乡镇企业的发展，成为我国工业化的一个特点。城市工业化与农村工业化同步发展，并在此基础上实现城乡工业的一体化，成为具有鲜明特色的工业化新模式而载入史册。

（8）加强生态环境保护和建设。针对工业化过程我国生态破坏环境污染的现状，早在20世纪80年代，国家就把环境保护作为一项长期坚持的基本国策，特别是21世纪先后启动了退耕还林工程；天然林资源保护工程；京津风沙源治理；"三北"及长江中下游防护林体系建设工程（该工程从1978年就已启动）；野生动植物保护及自然保护区建设工程和重点地区速生丰产林体系工程六大重点工程建设，涉及全国绝大部分省、自治区、直辖市。

1981年3月国务院发布了《关于保护森林发展林业若干问题的决定》，简称"三定"（山定权、树定根、人定心）。2008年中共中央、国务院又发布了《关于全面推进林权制度改革的意见》。明晰产权，承包到户，极大地调动了林农植树造林的积极性。据第八次全国森林资源清查，全国森林面积2.08亿公顷（30.16亿亩），森林覆盖率21.63%，比中华人民共和国成立初期8.7%提高12.93个百分点。到2006年年底，全国经济林面积已发展到4.2亿亩，年总产量9968万吨，比改革开放前增加9.8倍，水果面积占世界18%，产量占17%多，苹果占世界的1/3，梨占50%多，柑橘产量仅次于巴西，枣的面积产量在世界亦占绝对优势。近10年来，新疆林果面积以每年100万亩的速度增长，1994年新疆林果面积仅有305万亩，2010年已达到1600万亩，2008年新疆农民林果收入人均超过500元，占人均纯收入的14.3%。主产区林果收入已占25%以上，一些林果发展较早的地方，已占到农民纯收入的50%。

生态环境保护和建设是一项功在当代、惠及子孙的千秋伟业，目前取得的成效，仅是扭转生态环境恶化的初步，今后还要经几代人的努力，才能做到人和自然和谐，经济和社会可持续发展的最终目的。

（9）农业科技进步与发展，提高农业综合生产力。改革开放以来我国在改革调整生产关系的基础上对发展农业生产力采取了一系列政策措施。1983年1月颁布《当前农村经济政策的若干问题》指出:"允许农民个人或联户购买农副产品加工机具、小型拖拉机和小型机动船,大中型拖拉机和汽车在现阶段原则上也不必禁止私人购买;以及对农民购买农业机具实行各种优惠政策,大大调动了农民购置农机具的热情。"到2005年,全国拥有农机总动力6.8亿千瓦,相当于1978年的5.8倍;拥有大中型拖拉机139.6万台,是1978年的2.5倍;拥有小型拖拉机1526.9万台,是1978年的11.1倍;拥有联合收割机48万台,是1978年的25.3倍。2006年全国耕种收综合机械化水平达到38%,其中小麦综合机械化水平达到72.1%,水稻、玉米也均达到40%左右。同时,农村电网覆盖了全国90%的国土面积,服务全国80%的人口,2005年,农村用电量为4376亿千瓦,相当于1978年用电量的17.3倍。化肥、农药消费量也有很大增长,2005年的氮、磷、钾和复合肥分别相当于1980年的2.4倍、2.7倍、14倍和48.3倍。农药总产量2005年也增至115万吨。

其他在动植物育种、栽培和饲养技术方面也取得重要成果。粮、棉、油等主要作物品种,全国范围更换了2—3次,每次品种更换增值10%—20%,良种覆盖率85%—95%。利用二元三元杂交技术培育出瘦肉猪新品系9个,瘦肉率达65%,料肉比由5:1降至2.5:1。作物栽培上通过增施肥料,改进施肥方法,推广配方施肥,平衡施肥,测土施肥,在占粮食作物近2/3种植面积上使用比一般粗放施肥方法增产8%—15%,提高化肥利用率10%以上。改进灌溉技术,推广渠道防渗,低压管道输水灌溉,能提高水利用率30%—40%,推广喷灌比地面灌溉一般节水30%—50%,微灌比喷灌省水30%—40%。

(10) 工业反哺农业,城市支持农村,实施城乡发展一体化。2004年党的十六届四中全会上胡锦涛指出:工业化国家发展过程中初始阶段"农业支持工业",达到相当程度后(笔者按:指工业化中期阶段后),有"工业反哺农业,城市支持农村"的两个

"普遍性趋向"。同年末的中央经济工作会议上胡锦涛又进一步阐述道"我国现在总体上已到了以工促农,以城带乡的发展阶段"。我国应当顺应这一趋势,更加自觉地调整国民收入分配格局,更加积极地支持"三农"发展。此后党对农村政策发生了一些变化,启动了农业养育工业向工业反哺农业政策的转变,启动了城乡二元制度向城乡一体的一元制度转变。

2006年,在经过多年的农村税费改革试点的基础上全国范围内全面取消农业税,终结了中国延绵了2600多年种地交"皇粮国税"的历史。加上取消农村"三提五统"("三提"指公积金、公益金、管理费,"五统"指乡村两级办学经费、计划生育费、民兵训练费、乡村道路修建费、优抚费)等开支,与农村税费改革前的1999年相比农民共减免税费负担1200多亿元,每年人均减负120多元。

党的十八大以来,面对错综复杂的国内外经济环境,多发频发的自然灾害,在党中央、国务院的坚强领导下,始终把解决"三农"问题作为全党工作的"重中之重",出台了一系列强农惠农富农政策措施,开创了农业生产连年丰收,农民生活显著改善、农村社会和谐稳定的新局面,具体表现在:

第一,粮食生产"十一年连增",2014年达到12142亿斤,粮食人均占有量450公斤,高于世界平均水平。水稻、小麦、玉米三大谷物自给率保持在98%以上。

第二,菜篮子产品也丰产丰收,供应充足,价格基本稳定。人均占有肉类130斤,蔬菜1100斤,禽蛋40斤,水产品94斤,均超过世界平均水平。

第三,农民收入较快增长,农民生活明显改善,城乡收入差距缩小。2014年农民人均纯收入9892元,比2010年增加近4000元,年均增长10.1%,城乡收入差距由2009年的3.33∶1下降到2014年的2.92∶1。农村居民家庭恩格尔系数从2010年的41.1%

下降到37.7%，消费层次明显升级。

第四，农村扶贫事业加快发展，全国贫困人口由2011年的1.22亿人，减少到2014年的7000多万人，5000多万人摘掉了"穷帽子"。

第五，农业现代化建设取得明显成效。①农田灌溉面积占比超过52%，建成了一大批重大水利灌溉工程和现代种养基地。②农业科技进步贡献率已达到56%，农业发展已从过去主要依靠资源要素投入，进入主要依靠科技进步的新时期。③农作物良种覆盖率已稳定在96%以上。④主要农作物耕种收综合机械化水平超过61%，农业生产方式已由以人畜力为主转入以机器作业为主的新阶段。2014年全国农机总动力达到10.8亿千瓦，小麦基本实现全程机械化，水稻、玉米综合机械化率超过75%。⑤主要农作物加工转化率超过60%，我国已经从卖原字号农产品进入卖制成品的新阶段。2014年农产品加工总产值超过23万亿元，与农业总产值比值达到2.2∶1。⑥休闲农业与乡村旅游蓬勃发展，2014年全国休闲农业经营收入比2010年增长近1.5倍，各种休闲农业经营主体超过180万家，年接待人数达10亿人次，带动3000万农民就业增收，成了农民增收致富的新亮点。

另外，2008年全面铺开集体林权制度改革是继农村耕地承包到户后农村生产关系的又一大调整，是农村生产力的又一次大解放。截至2012年年初，全国已完成确权集体林地26亿亩，占全国集体林地总面积的95%；发证面积22.65亿亩，已占确权面积的87%，全国2550多个林改县农民林业收入占人均年收入的比重由2009年的12.96%，提高到2011年年底的20%以上。2015年全国林业总产值5.81万亿元，林产品进出口贸易额达1400亿美元，成为全世界林产品生产加工中心。

当然，上述"三农"的成就是和过去比的，但与发达国家仍存在不少差距。农业方面耕地资源不足，人均耕地1.3亩，只有世界平均水平的 40%，森林单位面积积蓄量只有全球平均水平的 78%，森林年生长量仅相当于林业发达国家的 50% 左右，森林覆盖率比世界平均水平低 10 个百分点。大豆、棉花、羊毛、木材、橡胶等均须从国外进口，2014 年农产品进出口逆差达 505.8 多亿美元。农村方面是环境污染，局部改善，整体恶化，主要表现在：水污染严重，全国七大水系一半以上河段水质污染；35 个重点湖泊约有 20 个严重污染；由于过量施用化肥、农药，土壤污染约占耕地面积的 1/10。科技贡献率也比发达国家低 20—30 个百分点。

几点启示

综观五大国（美国、日本、巴西、印度、中国），在经济、社会转型期对"三农"问题的战略思路，采取的政策、措施，取得成效的比较分析中，可得出以下几点启示：

第一，无论是发达国家还是发展中国家，只要是人口大国，都必须把农业摆在国民经济的重要地位。农业是国民经济的基础，"农业强，人心定，社会安"，这是经济社会发展的客观规律，违背不得，违背了就要走弯路，吃苦头。美、日都是经济强国，虽然资源禀赋不同，但都重视农业，在工业化、城市化的同时带动实现了农业现代化，做到城乡差距不大，生态环境保护较好，社会秩序比较安全稳定。巴西自然资源富饶，发展农业条件十分优越，由于实行进口替代型工业发展战略，重工轻农，忽视改革殖民统治遗留下来的大庄园主制度，农村有 1/4 人口（约 1200 万人）无地，流入城市，聚居"贫民窟"，造成城乡、区域贫富差距悬殊，社会动荡不安，长期跌入拉美陷阱。中印两国前期在"三农"问题上都走过弯路，中国改革开放后，转变农村发展战略思路，农村面貌有了很大改观。印度在 20 世纪 60 年代先后实行"绿色革命"，粮食实现自给有余，农产品贸易实现顺差，但社会、文化、教育相对落后，充分暴露印度发展模式的内在缺陷——畸形的、不平等的发展。

第二，农业经营模式以家庭农场为主，农工商综合经营的双层经营模式，适应农业生产周期长，自然、市场风险大的产业特点，这就是为什么截至现在连最发达的资本主义国家也保留了80％—90％家庭经济的原因，社会主义国家的大型集体农庄反而生产效率低下，呼唤改革（杜润生，2005）。日本虽然也是以家庭农场为主，统分结合的双层经营——农协的经营模式，但由于规模太小，农户经营活力下降，人口老龄化，农产品除大米外，大部分仍依靠进口，这也是为什么日本是经济强国，但农业仍不能自立的重要原因。中印两国也都面临同样的问题，我国实行家庭联产承包责任制后，人多地少，户均不到7.5亩耕地，土地转移缓慢，双层经营中集体经营层面滞后，有些地方还是空白。印度目前仍有70％劳动力滞留农业，这是为什么在"四化"中农业仍是"短腿"，农村仍是"短板"，必须大力加强的重要原因。

第三，工业化、城市化是传统的农业社会向工业社会转变的必然途径和客观规律，不以人的主观意志为转移，但由于各国国情不同，实现工业化的方式，城市化的速度、时间也有所差异。

美国是一个后起的资本主义国家，又是一个没有经历长期封建制度统治的国家，农业现代化中土地问题的解决既不需要废除封建土地所有制，也不需要对地主土地进行赎卖，农业改造、发展的制度成本较低。特别是西部大开发为美国农业发展创造了广阔的空间，政府采取了各种鼓励措施出售国有土地，吸引大批移民成为自耕农或小农场主，西部开发不仅发展了农业，而且有力地促进了中西部城市的发展。

概括起来看，大体上美国经济社会转型的路线是：1807—1920年花了113年基本上完成了工业化；1860—1940年花了80年时间初步实现了农业现代化；1860—1960年花了100年时间实现了城市化。

日本也是后起的资本主义国家，也是发展最快的国家。日本的工业化、城市化较快发展，有它特殊的历史背景和条件。一是1874年以后先后侵占台湾、澎湖列岛，霸占朝鲜市场，1894年发动大规模的侵华战争——中日甲午战争，从满清政府获得战争赔款1亿3千万两白银，带动了钢铁、造船、煤炭等工业以及铁路大发展。二是第二次世界大战结束后在美国扶持下实行土地改革，国民经济得以迅速恢复发展，在工业化过程中实行大力扶持中小企业和允许农民自由移动的政策，保证了大批农村劳动力转移到城市就业，在不到半个世纪的时间走完了西方资本主义国家用二百多年才完成的工业化、城市化路程。

巴西的工业化和城市化中值得我们吸取的教训是：一是进口替代型工业发展战略，重工轻农，忽视改革殖民统治遗留下的大庄园主制度，农村中有1/4无地少地农民流入城市，形成农村有地无人种、有人无地种的畸形状态。造成工农关系严重失衡。二是过度城市化。巴西1940—1983年城市人口占总人口的比重由31%提高到70.7%，是发展中国家城市化发展速度最快的国家，问题在于这些劳动力转移是在农村内部仍然存在很大就业潜力而工业部门不存在巨大劳动力需求的情况下进行的。农村劳动力进入城市找不到工作，农村又回不去，只能临时搭建简陋的住房栖身，形成城乡、区域贫富差距悬殊，城乡、区域关系严重失衡，农村发展滞后，农民生活贫困，购买力低下，反过来又影响到国民经济全面发展。中国和印度在经济社会转型期也都因国情不同存在城乡、工农关系失衡的问题，因此，如何根据各自国家的特点，走出一条符合自身实际的工业化、城市化道路，是一个十分艰巨尚需探索研究的问题。

第四，农业是弱势产业，农民是弱势群体，在发展过程中需要国家从宏观层面予以扶持，这也是多数国家面临的问题。美国是典型的市场经济国家，政府对于国民经济干预较少，但对农业却是干预最多的一个部门。通过农产品价格和收入政策、农业信贷和税收优惠政策、促进需求和扩大出口政策等，促进农业生产力的发展，保护农业生产者的利益。但是政府在农业开支和补贴方面负担日益沉重，1983年用于农业各种资助和补贴总额高达540亿美元，农业部的支出，在国家预算中，仅次于国防开支和社会福利开支，居第三位。有人在研究当前美国经济社会的问题后认为，美国尽管国强民富，但美国经济与社会还必须面对巨额双赤字、高价能源以及老龄化、贫富悬殊加剧、种族矛盾等政治、经济和社会等方面的诸多挑战，为今后的发展增添了变数（程极明、李洁，2006）。

日本也是对农业支持和补贴最高的国家，据统计，国家财政的农林水预算从1960年的1319亿日元增加到2000年的34281亿日元，年平均增长15.25%，2000年农林水预算相当于当年农业GDP约57%，再加上地方预算支出，日本财政支农资金超过农业GDP总额。另据估算，大体农民收入的65%来自政府的补贴。尽管如此，日本农业至今还不能自立，粮食和食品的自给率不断下降，农户经营活力下降，农业生产后继乏人，这是发达国家所没有的现象。为此，给我们的启示就是农业是弱势产业，农民是弱势群体，必须靠外力支持，但必须有度，解决"三农"问题既要从农外下功夫，又要从农内找出路。

第五，从世界经济社会转型期成功的国家来看，转型期是一个复杂具有风险的系统工程，除要搞好产业转型升级，处理好社会矛盾外，还要调节工业化、城镇化与农业现代化的关系，搞好经济建设、社会建设、文化建设、生态文明建设以及政府改革职能转变等内容。从实践来看，世界上已有60多个国家和地区迈过了高收入国家门槛，但也有相当多的国家没有迈过这个门槛，掉入了"中等收入陷阱"，像拉美国家中的巴西、阿根廷、墨西哥，还有亚洲的马来西亚等。中国能否迈过这道坎，就看我们是否处理好上述的几个关系，界定清楚与市场作用的边界，告别"摸着石头过河"的改革思路,制订符合国情的"顶层设计"和规划。我国改革首先从农村突破,然后推及城市,由集体经济改革到国有企业和资产改革,到由经济、社会的上层建筑,始终把解决好"三农"问题摆在党和政府工作的重中之重,十八届三中全会提出"四个全面",全面建设小康社会,全面深化改革,全面依法治国,全面从严治党;十八届五中全会提出创新、协调、绿色、开放、共享的发展理念,并具体落实到实践中,粮食总产量十二年连续增产,农民人均纯收入连续6年增速高于城市人均收入,每年农村脱贫人口超过1000万人,由此可见,只要坚持以人为本,通过全国人民共同努力,2020年全面实现小康社会的目标是有希望实现的。

三 "三农"改革、发展前景分析:既要从农外下功夫,又要从农内找出路

针对国内外复杂多变的形势,我国农业农村面临着新的挑战。一是主要农产品国际国内价格倒挂,农业生产成本不断上涨,农业受到价格"天花板"和成本"地板"的双重挤压,日益稀缺的资源和脆弱的生态环境,正对农业生产高投入、高消费、高污染、低效率的发展模式亮起了"红灯"。

面对严峻的形势,中国农业必须转变发展方式,从主要追求产量和依赖资源、劳动消耗的粗放型方式转变到数量、质量、效益并重,注重理论、体制、机制创新,走到资源节约型和环境友好型的可持续发展道路上来。

二是种植业对农民增收贡献已经降到1/4以下,农业支持政策如何调动农民积极性成为新的挑战,农民增收要有更宽的视野,不仅要在农业内部拉长产业链,更要注重内外联动,从第一、第二、第三产业融合发展中拓宽农民增收渠道。

三是目前农村是全面建成小康社会的"短板",农村水、电、

路、气、房等基础设施需要加大投入，公共服务体系有待进一步完善，医疗、卫生、文化、教育等社会保障体系有待进一步加强，未来新农村建设要由单向突进向综合发展迈进。不仅要注意改变村容村貌，更要注意发展农村经济、社会，持续增加农民收入，要由物的新农村向人的新农村迈进，不仅要立足于农村自身的发展，而且要重视城市带动农村，加快破除城乡割裂的二元经济社会结构。

四是从顶层设计到试点试验，通过市场化手段，激活被长期压抑的土地、资金等生产要素和农村产权，实现有序流动和合理配置，更好地保障农民经济权益和民主权利，进一步激发农村经济社会发展活力。

现就上述对"三农"问题的粗浅认识，本着党中央提出的"创新、协调、绿色、开放、共享"发展新理念，对今后"三农"发展前景提出如下看法和建议：

1. 新型城镇化和新农村建设要双轮驱动，一体化发展

我国城镇化发展经历了一个漫长曲折的过程。1949年城镇化率仅10.6%，由于经过土地改革，工业发展，城镇人口大量增加，1949年城镇人口5769万，1953年达到7826万，增加了36%，为了控制农村人口盲目流入城市，1953年7月国务院发布《关于制止农民盲目流入城市的紧急通知》，所以1957年城镇化率控制在15.4%，比1949年提高4.8%。但从1957年到1978年经历"大跃进"、人民公社运动"文化大革命"，城乡之间形成一道二元经济社会结构鸿沟，人口长期滞留农村，到1978年21年间城镇化仅提高2.1个百分点，在世界上实属罕见。而从1978年改革开放到2012年城镇化率提升到54.7%，平均每年提升1.02个百分点，与前30年，形成鲜明对照。

城市数量中华人民共和国成立前132个，1980年223个，1990年467个，2008年655个，其中100万人口以上城市，1949

年仅有10个,1980年15个,1990年31个,2008年达到122个。

城镇化快速发展带来的矛盾和问题:

(1)"土地城镇化"快于"人口城镇化"。建设用地粗放低效,1996—2012年,全国建设用地平均增加724万亩,农村耕地减少1.16亿亩,而且都是好地。

(2)城镇空间分布和规模结构不合理,造成地区差异扩大,西部地区人均生产总值,城镇居民可支配收入、农村居民纯收入分别只有东部地区的45%、68%、53%。

(3)"城市病"凸显,大城市甚至中小城市纷纷出现不同程度的交通堵塞,环境污染,贫困失业,治安恶化。

(4)自然历史文化遗产保护不力,城市建设缺乏特色,贪大求洋,千城一面。

今后发展方向:加快转变城镇化发展方式,以人的城镇化为核心,有序推进农村转移人口市民化;以城市群为主体形态,推动大中小城市和小城镇协调发展;以综合承载能力为支撑,提升城市可持续发展水平;以体制机制创新为保障,通过改革释放城镇化发展潜力,走以人为本,四化同步,优化布局,生态文明、文化传承的中国特色新型城镇化道路。

党中央提出在"十三五"期间,要解决三个1亿人的问题,1亿人落户城镇,1亿人城市棚户区改造,1亿人就近在中西部城镇安家落户。

据国务院发展研究中心农村经济研究部课题组对7个代表性省份的大中小城市和小城镇的实地调研认为,以省内就近市民化为重点有序推进人口城镇化的条件日益成熟,但也需要进一步明确路径,并完善相关政策。

政策方面要增强城市体系间的连通性,大城市要将交通等基础设施向周边中小城市延伸;依托交通枢纽建设,大力发展通道经济,带动产业经济,发展生态旅游、休闲农业、家庭服务等就业吸纳能力强的产业等。

国家发改委发展规划司司长徐林说，目前我国是接近14亿人口的大国，但真正叫"城市"的数量才600多个，相比较，日本的人口总数少得多，但城市数量有上千个。报告显示，当前我国很多特大镇一级具备城市的体量与特征，镇区人口超过10万人的特大镇有238个，超过5万人的有885个，它的管理带有"小马拉大车"或者"紧身衣穿在肥胖的身体上"的感觉，不利于城镇进一步发展。目前需要在制度上为这些镇成为新的中小城市提供支持，2016年准备加快出台设市标准，推动具备条件的县和特大镇有序合理地设置为城市。

这些设想如能做到，那么2020年转移1亿农民工进入城镇落户的新型城镇化规划即可实现。

至于新农村建设如何搞？一是要有一个"顶层设计"，全国有270万个自然村，按照发展中心村，保护特色村，整治"空心村"的要求，在尊重农民意愿的基础上，科学引导农村住宅和农民点建设，方便农民生产生活，保持乡村风貌、民族文化和地域文化特色，保护有历史、艺术、科学价值的传统村落、少数民族特色村寨和民居。

二是要加强农村基础设施和服务网络建设，包括水、电、气、路、能源、通信以及农村商品销售及其他生活服务网点建设，建设垃圾、污水处理设施等。

三是加快农村社会事业发展。包括义务教育、职业教育、学前教育培训体系；完善以县级医院、乡镇卫生院和村卫生室的农村医疗卫生服务网络；加强乡镇综合文化和体育设施建设和健全农村留守儿童、妇女、老年关爱服务体系。以国家为主，社会、企业、农民共组合力，用10年、20年完成也是完全可以做到的。

近年来，不少地区对新农村建设在实践中探索出许多典型和模式。如成都市制定出台新农村建设指导意见和规划技术导则推进"小规模、组团式、生态化、微田园"幸福美丽新村建设。

"小规模"一般为100—300户，内部小组为20—30户，一般不超过50户。

"组团式"既适当组合集中，又各自相对独立，每个新村均建有不低于400平方米的标准化公共服务中心。

"生态化"正确处理山水田林路与居民的关系，让居民望得见山，看得见水，记得住乡愁。

"微田园"相对集中民居，规划出前庭后院，形成"小菜园""小果园"，保持房前屋后瓜果梨桃、鸟语花香的田园风光和农村风貌，得到广大群众欢迎。

近几年，四川省坚持全域规划，全程建设产村相融的幸福美丽新村，探索走出一条整村推进与重点突破相结合，新建、改造与保护相结合，新村建设与扶贫攻坚相结合，统筹城乡发展的新农村建设的路子。

分期分批解决农村无房户、危房户、住房困难户的住房问题。2014年落实中央和省级财政资金62.5亿元，开工建设52.1万户，竣工36.99万户。全省已累计建成新村聚居点3.27万个，涉及农户321.6万户，整体改变了农村过去落后的形象。

实施产业提升与培育特色优势产业相结合，带动农民持续稳定增收。2014年全省完成200个万亩亿元示范区建设提升，建成粮经复合型现代农业产业基地360万亩，连片发展种植业8521万亩、规模养殖户3.92万户。

全面突破四川省乡村旅游提升行动计划，推进现代农业基地景区化建设，大力发展循环农业、休闲农业和乡村旅游业。2014年四川乡村旅游实现总收入1340亿元，增长28.2%，全省4.7万个行政村中靠发展乡村旅游致富的有3500个村，带动1000余万农民增收。

走进四川农村，全省95%以上的行政村建立了"户分类、村

收集、镇乡运输、县处理"的生活垃圾处理机制，垃圾围村现象不再……（笔者按：可能估计过于乐观，十年八年能做到就不错了）

2. 保障粮食安全是农业发展的核心问题

2014年粮食产量达到62143万吨（12428亿斤），人均占有量达到445公斤，高于世界平均水平。但是，还应该清醒地看到，粮食"十二连增"付出了沉重的代价，即单位面积产量的增加，很大程度上是依靠化学肥料的大量投入，也就是造成农业的面源污染，从而使水体变质以及土壤的重金属污染为代价的。另外，粮食又大量进口，三种作物（稻谷、小麦、玉米）和大豆净进口量高达7000万吨，相当于国内生产需要七八亿亩播种面积，因此，农业、粮食如何发展？光靠拼资源、拼劳力，不顾利益和生态环境，是不可持续的。党的十八届五中全会提出"创新、协调、绿色、开放、共享"的发展新理念，为今后的发展指明了方向，农业、粮食的发展也需按这一理念，重新规划、部署，即转方式，调结构，提升产能。

据农业农村部测算，到2020年我国粮食消费需求在14000亿斤以上，现在生产能力在12000亿斤以上，"十三五"保持在这个水平，不追求一直连续增长，但是要保持粮食产量总体稳定，特别是要巩固和提升粮食产能。有产能在，年度产量可以根据需求进行调节，"十三五"谷物自给率要保持在95%以上，稻谷、小麦要达到基本自给。现根据以上发展理念和部署，从农村经济全局就政策导向、产业结构、地区布局、经营方式等多视角、多层面来研究发展粮食生产的方向、路径和方法，具体意见如下。

（1）建立和完善粮食产、销、储、调政策体系，创造粮食生产、流通的外部环境。

第一，粮食直补由按面积补贴向按售粮数量补贴转变。这样有利于补贴款与提高粮食产量挂钩，真正调动农民种粮的积极性。

具体办法可通过立册建账,将销粮款直接汇入农户存折,防止粮食收购企业套取直补资金的弊病。

第二,分品种、分地区适当调高粮食收购价格。只要控制在合理的范围内,就不会对通货膨胀产生大的影响。因为粮食的需要弹性很小,在现有的收入水平下,城镇消费者不会因粮食小幅涨价而减少购买量;与此相反,还会因国内与国际粮食差价悬殊,消费者担心供应不足而增加购买量,结果还会刺激粮价上涨。粮价调整后,对城镇低收入群体可采取生活补贴的办法加以解决。

第三,完善粮食储备制度。适当提高粮食储备底线的保护作用(一般占粮食消费量的17%—18%),"手中有粮,心里不慌"。但也不是越多越好,因为粮食储备成本很高,过高的储备会增加国家财政负担。粮食的储备的长期目标,应从"储粮于库"向"储粮于民""藏粮于地"转变。建立耕地质量补贴制度。对农民种植绿肥、增施有机肥、秸秆还田、科学施用化肥及进行农田整治(包括适当的轮作休耕)等保护和培肥地力行为给予奖励扶持,引导农民运用综合农艺、生物和工程措施提高耕地质量。只要耕地综合生产能力提高了,市场什么时候需要,就能拿出粮食来,这才是理想的粮食调控的有效手段。

第四,实行粮食省长负责制,明确粮食主产区特别是主销区更多粮食安全责任。制定税收优惠和金融支持政策,鼓励主销区到主产区建立粮食生产基地、流通储运设施和加工企业,妥善协调好产销区的利益平衡关系。

第五,充分利用国内国际两种资源、两个市场的条件,多出口一些有比较优势的杂粮、水果、蔬菜、畜禽产品、水产品以换取资源短缺的大豆、棉花等,减轻耕地压力,优化产业结构,增加农民收入。

(2)拓宽和延伸粮食生产的内涵和领域,改变只有谷物才是粮食的概念,合理调整谷物种植结构,由"二元"结构(粮食—

经济作物）向"三元"结构（粮食—经济作物—饲料作物）转变，充分发挥非耕地资源潜力，以减轻耕地压力。

多年来粮食销售呈现"两增一减"趋势，即饲料用粮和工业用粮明显增加，口粮消费有所下降，这就启示我们，农业结构调整，不能只把眼睛盯在18亿亩耕地上，应该在退耕还林、还草、还湖，保护好生态环境，严格执行保护18亿亩耕地底线不被突破的基础上，全面规划，合理利用非耕地资源，为国家创造大量财富，包括木材、木本粮食（板栗、木枣、柿子、槲栎、青栲、木薯等）、木本油料（油茶、文冠果、核桃、油橄榄）、工业原料（油桐、生漆、藤类、树脂、虫蜡等）、蕨类、食用菌、药材等，数不胜数，其实许多地方已经这样做了，并取得了良好效果。

内蒙古乌兰察布市实施京津风沙源治理工程，耕地面积由工程实施前的2400万亩减少到2007年的1000万亩，而粮食产量由过去12亿斤提高到25亿斤，实现了由种植业主导型向养殖业主导型转变，形成新型农牧业产业化经营格局。河北省平泉县依托工程新造刺槐林，食用菌总量由2000年的1220万盘（袋）发展到2005年的8000万盘，龙头企业达30家，产值近8亿元，农民人均纯收入增加550元。

（3）加强农业基础设施建设，改革完善农技推广服务体系。河北省针对不同地区情况，在粮食集中产区实施优质粮食产业工程，以优质粮食良种繁育体系、病虫防控体系、建设标准化良田和强化农机装备建设为核心，整合要素投入，大力推广"优质、高产、节本、增效"的实用技术，提高了粮食综合生产能力。另外，在太行山区，坝上、坝下高寒地区，黑龙港缺水地区实施旱作农业工程，大力推广免耕播种、节水灌溉技术，青饲栽培技术，薯类脱毒、地膜覆盖技术等，达到蓄住天降水，保住土中墒，优化资源配置，全省建设旱作基本农田1866万亩，每毫米降水产粮由过去不足0.28公斤，提升到0.45公斤，有效地实现了粮食稳产增产。

（4）根据市场需求变化，适当调整粮食品种结构。近年来，由于人民生活水平提高，老龄化加快，人们对粮食需求，由细粮为主向粗细粮合理搭配转变，市场上粗粮短缺，价格上涨，为此，有专家认为，应千方百计把谷子、高粱、大豆、栗子、荞麦、燕麦、大麦、绿豆、蚕豆、豌豆等适当恢复发展起来。马铃薯也是高产、营养丰富、加工增值潜力大的粮食作物，在我国由于受固有饮食习惯的影响，多数地区没有把马铃薯当作主要粮食，只当副食消费，人均年消费量只有31.3公斤，远比俄罗斯人均年消费170公斤、英国100公斤、美国50公斤低得多，2015年1月中国农科院等单位主办的马铃薯主粮化发展战略研讨会提出推动马铃薯成为餐桌上的主食，让马铃薯逐渐成为水稻、小麦、玉米之后的我国第四大主粮作物引起了公众关注。农业部副部长余欣荣在研讨会上指出，马铃薯主粮化开发，是深入贯彻中央关于农业调结构、转方式、可持续发展的重要举措，是新形势下保障国家粮食安全，促进农民持续增收的积极探索。

3. 实现7000万人口如期脱贫是全面建成小康社会的艰巨任务

中国是世界上最大的发展中国家，扶贫开发规模之广、难度之大世所罕见，没有现成的模式和经验可循。在几十年的实践中，中国成功走出了一条具有特色的扶贫开发道路，这条道路概括地说，就是以经济发展为带动力量，以开发扶贫为根本途径，政府主导、社会帮扶与农民主体作用相结合，普惠性政策与特惠性政策相配套，扶贫开发与社会保障相衔接的道路。

政府主导是政府的工作要更加扎实有力度和富有成效，目前，国家正在完善以7000多万贫困人口的区域分布、致贫原因、发展需求、帮扶措施为内容的大数据系统，同时还将通过特色产业发展、职业教育、异地搬迁、低保兜底等措施来解决这批人的脱贫问题。很难设想一个有7000多万贫困人口，相当于一个中等国家的扶贫工作，没有一个坚强的领导核心，周密的顶层设计，仅凭各地"摸着石头过河"就能够取得成功的。具体应从以下方面努力。

（1）社会参与。"扶贫事业没有旁观者"，当前我国扶贫开发进入新的攻坚期，全国有14个连片特困地区、832个贫困县和片区县、12.9万个贫困村，扶贫攻坚面对的都是难啃的"硬骨头"。为了促进扶贫的社会参与，国务院办公厅印发《关于进一步动员社会各方面力量参与扶贫开发的意见》，明确提出要培育多元社会扶贫主体，大力提倡民营企业扶贫，积极引导社会组织扶贫，广泛动员个人扶贫，并指出要通过开展扶贫志愿行动打造扶贫公益品牌、构建信息服务平台、推进政府购买服务等方式，创新社会扶贫参与方式。

（2）制度保障。如何保障扶贫资金用在刀刃上，扶贫资金管理从根本上还是要建立一套有效的监管机制，工作一定要做实、做到位，绝不放过侵占扶贫款的"老虎"和"苍蝇"，让党和政府的雨露阳光真正落在实处。

目前我国有扶贫人口7017万，扶贫发生率7.2%，2014年农村扶贫人口在500万以上的省份有6个（河南、湖南、广西、四川、贵州和云南），300万元到500万元的有4个，100万元到300万元的有7个，100万元的以下也有14个，主要分布在西部、中部地区。扶贫脱贫面临着严峻的挑战。但有些省、自治区扶贫工作已取得明显成效，如江西省近三年累计财政扶贫资金61.5亿元，整合行业和社会扶贫资金200余亿元，2015年建档立卡扶贫人口由276万降至204万，减少73万。预计到2018年力争全省基本消除绝对扶贫现象，扶贫县脱贫"摘帽"取得突破性进展。

但就全国来说，"十三五"期间要完成7000万人精准脱贫、贫困县全部摘帽的任务还是十分艰巨的。其中2000万人靠开发产业脱贫，工作做好问题不大。1000万一方水土养活不了一方人，靠搬迁扶贫，数量是否大了，一是有些人是否留恋故土不愿搬迁，二是如何处理好被迁入地的群众关系，因为你占用他的资源；甚至关键的是否能解决就业问题，如果住上了新房子但无业可就，最终还是要回迁的。

4. 走具有中国特色的农业现代化道路

农业现代化的内涵、标志是动态的、有阶段性的，早在20世纪50年代末毛主席就提出农业现代化的概念。1963年1月29日，周恩来总理在上海科学技术工作会议的讲话中指出："我国要实现农业现代化、工业现代化、国防现代化和科学技术现代化，把我们祖国建设成为一个社会主义强国"，这是我国最早提出的"四化"目标。不过当时国内都把农业现代化概括为农业机械化、水利化、化学化和电气化。后来经过实践检验，认识到现代化应该涵盖生产力、生产关系和上层建筑的全过程，不能简单地把它理解为各项生产力要素的机械相加，只注重物质条件，不重视人的素质；只重视产中，不重视产前和产后；只偏重生产手段和生产技术的变革，而忽略生产组织管理与生产方式等变革；只重视人际关系，不重视人和自然环境和谐等观点，都是不全面的，不能达到提高农业综合生产力和环境友好之目的的。

根据我国自然资源条件差异大，经济社会发展不平衡，人口多、底子薄等特点，实现有中国特色的农业现代化道路，主要应包括以下几个方面：

（1）以家庭经营为基础，统分结合的双层经营体制，是农村的基本经营体制制度。承包期由15年不变、30年不变，现在进一步明确为长久不变；从统分结合的关系看，过去的"统"单纯靠村组集体，现在靠农民合作和多元化、多层次、多形式的经营服务体系。农村土地关系进一步明晰，一是落实集体所有权，稳定农户承包权，放活土地经营权，开展土地确权颁证试点，积极引导土地有序流转，按照依法、自愿、有偿原则，鼓励农民以转包、出租、互换、转让、股份合作的形式流转承包地，发展多种形式的适度规模经营。二是加快构建新型农业经营体系，着力培养种养大户、家庭农场、农民合作社、产业化龙头企业，既解决一家一户办不了办不好的事情，又降低了生产成本，提高了经营效益。三是要从大中专毕业生和退伍军人、愿意返乡就业的农民工中培养造就一批有文化、懂技术、会管理的现代农民职业队伍，通过设立合理的准入门槛和注册制度使其成为受人尊重的职业。

（2）科学技术现代化仍是农业现代化的重要内容。中华人民共和国成立70年，特别是改革开放40年我国农业科学技术迅速发展，已经形成比较完整的农业科学技术体系。但是，与发达国家相比仍有不少差距：①产学研联系不紧密，科研成果转化慢，科技成果贡献率只有56%，发达国家一般在80%左右，差距20—30个百分点。②农业生产过分依赖灌溉，节水农业、雨养农业规模偏小。③过量施用化肥、农药，带来严重的环境和土壤污染，提高了农业生产成本。④小规模家庭经营与社会化服务存在摩擦，降低了农业产业链的综合效率等。

今后改革的重点应放在改革农业技术进步模式，调整农业技术研究推广管理体系，大力提高现代农业技术的装备水平，把节水农业、旱作农业技术开发作为农业技术的主要方向。

根据有关资料分析，我国水资源总量约为2.8万亿立方米，人均占有水量为2400立方米，相当于世界人均的1/4，被列为全世界13个贫水国家之一。而且我国地形西高东低，河流多东西走向，流入大海。气候属大陆性季风气候，降水时空分配不均，北方少、南方多，冬春少、夏秋多，汛期雨量过于集中，且年际变化很大。全国水资源80%集中分布在长江及其以南地区，该地区人口占全国的53%，耕地占全国的35%。长江以北广大地区，人口占全国的47%，耕地占全国的65%，而水资源仅占全国的20%。这些特点，决定了我国水资源形势的严重性、长期性和复杂性。中华人民共和国成立后我国大力兴修水利，发展灌溉农业，灌溉面积占耕地的52%，农业用水占总用水量的70%，是用水大户，但渠道输水损失大，灌水方式落后，水资源管理不善，调节不力造成很大浪费。一般而言，我国渠系灌溉的有效利用系数在0.3—0.4，井灌区有效利用系数也只有0.6，比发达国家低0.2—0.4，如能采取措施，尽量减少输水渠道的渗漏和蒸发，将地表水输水渠道有效利用系数提高到0.6—0.65，井灌区提高到0.9，仅此一项就可以扩大灌溉面积约20%，每年节水300亿立方米。

何谓节水农业？笔者认为针对我国农业的现状，应该赋予它更广泛的内容。即凡采取工程节水技术、农艺节水技术和化学节水技术组装配套，综合运用，达到节水、增产、增地、增效的农业，都可称为节水农业，核心是节水，高效是目的，而且节水农业，有其发展的阶段性、地域性和多样性，无须都搞一种模式。

目前，就多数地区而言，首先，应把大中型渠灌区和集中井灌区的节水技术改造搞好，重点抓好水库维修加固、渠道防渗、管道输水及田间工程配套，即可收到立竿见影的效果。其次，在大中型城市郊区、经济作物区、果树和蔬菜产区以及有条件的粮棉产区、干旱丘陵山区应加快喷灌、微灌技术的推广，喷灌通常比地面灌溉省水30%—50%，节约土地20%，微灌（包括滴灌、雾喷、微喷灌）由于蒸发损失少，比地面灌溉节水75%，比喷灌节水30%。滴灌由于系统地把灌溉水变成点滴，不断浸润作物根部的土壤，为作物生长提供良好的水、肥、气、热和微生物活动的条件，同时化肥、农药、生长剂等可通过节水管道传输，大大提高利用率（化肥利用率可达80%），增产效果十分显著，一般粮食增产20%—30%，蔬菜增产50%—100%，果树增产20%—50%。对于年降水量在400毫米的干旱、半干旱地区，由于受地形和经济条件的限制，不可能都搞灌溉设施，则可做小微型蓄水截流工程，尽可能多蓄一些天然降水，再从搞好水土保持和培肥土壤入手，走"雨养农业"之路，也并非注定是低产的。搞节水农业除在技术方面要改革创新外，还要从管理上实行以流域为单位的水资源管理体制，建立合理的水费制度和多元水利投资机制等，将节水措施落到实处。

（3）从实际出发，因地制宜，实行多模式、多层次的农业现代化。我国各地区自然条件差异大，经济社会发展不平衡，农业现代化必须分地区、分阶段实施，差别前进，多种模式分类指导。

在一些沿海发达地区，资本技术密集型农业已发展到相当高的水平，其集约化程度可与发达国家媲美，但广大粮食主产区，特别是广大山区、牧区的情况则完全不同。今后如何加快山区、牧区的现代化水平是全面实现农业现代化的关键所在。

我国纯山区县1542个，半山区县303个，合计1845个，占全国总县数的75%。山区面积占国土总面积的70%，人口占全国的56%。过去定的18个贫困地区都在山区，现在的592个国家级贫困县中496个在山区，占83.8%，这些县又集中分布在两大片，一片是"三北"地区农牧交错地带，即荒漠化严重的风沙区和黄土高原；另一片是西南石灰岩地带，即石漠化严重发展地区。但山区县内部也在分化，2006年有11个山区县人均GDP超过4万元，超过东部发达地区的平均水平，而人均GDP超过1.5万元的山区县达94个。[①]

已经成为富裕山区的做法和经验就是不把山区看作只生产木材的地方，而是在退耕还林的同时，实行农牧结合，全面开发。

陕西省吴起县位于延安西北部，12万人口。祖祖辈辈延续着"倒山种地，广种薄收"的老习惯，"春种一面坡，秋收一瓢粮"，"越垦越穷，越穷越垦"，生态持续恶化，已经到了难以生存的关口，1998年在国家尚未实施退耕还林工程时，吴起县就实施了封

---

① 陈国阶：《中国山区近年发展态势与战略展望》，《中国科学院院刊》2008年第6期。

山禁牧，退耕还林，将155万亩低产坡耕地全面退耕还林，加强基本农田建设，提高粮食单产，经过10年的生态建设，林草覆盖率由1997年的19.2%，提高到2006年的62.9%，昔日的荒山秃岭披上了新装，气候变得湿润，年平均降水量由10年前的478.3毫米，增加至582毫米，5级以上大风由19次降至5次，扬沙天数由31.6次下降到6.5次，干旱、冰雹、霜冻等灾害减少了70%左右。

在生态环境初步好转的基础上，采取了五项"硬招"：①封山禁牧，舍饲圈养；②退耕还林，建设基本农田；③发展沼气，推广节柴炉灶；④实行生态移民；⑤以资源为依托，大力发展种养和加工业。

2006年，全县农民人均纯收入2298元，是1997年的2.59倍，过去散落的破窑洞已被一排排整齐漂亮的新民居所取代。

发展经济林和林下经济也是山区致富的重要法宝。2002年年底，全国经济林总面积达到2733多万公顷（4.7亿亩），总产量6800万吨，总产值1300亿元，年出口干鲜果品、工业原料、木本油料等主要经济林产品100多万吨，创汇47.6亿元。

淳安县位于浙江西部，素以"锦山秀水"著称，是著名国家5A级景区——千岛湖所在地。近20年来，以保护生态环境为目的，以保护千岛湖生态安全为出发点，以退耕还林、绿化造林为契机，坚持因地制宜的原则，大力发展油茶产业，现已有油茶12.9万亩，2014年产值超2.2亿元。

几年来根据当地情况和自然条件，摸索出一条适合油茶产业可持续发展之路，在油茶林下套种牧草草本植物，套种中草药，套种水果，如威坪镇、王阜乡在退耕还林地里套种亩产值可达2000余元，淳安千岛湖彪鑫果蔬专业合作社在油茶林下套种覆盆子亩均增收2000余元。

江西遂昌市是中国楠木之乡，位于江西省西南部，罗霄山脉南段，全县面积 3144 平方公里，林业面积 24.8 万公顷，森林覆盖率达 78.4%，近几年通过科学规划，因地制宜选择林禽、林果、林菜、林苗等经营模式，立体开发林下经济，通过培育和引进龙头企业，按照"公司＋基地＋农户"的发展模式，加大林下产业深度开发，创立"绿色有机"农业品牌，珊田村绿园禽业存栏蛋鸡 10 万羽，年销售 1000 多万元。目前遂川县拥有林业专业合作社和家庭林场 76 个，经营林地面积 33 万余亩，林下经济综合产值 5.7 亿元，带动 2 万余户林农参与林下经济，形成了"以农促林，以林保农、林农协调发展"的良性循环。

山水林田湖是一个生命共同体，人的命脉在田，田的命脉在水，水的命脉在山，山的命脉在土，土的命脉在村。

全国 46.5 亿亩林地，2001—2014 年连续 14 年全国林业总产值保持年均 22% 的高增长。2014 年全国林产业总值 4 万多亿元，产品十多万种，林业第二、第三产业比重占 66%，林产品出口总值 1399 亿元，同比增长 8.40%，林业产业涉及 100 多万家企业，惠及 4.5 亿农民。

牧区的情况可能比山区更为复杂。我国是草地资源丰富的国家，草地面积 58.9 亿亩，居世界第二位，其中可利用草地 49.6 亿亩，占国土面积的 34.5%，是农田的 2.2 倍。

但我国草地开发利用现状并不乐观。一是区域开发利用不平衡，西北地区畜多草少，大面积草地超越过牧；南方和东北农区草多畜少，相当部分草地未被开发。二是季节利用不平衡。北方和西部地区草地资源枯草期长达 6—7 个月，青藏高原高寒草地的枯草期更长达 8—9 个月，在冬季牲畜长期处于饥饿状况，掉膘严重。三是草地退化严重。由于牧区不合理开垦和过度放牧，草地退化严重，21 世纪已有 1/3 草地退化（超过 15 亿亩）。四是草地生产力低，牧区每年提供的肉类产品仅为全国肉类产量的 1/8。牧草转化率只有 0.5%—0.85%，而美国、澳大利亚等发达国家的牧草转化率达到2%—10%。五是人工草地比例低。在天然草地质量和产量总体水平较低的情况下,发展人工草地是一条有效途径,但到目前为止人工草地不足草地总面积的2%,人工草地和天然草地改良之和也不到草地总面积的3%。

长期以来受重农轻牧、重牧轻草、重建轻管、重用轻保等习惯势力的影响,垦草种粮,滥挖、滥采、滥牧现象有增无减,土壤沙化严重。

造成上述情况的原因除我国主要牧区处于气候环境条件比较恶劣的西北地区外,更主要的是长期以来我们对牧区发展战略方针、政策错误所致。"以粮为纲"要求牧区也要粮食自给,牧民只好开垦草地,弃草种粮,但粮食单产很低,严重干旱年份甚至颗粒无收。实施退耕还林、还草措施后,对返林补助的粮食和现金远高于还草,也严重压抑了牧民退耕还草的积极性,为此今后改革的重点应放在政策导向和加强管理上。在管理方面,一是要严格控制饲养牲畜的数量,按草地资源的承载力进行合理饲养;二是改变饲养方式,从原来的无序放养转变为按规划轮养或圈养;三是改良天然草场,科学建设人工草地;四是牧区繁育到枯草期转移到农牧交错区、农区吹膘育肥;五是坚决打击滥挖等破坏草场的活动。

现介绍一治理牧区发展畜牧业的案例——陕北科学建设草地发展畜牧业。

陕北地区共有草地4200万亩,相当于陕西省耕地面积80%左右,改革开放以来,延安、榆林地区广大干部群众发扬自力更生、艰苦奋斗精神,把种草灭荒作为战略任务。①种草面积逐年增加,"九五"以来每年人工种草200万亩,围栏40万亩,累计至1998年8月人工种草和草场保留面积已达1200万亩,其中飞播草场50万亩,亩产鲜草高达2000公斤以上,牧草覆盖度由原来的10%提高到85%以上。②建设了一批牧草种子试验繁殖基地,建成紫花苜蓿、沙打旺种子基地10万亩，年产各类良种籽200万公斤，有力推动了良种牧草的繁育推广和畜牧业的发展。③坚持种草养畜，农牧结合，较好地实现了经济社会和生态效益的统一。1997年年底陕北地区羊存栏466万只，大家畜存栏84万头，生猪存栏133万头，肉类产量14.4万吨，分别比1990年增加15%、8%、32%和1.3倍。种草绿化了荒山、荒坡，改善了生态环境，增加了土壤有机质，控制了水土流失，有效提高了土壤肥力。据测定，在第6年草地种植的谷子和糜子，其产量比一般耕地高出3.6倍和4.4倍。④初步探索和总结了开展草地建设的经验。在指导思想上，坚持把草地建设作为改善生态环境，发展畜牧业的战略措施来抓；在资金投入上，坚持国家、集体、个人一齐上的方针；在工作方法上，坚持抓点示范，连片集中，开展规模种草，发展舍饲养羊；在草地管理上，坚持责任权利明确，所有权与使用权分离，充分调动广大农牧民种草养畜的积极性，逐步走出以草促牧，以牧促粮，农牧结合，全面发展，"三效统一"的良性循环路子。

（4）"走出去"办农业，利用两种资源、两个市场，取长补短，互利共赢，共同发展。

我国人多，土地资源短缺，随着城镇化、工业化发展，人民生活水平提高，农业进出口贸易从2004年开始由顺差转为逆差，2014年逆差为505.8亿美元，当年净进口谷物1874万吨，大豆7140万吨，棉花267万吨，棕榈油532万吨，豆油114万吨，还有橡胶、畜产品等。据专家测算，进口粮油大体使用8亿亩耕种面积，相当于我国播种面积的1/3，预计到2020年中国主要农产品产需缺口相当于10亿亩左右播种面积的产出。

为此，我国农业企业必须"走出去"，利用人才、技术优势，通过直接投资、合资、租赁等方式兴办农业企业。据商务部统计，我国农林牧渔对外投资2004—2010年由8.34亿美元增加到26.12亿美元，在境外办了农林牧渔企业约有788家，由最初的远洋渔业扩展到种粮油、园艺、橡胶、棕榈油、剑麻、养鸡、水产、奶业、兽药等方面，投资主要在东盟、俄罗斯、中亚、非洲和巴西、阿根廷、澳大利亚、新西兰等国。"走出去"办农业，对我国水土资源紧缺，一些农产品紧缺，既有必要，也大有潜力。

在境外办农业，并非我国所独有。如日本在国外投资开发的农田达1200万公顷，相当于国内耕地的3倍。韩国在蒙古国、俄罗斯租赁58万公顷，英国一家公司在乌克兰购置10万公顷农田开发垦殖事业，就埃塞俄比亚而言，印度、吉布提、埃及、阿拉伯都在那里购地签订开发合作项目，每公顷年租金仅1美元。

5. 村民自治与我国农村基层机构改革咨议

这里的基层机构是指县下的机构，即县、乡镇、村的建制。

自中华人民共和国成立以来，我国基层机构经过多次变革，由于对基层政权的职能定位不明确，财权和事权界限模糊，越改机构越滚越大，人员越来越多，到2004年我国有44741个乡镇，财政供养人员1280万人，平均68个农民要供养一个干部，"农民真苦，农村真穷，农业真危险"成为当时流行的口头禅。面对这些问题，学术界和农村有关部门对乡镇的存废展开讨论，有三种观点：第一种观点认为，乡镇一级政府可以撤销，以建立体现乡镇自治的社区管理委员会，在村民自治的基础上实行乡镇自治，代之以自治的乡公所、农民协会、专业协会，保障农民的经营自主权，按市场经济规律，调整农业结构，发展农村经济。第二种观点认为，目前乡镇的作用无可替代。一是城镇化是一个漫长的过程，目前能从农村转移出来的只是其中最有能力的小部分人，大部分人仍将长期滞留农村，在农村政治、经济、社会、文化日益边缘化的转型期，出现社会震动的可能性增加，处理不好就会影响农村的稳定和发展。二是我国农村地域广阔，居住分散，农民知识文化水平相对较低，不可能通过村民自治就将农村问题消化在村庄之内，国家必须有一个可靠、坚强有力的行政系统介入，及时反映下情，宣传贯彻党和政府的方针政策，分配资源。三是取消乡镇建制就必须修改宪法，修宪有一个严格的司法程序，牵涉社会的方方面面，必须慎之又慎。第三种观点认为，乡镇机构改革的实质和核心问题，是重点解决我国过去在传统计划经济体制下形成的政党和政府相互交叉、国家政权与农民自治互相渗透、"条条""块块"互相分割、乡镇"事权"与"财权"互相脱节等一系列历史遗留问题，把乡镇所拥有的行政权规范到合理的空间内，使之在国家与农民之间形成良性互动、密切合作的关系。这就需要一方面解决乡镇政权自身的问题，如乡镇的建制规模、机构设置、职能定位、人员编制；另一方面要解决整个体制方面的问题，如国民收入再分配、财政体制、户籍制度、城乡就业制度、农村义务教育和农村公共品供给体制，只有这样才能建立起精干有效的农村行政管理体制和公共财政制度，提高社会管理服务水平。笔者基本赞同第三种观点。现根据近几年各地实践经验对今后改革发展提出以下看法和建议。

（1）总的思路是：取消地级市，做强县一级，规范乡镇级，完善村自治。为什么整治农村基层机构要从撤销地级市开刀，因为地级市过去不是一级政权，许多地方地改市后升为一级政权，成立了人大、政协组织，但据基层干部反映，地级市政府的主要工作就是开会、发文件、检查评比，对于县乡发展没有实质性作用，完全可以撤销，或撤销后降为县级市，不是一级政权，实践证明这样做对简政放权有好处，但进展不快，今后应加强改革力度。

（2）县是城乡接合部，历史上是我国基层政权的基础，"郡县治，天下安"的古训，现在仍然是正确的、适用的。习近平总书记说，"县域是一个相对独立、相对完全的行政区域，其政治经济文化功能齐备，我们应该把加快县域经济发展作为经济工作中重要的着力点"。但实践中县域经济发展不快，根本原因一是县域发展缺乏一个顶层设计、长期规划，一届政府一本经，一个将军一个令；二是县一级没有权力把上级业务部门下达的任务，进行捆绑协调，只能由县级各业务部门分头执行，让干什么就干什么，往往县里需要干的事无法干，不需要干的事却非干不可。形象的说法是：上面九龙治水，群龙无首，各行其是，下面被动应付，疲于奔命⋯⋯资金层层流失，最后只能是一大堆"豆腐渣"工程。三是干部调动太快。形象的说法是：头一年了解情况，第二年开始工作，第三年准备后事。于是形象工程、面子工程、政绩工程铺天盖地，十分热闹。基础工程无人问津、冷冷清清。客观原因也有很多，如交通不便、自然条件差、文化落后、人员素质低等，但那是可以逐步解决的。以上概括分析，可谓结合实际切中要害，实践中有些地方针对上述情况加以改革改正已收到明显的效果。

甘肃民勤县地处河西走廊东北部，石洋河流域下游，东西北三面被巴丹吉林和腾格里两大沙漠包围。全县18个乡镇，249个村，总人口27.43万，土地面积2385万亩，其中各类荒漠化土地2242万亩，占全县土地面积的94%，绿洲面积仅占6%，是我国西北地区荒漠化土地较大危害最严重的县份之一。

近年来，认真贯彻落实习近平总书记、温家宝前总理指示和视察民勤讲话精神，以创建全国节水模范县和防沙治沙示范县为目标，遵循"国家有投入，科技作支撑，农民有收益"的沙漠治理理念，认真探索实践防沙治沙的政策措施、技术模式、管理机制，综合运用工程、生物、技术措施，信托项目资金和发动干部群众投工投劳相结合，加大防沙治沙力度，取得一定成效。

目前，全县人工造林保存面积达到209.36万亩，封育天然沙生植被393万亩，封育成林78万亩，在408公里风沙化线上建成300多公里防护林带，森林覆盖率由2000年的7.8%提高到2014年的11.82%，生态恶化趋势有所遏制，区域生态环境有所改善。据全国第4次荒漠化和沙监测结果分析，"十一五"期间全县荒漠化土地减少6.45万亩，其中极重度和重轻度两种类型荒漠化土地分别减少106.8万亩和8476亩，荒漠化程度由极重度向重度、中度和轻度发展。

（3）乡镇是基层政权，它的职能定位为：①贯彻落实党的路线方针政策，发展农村经济，增加农民收入；②为农村、农业、农民提供公共服务，发展农村公益事业；③负责农村社会管理，维护社会稳定。

乡镇机构经过多次精简，但效果不明显，主要也是职能定位不明确，管了许多不该管的事，该管的事又没有管好。

农村义务教育、公共卫生、道路交通、电信通信、司法、公安、税务、工商、土地等部门的人员和经费划归县垂直管理，乡镇政府不承担相关责任。

为农民提供公共服务的事业站所，性质相近能合并的合并，纳入政府系列；属于经营性的事业单位，可筹划转为合作或民营，从政府中退出，变花钱养人为花钱养事。这样乡镇政府就可以集中精力办一些受农民欢迎的实事。如保护生态环境，修建基础设施，管好土地，为新农村建设做"规划"，加强社会管理中的薄弱环节，引导组织富余劳动力转移、安排就业，开展农村扶贫和社会救助，化解社会矛盾，保持社会稳定。

另外，乡镇是一级政权就应该是一级财政，在分税制后，合理划分省、市、县、乡级财政收入，哪些税种应划归乡镇一级征收，分享税中如何提高乡镇财政分享的比例都需要进一步研究，通盘考虑。

完善村民自治制度。1983年我国在恢复乡镇政府的同时，普遍建立了村委会，1988年《村民委员会组织法》开始试行，1998年公布了《村民委员会组织法（修订草案）》迄今已有十余年了，但执行的效果如何？据初步调查，执行好的有，但为数不多，"事难议，议难决，决难行"是较普遍的现象。问题的实质是现在村民自治架构中缺乏的是决策和监督机制，党支部是领导核心，村委会是执行机构，社区有合作组织的地区，合作是经济组织，应该各司其职，不能互相混淆，干部可以交叉任职，但不能以党代政，以政代经，而应该在农村中建立健全村民代表大会制度，由村民民主选举作风正派、办事公道、在群众中有威信的人为代表，村庄中的重大事项先由村民代表会议充分讨论协商决定后，交由村委会实施，并对党政干部实行监督，村务和财务定期向村民公开，只有这样，民主决策、民主管理、民主监督才能落到实处，不至于流于形式。另外现在干部群众对村级干部三年一换届，认为时间太短，"一年干，两年看，三年等着换"，"不利于干部队伍稳定，也不利于农村经济发展"。有的地方提出"两推一选"，指的是公推直选农村党支部书记的试点。在选举时先由党内推荐，然后由村民推荐，两方来推荐支部书记候选人，然后由所有的党员来直接选举。选出支书可以兼任村委会主任，也可以不兼任，可以连选连任，不受任期限制。这个办法也可以推广到乡镇长选举。江苏的华西村，河南七里营的刘庄村，山西的大寨村，尽管所处的条件和发展的环境不同，但一个好的领头人是最关键的因素。

6. 合理膳食，杜绝浪费，绿色生活，引导生产

随着我国经济发展，人民生活水平不断提高，消费趋向奢靡，居民营养健康状况不容乐观。据国家食物与营养咨询委员会就国务院颁布的《中国食物与营养发展纲要（2014—2020年）》落实情况，分别到黑龙江、吉林、山东、安徽四省进行了调研。有三种情况引起我们高度警觉。一是慢性疾病趋重化。高血压、糖尿病的患病率呈加速增长态势。1958—1959年高血压患病率为5.11%，1979—1980年为7.73%，1991年为13.58%，2002年为18.8%，2013年黑龙江抽样调查患病率已达29.2%。按现有慢性病发展趋势，预计到2030年，中国40岁以上患慢性病人数将增

加 2—3 倍，其中糖尿病增加 4 倍。二是营养性疾病趋向年轻化。据有关部门统计我国青少年患糖尿病的比例为 1.9%，相当于美国同龄（0.5%）4 倍左右。在不满 17 岁的孩子中有 1/3 出现了至少一种心血管危险因素。另外，青少年营养摄入不足，营养不良的问题依然没有彻底解决，尤其在农村地区更为严重。三是营养性疾病趋向多样化。营养过剩导致心血管疾病、脂肪肝、胰腺炎等脏器质性病变，相对而言，营养性缺乏性疾病，如贫血、佝偻病、发育迟缓等发病率有所降低，但微量元素的缺乏情况较为普遍，尤其是钙和磷的摄入不足。针对上述情况，笔者认为，形成我国居民营养健康状况不佳的因素很多，一是膳食结构不合理，营养过剩导致相关疾病高发；二是生活方式不健康，年体检率低，体育锻炼少，吸烟酗酒人多；三是健康科学普及滞后。但从根本上看，我国食物生产、消费、营养由不同部门管理，三者难以协调同步，是导致当前食物与发展滞后于国民经济发展水平的深层原因。因此，我国食物与营养发展工作亟待进行战略性改变。由生产决定消费，消费决定营养，向营养决定消费，消费决定生产转变；由吃得饱、吃得好，向吃得科学转变；由传统农产品生产向高端农产品生产转变；由初级农产品销售向加工食品转变等。并具体建议在中小学开设食物营养与健康知识课程；制作多种合理膳食结构的营养餐，供用餐者选用都是很好的建议。但笔者认为，从"三农"的决策部门来说，我们更应该从如何有利于民生角度从顶层设计、规划等方面通过财政、金融、税收、技术等手段来调整农业生产结构，合理引导消费。如目前我国奶类、蔬菜、水果、豆类等供应离食品消费目标尚有差距，今后应加强这方面的引导。调查表明，90% 左右的人群钙摄入量严重不足，城市居民平均每日钙摄入量只有 400 毫克左右，约为营养学会推荐量的一半，农村地区表现尤为明显。专家认为，每人每天应保证喝 250—500 毫升牛奶，这样奶业的发展还有很大的潜力。中国疾病预防控制中心从 1989 年开始的一项追踪调查发现，国人豆制品的摄入量上升不大，仍在 13—16 克，这也意味着，未来国人豆类摄入量得增加一倍多。反之，我国居民食用油人均每天摄入量达 44 克，远高于专家推荐的 25—30 克，超标 47%，烹调时应多用蒸、煮、炖、焖、拌等方法，少用煎炸。这样用于豆油生产的大豆进口就可以大大减少。谷类成年人每天应摄入 250—400 克，米、面、杂粮应尽可能多样化，做到粗细搭配，这意味着谷物生产中应适当扩大杂粮生产等。

另外，值得注意的是我国人民生活水平提高之后，饮食存在严重浪费的现象。据《焦点访谈》披露我国餐饮业和学校食堂食剩倒掉的食物，每年超过××亿斤，足够××万人吃一年。为此，有些学者认为光靠宣传教育还不行，还要立法治奢、立法治国，才能解决问题。美国在 20 世纪 40 年代起就颁布了《国家学生午餐法》《国家学生早餐法》和《全国营养监测及相关研究法》；日本在 1947 年经济困难情况下颁布了《营养师法》，随后又颁布了《营养改善法》和《学校供餐法》等，这些做法是否也值得我们借鉴。

参考文献

1. 薄一波著：《若干重大决策与事件的回顾》下卷，中共中央党校出版社 1993 年版。

2. 杜润生自述：《中国农村体制变革重大决策纪实》，人民出版社 2005 年版。

3. 姜春云主编：《偿还生态欠债——人与自然和谐探索》，新华出版社 2007 年版。

4. 陈吉元等编：《中国农村社会经济变迁（1949—1989）》，山西经济出版社 1993 年版。

5. 史美兰著：《农业现代化：发展的国际比较》，民族出版社

2006年版。

6. 程极明、李洁著：《五大国经济与社会发展比较研究（1990—2005）》，经济科学出版社2006年版。

7. 朱丕荣著：《环球农业与中国农业对外合作》，中国农业出版社2009年版。

8. 吴忠民：《社会矛盾与社会管理》，《大讲堂》2011年第10期。

9. 宋洪远主编：《中国农村改革三十年》，人民出版社2008年版。

10. 张晓山主编：《中国农村改革与发展概论》，中国社会科学出版社2010年版。

11. 蒋和平、辛岭：《建设中国现代农业的思路与实践》，中国农业出版社2009年版。

12. 段应碧：《社会主义新农村建设研究》，中国农业出版社2007年版。

13. 刘坚等：《日本新农村政策的理念及措施》，中国农业出版社2002年版。

14. 吴崚：《水资源危机与节水高效型农业》，《中国农村经济》1998年第2期。

15. 吕银春：《经济发展与社会公正——巴西实例研究报告》，知识出版社2003年版。

16. 许世卫、信乃铨：《当代世界农业》，中国农业出版社2010年版。

17. 程极明著：《大国经济发展比较研究》，人民出版社1997年版。

18. 张立：《印度发展模式解析》，《南亚研究季刊》2008年第4期。

试论"实施乡村振兴战略"的若干问题

习近平总书记在党的十九大报告中提出实施乡村振兴战略；2018年1月2日中共中央国务院《关于实施乡村振兴战略的意见》公布；2月5日中办、国办印发《农村人居环境整治三年行动方案》。在短期内，连续密集发表乡村振兴战略的文件在历史上实属罕见。现就笔者个人学习浅见，提出几点看法，与关心"三农"问题的同志共同研讨。

为何现在提出乡村振兴战略

改革开放40年，特别是党的十八大以来，我国农业农村发展取得了历史性成就。粮食生产能力跨上新台阶，农业供给侧结构性改革迈出新步伐，农民收入持续增长，农村民生全面改善，脱贫攻坚取得决定性进展，农村社会和谐稳定，为党和国家事业开创新局面提供了重要支撑。但是，从另一方面看，目前我国发展不平衡、不充分问题也是在农村最为突出。主要表现在：农产品阶段性供过于求和供给不足并存，农业供给质量亟待提高；农民适应生产力发展和竞争能力不足，新型职业农业队伍建设亟须加强；农村基础设施和民生领域欠账较多，农村环境和生态问题比较突出，乡村发展整体水平亟待提升；国家支农体系相对薄弱，农村金融改革任务繁重，城乡之间要素合理流动机制亟待健全；农村基层党建存在薄弱环节，乡村治理体系和治理能力亟待强化。

农业大而不强

改革开放40年，我国农业取得了巨大成就，粮食产量由1978年的6095亿斤，2017年达到12358亿斤，相比增长了102%。全国人均粮食拥有量从1978年的630多斤，提高到900多斤，增长了42%，我国居民的温饱问题基本得到了解决。

林牧渔各业也有很大发展，早在1993年就取消了各种票证，敞开供应。2015年我国居民人均消费肉类26.2公斤，水产品11.2公斤，奶类12.1公斤，虽然与世界平均水平仍有差距，但与改革开放前相比有很大改善。

农业是国民经济的基础，农业强、农村稳则天下安。我国是人口大国、农业大国，农业GDP比重大些是正常现象。2017年农业GDP占全国GDP的7.9%，农村人口占全国人口的40%左右，这是农业的现状，农业大而不强则是问题所在。下面重点介绍一下农业不强的情况。

一是农产品结构表现为供过于求与生产不足并存。一般的中低档农产品供过于求，而绿色、安全、优质农产品生产不足。从具体品种看，玉米、小麦供过于求，大豆、食糖、棉花、奶产品等属于生产不足，国内消费需求的巨大缺口主要靠进口来解决。2014年我国进口粮食、大豆、棉花、食糖、植物油总额为646亿美元，同期上述产品出口仅为9.3亿美元，进口为出口的近70倍。为什么这些农产品需大量进口，主要是这些土地密集型产品国内生产成本过高，竞争力弱。以2013年为例，我国小麦、玉米、棉花、大豆每吨生产总成本比美国分别高31%、93%、80%

和28%，大米比泰国高31%，蔗糖比澳大利亚高285%。另外我国农产品质量标准偏低，在流通环节方面短板效应凸显，每年在流通过程中果蔬产品腐烂达8000万吨，不仅抬高了成本，挤压了经营主体的利润，还进一步削弱了农产品的竞争力。

畜产品生产成本国内外差距也在不断扩大。以生猪为例，我国猪肉基本上是自给自足，近几年生猪生产成本不断上升，2013年国内成本比美国高40%以上。其他畜产品也面临巨大的内外差价，牛肉的国内外差距最高达28元/公斤，至2013年牛肉进口增长幅度高达379%。我国原料奶收购价格3.5元/公斤，而全球原料奶价格仅为1.78元/公斤，国内外价差已超过50%，致使乳制品进口量连续五年增长20%以上，进口乳制品占国内消费量达1/3。近三年我国农产品进口持续快速增长，相当部分不是因为国内短缺，而是受内外价差驱动所致，从而造成"国货入库，洋货入市、边进口、边积压"的现象（万宝瑞，2016）。

二是长期以来，中国农业生产呈现小规模、细碎化、分散化的特征。2006年农户平均经营规模为0.61公顷，虽然近几年提倡耕地经营权流转，初步统计截至2015年年底共流转4.47亿亩，占耕地面积的1/3，但也没有从根本上改变小规模经营的现状。由于20世纪80年代起全国有2.82亿农民工离开农村，流入城市或附近乡镇务工经商，这些人多是有文化的年轻人，留在农村的空巢老人约1亿，留守妇女约5000万，留守儿童6000万，"三留守"群体庞大，成为农村突出的社会问题，影响农业科技进步和农业集约化、高效化的提高。

三是农业就全面而言还应该包括产前、产中和产后，在我国三产融合发展滞后，降低了农业效益。据初步估算，我国粮食在收获、运输、储存、消费环节浪费的粮食达800亿公斤，相当于1.5亿亩良田产量，约占全国粮食总产量的15%，也就是2亿人口的粮食消费量。由于投入不够，我国农业科技进步贡献率只有

56%，主要农作物的耕种收机械化率只有63%，农田有效灌溉面积只有52%，农作物良种率达到96%，比发达国家落后20—25年。长期过量使用化肥、农药、除草剂，使农产品质量和环境安全受到威胁。据农业部提供的数据，我国农作物化肥使用量为328.5公斤/公顷，是世界平均水平的2.7倍。2015年中国化肥施用量（折纯量）达到6022.6万吨，约占世界化肥消费量的1/3。化肥、农药等长期过量使用，导致土壤养分失衡，土壤肥力和有机质含量下降。据2014年全国耕地地力调查，我国18.26亿亩耕地中，优等地仅占2.9%，中等地占70.6%。

四是由于农业经营效益低，农村人口老龄化、空心化等原因，农村撂荒现象凸显。据国土资源部的信息，全国每年撂荒耕地3000万亩左右，一般来说耕种条件差的、进城务工人员多的、人均耕地较多的地方撂荒也就比较多。湖北省2012年耕地5023.95万亩，撂荒耕地313.5万亩，撂荒比重占6.24%左右。大别山老区红安，长年撂荒8万多亩，占耕地总面积的13%。被农业部认定为首批51个全国现代化示范的黄陂县，耕地总面积79.2万亩，全区撂荒耕地约占12.6万亩，占耕地总面积的15.9%。杨柏林分析土地撂荒既有经济原因、制度原因，也有由法制不健全、有法不依、执法不严等造成的。

农村阔而不美

改革开放40年，农村面貌发生了翻天覆地的变化。表现在：

（1）彻底改变了"以粮为纲"的单一产业结构，实现了第一、第二、第三产业共同发展。2013年农村产业占国内生产总值的42.96%，其中第一产业占10.01%，第二产业占20.11%，第三产业占12.84%。

（2）农村基础设施建设有了新的改善。到2016年10月底，我国农村通车公路已达 398 万公里；解决了 9700 万人的饮水困难和安全问题；新增沼气用户 1650 万户；无电村、无电户用电问题得到解决。

（3）在普及九年义务教育免收学杂费，实行合作医疗的基础上，开始发放养老金和最低生活费，虽然水平较低，但有了好的开端。

但是，应该看到我国农村资源现状和开发潜力，这种变化还是微不足道。

我国国土面积 960 万平方公里，折合 144 亿亩，包括山林、耕地、水面、草原等有 67 亿亩，属农民集体所有，占 47%。

长期以来由于发展理念、制度、方针政策、组织形式等方面的问题处理得不够好，农村改革与发展仍存在不少痛点和难点，概括起来有以下几方面。

（1）农村内部阶层分化。社会学家陆学艺生前认为，当前农村已分化为农业劳动者、农民工、乡镇企业工人、个体工商户、农村知识分子、乡镇企业管理者、私营企业主和农村管理者八个阶层。阶层之间收入差距扩大。有人说，现在中国最富的人在农村，最穷的人也在农村。据陈锡文提供的资料，我国农村地区大概有 58.1 万个村庄，其中 54% 的村庄没有经营性收入，大概有 14% 的村庄每年有 10 万元以上的经营性收入，13000 个村庄收入超过 50 万元，17000 个村庄收入超过 100 万元。这些村在工业化、城镇化中同步实现了农业现代化，建立起有文化、懂技术、会管理、善经营的新型现代农民队伍，而在农民家庭收入、住房、教育、医疗、养老、生活质量与幸福指数等福利事业方面超过了城市。相对而言，中西部一部分生态环境恶劣、交通不便、资源贫乏地区，以及东部部分山区、丘陵区，贫困现象仍然存在。2011 年中国政府上调了农村贫困线，将贫困线确定为人年均纯收入 2300 元，根据新的贫困线，2010 年中国农村贫困人口大约有 1.5

亿，贫困发生率为17.27%。在过去6年中贫困发生率由2010年的17.27%降至2016年的4.5%，农村贫困人口已不足4400万，距党的十九大要求到2020年农村贫困人口实现脱贫，贫困县全部摘帽，解决区域性整体贫困，做到脱真贫、真脱贫任务仍十分艰巨。

（2）城乡居民收入差距仍然较大，农村土地、资金、人才外流严重。1978年城乡居民收入差距为2.5∶1，1984年缩小为1.7∶1，以后不断扩大，2010年达到最高点为3.3∶1，2011年为3.2∶1，2014年为2.9∶1，2016年农村居民人均纯收入达12363元，城市居民人均可支配收入为33616元，差距仍达2.72∶1。基尼系数高达0.479。由于城镇化发展，1995—2006年全国耕地减少1.3亿亩，按照《土地管理法》规定，集体土地不能进入一级市场，必须变成国有才能向开发商出售，土地征用过程存在巨大差价。据郭书田研究，全国这项收入占国家财政总收入的30%，地方政府占60%—70%，失地农民只占5%—10%。土地出让金2009年为1.4万亿元，2010年为2.9万亿元，翻了一番，2011年为3.3万亿元，2012年为3.1万亿元，2013年为4.1万亿元，2014年高达4.2万亿元，十分惊人。如果把这笔资金留给农民，对农民增收会产生多么大的作用！

由于农村金融机构薄弱，有些年份处于空白状态，2010年农村存款余额为5.9万亿元，贷款余额仅为2.6万亿元，存贷差为3.3万亿元，由农村流入城市。

（3）农村公共设施投入少，公共服务严重滞后。2013年人均市政公用设施以村庄为1，那么乡为村庄的2倍，建制镇为3.8倍，县城为10.7倍，城市为16.1倍。根据《中国城乡建设统计年鉴2013》记载，用水普及率城市为97.56%，村庄为59.57%；燃气普及率城市为94.25%，村庄为19.76%；污水处理率城市为89.34%，村庄为9.1%；生活垃圾处理率城市为95.09%，村庄为36.6%；人均市政建设投资城市为3774.4元，村庄为233.9元，乡城比为1∶16.1。

（4）农村生态环境局部改善，整体仍趋恶化。到21世纪初，沙化土地和水土流失面积分别占国土面积的1/5和1/3。江河湖泊污染严重，七大流域除长江、珠江水质较好外，松花江轻度污染，淮河、辽河中度污染，海河重度污染。湖泊污染也较为严重，太湖治理前湖区水质介于Ⅳ类至劣Ⅴ类，77%的湖区富营养化，近几年治理后才有所好转。由于围湖造田运动，鄱阳湖和洞庭湖面积缩减24%和40%。由于重工业发展，重污染企业由城市迁到农村，造成水质污染和雾霾天气增多。由于大量施用化肥、农药，造成土壤板结，重金属含量超标，影响食品安全。海洋生态由于过度养殖、捕捞，造成赤潮频发。牧区由于过度开垦放牧，草原退化严重，牛羊等畜产品要靠农区和进口解决。

（5）农村自治组织发展不平衡，存在好、中、差三种类型，有的地方流于形式，或成为行政政权的附属物。党的基层组织、村民自治组织、集体经济组织之间的关系不顺，存在以党代政、政企不分的现象。自治组织内部民主监督机制不健全，少数人说了算以及违法乱纪、贪污腐化等问题，引起农民不满，干群关系紧张，群体事件有逐年增加趋势。

农民多而不富

"三农"问题的核心是农民问题，解决好农民问题，一是要维护和提高农民的经济利益，二是要维护农民的民主权利。

改革开放40年，农民收入虽有很大提高，但与城市居民收入比较仍有较大差距。源于城乡二元经济、社会结构没有根本触动，出现了重要生产要素非农化的严重局面。非农化包括土地非农化、资金非农化、劳动力非农化、农田非粮化。土地、劳动力、资金非农化，上文已做了一些分析，下面仅就农民收入的非农化问题，谈些看法和建议。

从2013年我国农民经营收入看，务农的经营收入占总收入的44%，农民工的工资收入达到46%，占大头，政府的转移性收入占7%，农民的财产性收入只占3%。据郭书田研究认为：这种结构与劳动力职业结构是相适应的。在此结构下，农村的纯农业户占农户总数（2.4亿户）的15%，以农业为主的第一兼营户为17%（笔者按：两者合计占32%），以非农业为主的第二兼营户为30%，纯非农户为38%（两者合计为68%），这种情况还会继续变化。值得高度关注的是纯农户与第一兼营户的收入如何能够大幅度提高，这就涉及农产品价格与规模经营的效益问题，特别值得指出的是中央提出由2010年到2020年居民收入倍增目标，如果按平均数计算，这个目标是能够实现的，而解决不了缩小差别问题；但如果城乡分别计算农村达到当时城镇居民的收入水平，则是非常困难的，这也是我们面临的挑战。总之解决难题，只靠农民一家一户是解决不了的，必须依靠组织起来综合经营的合作社，加上国家必要的支持。

笔者认为，当前农村经济社会发展的形势，核心问题是农村资源、资产产权"虚化"没有落实到每个农民身上，农民的财产性收入太少，如果这些产权落实了，就可以通过股权投入到合作社和龙头企业，发展各种产业收入。国家对农民的支持主要用在基础设施建设和改善农民教育、医疗卫生、养老等方面。城乡土地、资金、人才主要通过破解城乡二元结构，让它双向自由流动，政府加以引导规划。国际上发达国家在这方面都有很多经验教训值得我们借鉴。日本在工业化后期的农林水预算从1960年的1319亿日元，增加到2000年的34281亿日元，年均增长15.25%，加上地方预算支出，日本的财政支农资金超过农业GDP的总额。粮食生产对政府的依赖性更强，据计算，1990年日本大米生产成本为美国的 6.5 倍、泰国的 9.5 倍，经政府补贴大米零售价仍相当于美国的 3 倍、泰国的 6 倍，这是违背客观经济规律的，是没有生命力的，是无法参与国际市场竞争的。所以日本虽然已经进入工业化后期，是经济强国，但农业仍然不能自立，农产品进口额由 1960 年的 8.8 亿美元，增加到 2007 年的 460.4 亿美元。据计算，主要进口农产品的生产（按 1995 年进口额）在国外需要种植面积为 1200 万公顷的土地，相当于当时日本耕地面积的 24.2%。

以上分析农业大而不强，农村阔而不美，农民多而不富，主要是针对党中央提出实施乡村振兴战略，"三农"是当前国民经济的"短腿"和"短板"而作出的粗浅判断，是否全面符合实际，尚希研究"三农"问题的同志多加批评指正。

对实施乡村振兴战略的理解与阐述

2018 年 1 月 2 日，中共中央、国务院《关于乡村振兴战略的意见》公布，这个文件是改革开放以来第 20 个进入 21 世纪以来的第 15 个中央一号文件。2018 年下发的一号文件与过去不同之处有：

第一，以往中央一号文件讲农业、讲农村经济比较多，对统筹推进农村经济建设、政治建设、文化建设、社会建设、生态文明建设和党的建设，都做了全面部署，内容比较全面。

第二，2018 年中央一号文件对从现在到 21 世纪中叶实施乡村振兴战略的三个阶段性目标任务都作了部署。分别是：到 2020 年，乡村振兴取得重要进展，制度框架和政策体系基本形成；到 2035 年乡村振兴取得决定性进展，农业农村现代化基本实现；到 2050 年，乡村全面振兴，农业强、农村美、农民富全面实现。

第三，2018 年中央一号文件提出"产业兴旺、生态宜居、乡风文明、治理有效、生活富裕"，与党的十六届五中全会提出的建设社会主义新农村，强调要按照"生产发展、生活富裕、乡风文明、村容整洁、管理民主"，不仅是词语的简单调整，而是蕴含着发展方向、发展理念的深刻变革。

第四，长期以来资金、土地、人才等要素单项由农村流向城市，造成农村严重"失血""贫血"。实施乡村振兴战略必须抓住"钱""地""人"等关键环节，破除一切不合时宜的体制机制障碍，推进城乡要素自由流动、平等交换，促进公共资源城乡均衡配置，建立健全城乡融合发展体制机制和政策体系，加快形成工农互促、城乡互补、全面融合、共同繁荣的新型工农城乡关系。

实施乡村振兴战略，应如何创新制度供给，通过改革创新，最大限度地激发乡村各种资源要素的活力。

中央一号文件围绕巩固和完善农村基本经营制度，深化农村土地制度改革，深入推进农村集体产权制度改革，完善农业支持保护制度，全面建立职业农民制度，建立市场化、多元化生态补偿机制，自治、法治、德治相结合的乡村治理体系，乡村人才培育引进使用机制，鼓励引导工商资本参与乡村振兴等方面，部署了一系列重大举措，确立了乡村振兴战略的"四梁八柱"。

在重要战略方面，部署制定和实施国家质量兴农战略规划，建立健全兴农评价体系、政策体系、工作体系和考核体系，深入推进农业绿色、优质化、特色化、品牌化，调整优化农业生产力布局，推动农业由增产导向转向提质导向。重大行动方面部署实施农村人居环境整治三年行动、打好精准扶贫攻坚战三年行动、产业兴村强县行动和农村绿色发展行动等。部署的重大工程主要是大规模地推进农村土地整治和高标准农田建设，建设一批重大高效节水灌溉工程，发展现代农作物畜禽水产林牧种业等。"近细远粗"，这使"三农"工作者对两个一百年的"三农"近远前景有了清晰的遵循。

实施乡村振兴战略在实践中已初见成效

党的十八大以来的五年中,在以习近平总书记为核心的党中央坚强领导下,我国经济建设取得重大成就,供给侧结构性改革深入推进,城镇化和新农村建设也取得了重大进展,主要表现在:

(1) 农业产业结构调整初见成效。针对国内农产品生产和消费情况,按照三种类型,分类施策,对供过于求型农产品如玉米和小麦压缩了种植面积,扩大了大豆、食用植物油、棉花、蔗糖种植面积和奶制品产量初见成效。2017年,全年粮食产量61791万吨,比2018年增产166万吨,增产0.3%,玉米产量21589万吨,减产1.7%,棉花产量549万吨,增产3.5%。产需平衡型产品,猪牛羊禽肉产量8431万吨,比2018年增长0.8%。

(2) 随着城镇化进程加速推进,与10年前比,我国乡镇数量减少了8.1%,自然村减少了3.8%,农村水电路气房基础设施条件明显改善。与2006年相比,2016年年末,全国通村主要道路为水泥路面的村所占比重为76.4%,提高41.2个百分点,村内主要道路为水泥路面的比重为80.9%,提高53.2个百分点;村内主要道路有路灯的村比重为61.9%,提高了40.1个百分点;有73.9%的村生活垃圾集中处理或部分集中处理,提高了58.1个百分点。2016年年末,99.5%的农户拥有了自己的住房,其中拥有一处住房的农户为87%,拥有2处或3处住房的农户分别为11.6%和0.9%;拥有商品房农户达到1997万户,占全部农户比重为8.7%,而10年前很少有农户能够购买商品房。[①]

(3) 逆城镇化现象势如潮涌。我国许多特殊的"逆城镇化"现象,从严格学术定义看并不典型,即并非长期居住人口从城市

---

① 摘自2017年12月15日《人民日报》。

向农村的流动,而是在特有制度约束下形成的一些人"走入乡村""走向小城"的人口活动趋势。这种趋势可能还仅仅是一些先兆,预示着未来某种发展大潮的涌现。这些特殊的"逆城镇化"现象包括以下几个方面。

一是农村休闲旅游人数大量增加,势头很猛。据不完全统计,2015年全国休闲农业和乡村旅游接待游客超过22亿人次,营业收入4400亿元,从事人员790万人,其中农村从业人员630万,带动550万农户农民受益。所以从需求上说,这个大潮才刚刚开始。

二是从大城市到小城市和乡村,异地养老的现象越来越多。在全国各地气候宜人、舒适安逸的乡村和小城镇,越来越多的"健康养护中心"不断涌现,深受老年人的喜爱。在我国云南、贵州、四川、海南、广西等省区,乡村中出现了一些来自全国各地形形色色的聚集点,使乡村生活重新活跃起来,也增加了农民收入。

三是一些进城农民工、中高等院校毕业生、退役士兵及科技人员等返乡创业和就业,推动了农村第一、二、三产业的融合发展。可以说,我国的城镇化在总体上可能还没有到达"逆城镇化"的阶段,但"逆城镇化"的现象却已经在很多地方、以多样化的形式呈现在我们面前。

(4) 局部生态环境经过整治已有明显改善。如太湖通过实施生态清淤、污水截流、退渔还湖、动力换水等措施,使其逐步恢复昔日的江南生态美景。苏州辖区从2015年开始,以每年不少于1000个村庄、10万家农户的速度,推进农村生活污水处理,撤并污水处理点每年不少于30个,到2017年,实现重点村、特色村全覆盖,一般村生活污水处理率超过80%。在太湖沿岸142公里设置了98个蓝藻固定打捞点,专门打捞蓝藻82万余吨,其他水草近5万吨。蓝藻与猪粪以7:3的比例搭配发酵后,产生的沼气可提高30%效益。

进一步深入乡村振兴战略的思路和建议

一 树立大食物、大粮食、大资源、大生态的理念，处理好人口多与耕地匮乏、水资源短缺的矛盾

我国耕地面积只占国土面积的 12.1%，人均耕地 1.3 亩，只有世界人均的 1/3；人均水资源 2200 立方米，只有世界人均的 1/4，且分布不均，自然灾害频繁。但长期以来把主要精力投放在有限的 18 亿亩耕地上，实行"以粮为纲"，使耕地超载，质量下降，生态环境恶化；另一方面，我国 960 万平方公里国土，折合 144 亿亩，除耕地外还有 43 亿亩林业用地、40 亿亩草地以及湿地、池塘湖泊，合理对其开发利用，大力发展草本、木本粮油和饲料，则潜力无穷。

据丁声俊研究，在国土面积中，荒山荒地广阔，达 8 亿亩，其中适宜种植木本粮油树种的面积约 4.5 亿亩，至今没有很好利用。如果通过实施良种化集约栽培和加强科学管理，使木本粮食经济林平均亩产（干果）量达到中等产量 150 公斤，木本油料经济林平均亩产油达到 40 公斤，我国每年木本粮食产量可达 3750 万吨，可以满足 9375 万人一年的谷物需求；木本油料年产量可达到 800 万吨，占我国食用油消费量的 1/3，等于解决了 4.2 亿人口的食用油问题。从国内外资源条件和市场需求分析可知，我国木本粮油具有占据世界广大市场的优越条件。例如，我国板栗品质优良，远销日本、新加坡、菲律宾、韩国等国家和中国香港地区，再由香港特区转销到英美等国。我国柿子经过加工制成柿饼，开辟国际大市场，陕西富平县的柿饼具有个大、霜白、底亮、质润、味甜五大特色，成为省优、国优品牌产品，远销韩国、日本、新加坡、越南、俄罗斯等国家和地区。富平县总产量中有 60% 销往国际市场，农民仅此一项每年人均就能增收 4500 多元，成为农民的"致富果"。中国的大红枣远销五大洲，全球90%的红枣都由我国供应。还有核桃、油茶、橄榄油等都拥有巨大的潜在市场，把市场资源优势转化为拉动生产的优势，就能使木本粮油绿色产业如虎添翼，发展成为林业经济的一个重要增长极。

认真践行"绿水青山就是金山银山"理念，绿色富民产业持续快速发展。2017年，全国林业产业总产值达到7万亿元，林产品进出口贸易额达到1500亿美元，继续保持林产品生产和贸易第一大国地位。林业主要产业带动了5200万人就业，林业精准扶贫成效显著，精准带动130多万人增收和稳定脱贫（张建龙，2017）。

二 新型城镇化和新农村建设要双轮驱动，一体化发展

我国城镇化发展经历了一个漫长曲折的过程。1949年城镇化率仅为10.6%，经过土地改革，工业发展，城镇化人口大量增加，1953年达到7826万，比1949年增加了36%。为了控制农村人口盲目流入城市，1953年7月国务院发布《关于制止农民盲目流入城市的紧急通知》，至1957年城镇化率控制在15.4%，比1949年只提高了5.2个百分点。但从1957年到1978年经历"大跃进"、人民公社运动和"文化大革命"，城乡之间形成了一道二元经济社会结构鸿沟，人口长期滞留在农村，到1978年的21年间，城镇化率仅提高了2.1个百分点，在世界上实属罕见。而从1978年改革开放到2012年，城镇化率提升到54.7%，平均每年提升1.02个百分点，与前30年形成鲜明对照。

城市数量由新中国成立前的132个发展到2008年的655个，其中100万人口以上的城市1949年仅有10个，2008年达到122个。

城镇化快速发展带来的问题：一是"土地城镇化"快于"人口城镇化"。城市建设用地粗放低效，1996—2012年全国城市建设用地增加724万亩，农村耕地减少1.2亿亩，而且都是好地。二是"城市病"凸显，大城市甚至中小城市纷纷出现不同程度的

交通拥挤、环境污染、贫困失业、治安恶化。三是自然遗产保护不力，城市建设缺乏特色，贪大求洋，千城一面。

今后发展方向：要加快转变城镇化发展方式，以人的城镇化为核心，有序推进农村人口市民化，以城市群为主体形态，推动大中小城市和小城镇协调发展。以综合承载能力为支撑，提高城市可持续发展水平；以体制机制为保障，通过改革释放城镇化发展潜力，走以人为本、四化同步、优化布局、生态文明、文化传承的中国特色新型城镇化道路。

新农村建设如何进行？一是要有一个"顶层设计"，全国有270万个自然村，按照发展中心村、保留特色村、整治空心村的要求，在尊重农民意愿的基础上，科学引导农村住宅和居民点建设，方便农民生产生活，保持乡村风貌、民族文化和地域文化特色，保护有历史、艺术科学价值的传统村落、少数民族特色村寨和民居，留住乡村记忆，建设风情乡村，坚决防止把农村建得城不像城、乡不像乡，不伦不类。

二是要加快农村社会事业发展，包括义务教育、职业教育、学前教育培训体系；完善以县级医院、乡镇卫生院和村卫生室的农村医疗卫生服务网络；加强乡镇综合文化、体育设施建设和健全农村留守儿童、妇女、老年关爱服务体系。这样以国家为主，社会、企业、农民的共组合力，经过十年、二十年努力也是可以做到的。

近年来，不少地区对新农村建设在实践中探索出许多典型和模式，如成都市制定出台新农村建设指导意见，推出"小规模、组团式、生态化、微田园"幸福美丽新农村建设。

"小规模"一般为100—300户，内部小组20—30户，一般不超过50户。

"组团式"既适当组合集中，又各自相对独立，每个村均建有不低于400平方米的标准化公共服务中心。

"生态化"正确处理山、水、田、林、路、草与民居的关系，使居民望得见山，看得见水，记得住乡愁。

"微田园"相对集中民居，规划出前庭后院，形成"小菜园""小果园"，保持房前屋后瓜果梨桃、鸟语花香的田园风光农村风貌，受到广大群众的欢迎。

三 自治、法治、德治密切结合，搞好农村基层建设

这里指的基层建设是指县以下的机构，即县、乡镇、村的建制。

中华人民共和国成立以来，我国基层机构经过多次改革，由于对基层政权的职能定位不明确，财权和事权界限模糊，越改机构越滚越大，人员越来越多。"农民真苦，农村真穷，农业真危险"成为当时流行的口头禅。社会上对乡镇存废也有不同观点。第一种观点主张乡镇政府可以撤销，以建立体现乡镇自治的社区管理委员会，在村民自治的基础上实行乡镇自治。第二种观点认为，目前乡镇的作用不可替代，城镇化是一个漫长的过程，在农村政治、经济、社会、文化日益边缘化的转型期，出现社会震动的可能性增加，处理不好就会影响农村的稳定和发展。第三种观点认为，乡镇机构改革的实质和核心问题是重在解决我国过去在传统计划经济体制下，形成的政党和政府相互交叉、国家政权与农民自治互相渗透、"条条""块块"互相分割、乡镇"事权"与"财权"互相脱节等一系列历史遗留问题。把乡镇所拥有的行政权规范到合理的空间内，使之在国家与农民之间形成良性互动、密切合作的关系。这就需要一方面解决乡镇自身的问题，如乡镇建制规模、机构设置、职能定位、人员编制；另一方面要解决整个体制的问题，如国民收入再分配、财政体制、户籍制度、城乡就业制度、农村义务教育和农村公共品供给体制，只有这样，才能建立起精干有效的农村行政管理体制和公共财政制度，提高社会

管理服务水平。笔者基本赞同第三种观点。

现根据近年各地实践经验，提出以下看法和建议。

（1）做强县一级，规范乡镇级，完善村自治。县是城乡接合部，历史上是我国基层政权的基础，"郡县治，天下安"的古训，现在看仍是正确的。习近平总书记说"县域是一个相对独立、相对完全的行政区域，其政治经济文化功能齐备，我们应该把加快县域经济发展作为经济工作中的着力点"。但实践中县域经济发展不快，根本原因是县域经济发展缺乏顶层设计和长期规划，一届政府一本经，一个将军一个令。二是县一级没有权力把上级业务部门下达的任务进行捆绑协调，只能由县级各业务部门分头执行，让干什么就干什么，往往县里需要干的事无法干，不需要干的事却非干不可，形象的说法为：上面九龙治水，群龙无首，各行其是，下面被动应付，疲于奔命，资金层层流失，最后只能是一大堆"豆腐渣"工程。三是干部调动太快，形象说法是：头一年了解情况，第二年开始工作，第三年准备后事，于是形象工程、政绩工程铺天盖地，十分"热闹"。基础工程无人问津，冷冷清清，客观原因当然也有，如交通不便、自然条件差、文化落后，人员素质低等，但那是可以逐步解决的。实践中有些地方针对上述情况加以改正完善，已收到明显的效果。

（2）乡镇是基层政权，它的职能定位为：①贯彻落实党的方针政策，发展农村经济，增加农民收入。②为农村、农业、农民提供公共服务，发展农村公益事业。③负责农村社会管理，维护社会稳定。

乡镇机构经过多次精简，但效果不明显，主要也是职能定位不明确，管了许多不该管的事，该管的事又没有管好。

农村义务教育、公共卫生、道路交通、电信通信，司法、公安、税务、工商、土地等部门的人员经费划归县垂直管理，乡镇政府不应承担相关责任。

为农民提供公共服务的事业站所，性质相近能合并的合并，纳入政府系列；属于经营性的事业单位，可筹划转为合作或民营，从政府中退出，变花钱养人为花钱养事。这样，乡镇政府就可以集中精力办一些受农民欢迎的实事，如生态环境，修建基础设施，管好土地，为新农村建设作"规划"，加强社会管理中的薄弱环节，引导组织富余劳动力转移，安排就业，开展农村扶贫和社会救助，化解社会矛盾，保持社会稳定。

另外，乡镇作为一级政权就应该是一级财政，在分税制后，合理划分省、市、县、乡镇财政收入，哪些税种应划归乡镇征收，分享税中如何提高乡镇财政分享比例，都需要进一步研究，通盘考虑。

党的十九大对国务院机构作了全面安排，省、市、县、乡镇也应按中央精神进行改革，按期完成。一是做强县一级，县委书记要下大力气抓好"三农"工作，当好乡村振兴"一线总指挥"；二是规范乡镇级，精简乡镇机构，管好该管的事；三是加强"三农"工作队伍建设，定期进行培训，并从大中专毕业生、退伍军人、农民工中对懂农业、爱农村、爱农民的人中抽选一批到基层工作。

完善村民自治。1998年《村民委员会组织法（修正草案）》公布已近20年，执行的效果如何？据初步调查，执行好的有，但为数不多，"事难议，议难决，决难行"是比较普遍的现象。问题的实质是现在村民自治架构中缺乏决策和监督机制，党支部是领导核心，村委会是执行机构，有合作组织的社区，合作是经济组织，应该各司其职，不能互相混淆。干部可以交叉任职，关键是第一把手应该由村民代表大会选举作风正派、办事公道的乡贤担任，可以连选连任，不受任期限制。江苏的华西村、河南七里营的刘庄村、山西的大寨村，尽管所处的条件和发展的环境不尽相同，但一个好的领头人是最关键的因素。

四 以"一带一路"为主轴,"走出去"办农业,利用两种资源、两个市场,取长补短,共同发展,互利共赢

我国人多,耕地资源短缺,随着城镇化、工业化发展,人民生活水平不断提高,农业进出口贸易从 2004 年开始,由顺差转为逆差,2014 年逆差为 505.8 亿美元。我国进口有谷物、大豆、棉花、棕榈油、豆油、橡胶、畜产品、纸浆等。据专家预算,进口粮油大体使用 8 亿亩耕地面积,相当于我国播种面积的 1/3,预计到 2020 年中国主要农产品产需缺口相当于 10 亿亩左右播种面积的产出。为此,我国农业企业必须"走出去",利用人才、技术、资金优势,通过直接投资、合资、租赁等方式办农业企业。据商务部统计,我国农林牧渔对外投资 2000—2010 年由 8.34 亿美元增加到 26.12 亿美元,在境外办了农、林、牧、渔企业约有 788 家,由最初的远洋渔业扩展到粮油、园艺、橡胶、棕榈油、剑麻、养鸡、水产、奶业、兽药等方面,投资主要在东盟、俄罗斯、中亚、非洲和巴西、阿根廷、澳大利亚、新西兰等国。"走出去"办农业,对我国水土资源紧缺,一些农产品紧缺,既有必要,也大有潜力。

参考文献

1. 摘引自杨柏林《农村承包土地撂荒对策研究》,载中国管理科学研究院农业经济技术研究所《通讯》2017 年第 11 期。

2. 摘引自陈锡文《我国的农村改革与发展》,载 2016 年中国广播学习网录音报告。

3. 摘引自郭书田《在"十三五"中要解决农村四个重大问题》,载中国管理科学研究院农业经济技术研究所《通讯》2015 年第 7 期。

4. 摘引自魏后凯《新常态下中国城乡一体化格局及推进战

略》，载《中国农村经济》2016年第1期。

5. 摘引自郭书田《当前农村面临"农转非"的五大挑战》，载中国管理科学研究院农业经济技术研究所《通讯》2014年第12期。

6. 摘引自吴崚《经济社会转型期"三农"问题纵横谈》，载中国管理科学研究院农业经济技术研究所《通讯》专刊2017年7月。

7. 摘引自李培林《"逆城镇"大潮来了吗?》，载《老年文摘》2017年2月20日。

我国耕地现状·发展预测·开发潜力

土地是农业生产最基本的不可替代的自然资源。我国人多地少,尤其耕地资源缺乏,因此,"十分珍惜每寸土地、合理利用每寸土地"和"保护耕地"已列为国家长期的基本国策。但是,当前我国耕地面积锐减,土地肥力衰退现象,有增无减,已引起有关方面的重视。本文拟就我国耕地现状、2000年我国耕地变化趋势以及开发利用潜力,提供一些状况和看法,为关心这一问题的同志研究参考。

一 我国耕地现状

(一) 耕地面积究竟有多少?

我国耕地资源基础数字不清,已成为四化建设亟待解决的问题。目前内部引用和公开发表的至少有三个数字:①国家统计局公布的数字,1949年我国耕地面积为14.62亿亩,1957年为16.77亿亩,1985年为14.52亿亩。这个数字显然偏小,已为大家所公认。据中国农业工程研究设计院土地利用所调查认为,各省实际耕地面积普遍比统计数偏大。东北、华北省份差值一般在30%以内;陕、甘、宁差值达60%—70%、新疆差值为20%;华东和中南省份差值在32%—76%;云贵和西藏差值达60%—

70%。原因是原统计数字不实，计算口径不一，历史垦荒未全计入耕地，量算本身误差等。另据一些典型调查，实际耕地面积与上报数也有相当大的差距。如黑龙江省海伦县1982年统计耕地面积是373万亩，而航测和计算的结果是428万亩，实际数比上报数高出14.2%。湖南省桃源县统计水田面积为102万亩，实测是156万亩，高出统计数53%。宁夏固原县原统计耕地为315万亩，卫星照片测定为419万亩，高出统计数33%。从典型调查和估测我国目前实际拥有的耕地面积数可能大约高于现有统计数的30%。②农牧渔业部近三年对全国532个县土地利用现状调查资料推算认为，实际耕地约为20.5亿亩。③根据全国农业区划委员会和国家计划委员会利用美国资源卫星照片和分省土地利用现状概查结合测算，实际耕地面积为21.5亿亩。这三个数字中哪个数字比较接近实际？原农牧渔业部土地管理局有关资料认为，国家统计局公布的数字偏小，而美国资源卫星照片测算的耕地又偏大，因有些果园、草地及居民点等也计入耕地内，而实际耕地以采用20.5亿亩比较接近实际。

（二）耕地资源的特点

（1）耕地面积小，宜农荒地不多。我国现有耕地20.5亿亩，仅占国土面积的14.2%。按人均仅2亩左右，只有世界人均耕地4.9亩的40.9%，只有美国人均耕地12.7亩的15.7%，苏联人均耕地13.1亩的15.2%。我国耕地后备资源不多，可以开垦的宜农荒地约2亿亩，全部开垦出来，约可得耕地1亿多亩，而且大都分布在边远地区，开垦难度较大。

（2）耕地资源分布很不平衡。我国90%以上的耕地分布在东南部湿润、半湿润季风区。这一地区集中了全国农业人口的94%，这种人口与耕地资源分布极不平衡的状况，短期内不会有较大的改变。随着人口进一步增长，更加重了耕地的承载力。目前，东南沿海一些省、市人均耕地面积已降至0.7亩左右（上海市0.45

亩，北京市 0.69 亩，浙江省 0.71 亩，福建省 0.75 亩）。在一定的生产条件下，土地的生产能力是有一定限度的，超过了限度，就会出现土地超载，引起过度垦殖、掠夺经营，造成生态环境恶化等问题。

（3）耕地的类型复杂，自然条件较差。全国山地占国土总面积的 2/3，而平地只占 1/3，海拔 1000 米以上的山地、高原约占全国土地总面积的 58%，与世界领土较大的国家如苏联、加拿大、美国、巴西、澳大利亚等国相比，我国山地占土地面积比重最大。一般来说，山地高差起伏大，坡度陡而土层薄，耕地分散，交通不便，作业比较困难，如果利用不当，容易引起水土流失。就是平原地区，也由于水热条件组合的差异和利用不当，也形成极为复杂多样的土地类型。据不完全统计，在现有耕地中，旱涝保收农田仅占 20%；低产田占 1/3 以上，其中涝洼地约 6000 万亩，盐碱地约 1 亿亩；水土流失严重约占耕地的 30%，红壤低产地约 1.8 亿亩。每年遭受自然灾害面积为 5 亿—6 亿亩，成灾面积在 1 亿亩以上。

（4）耕地利用极不平衡，生产率差异很大。我国由于人多地少，农业历史悠久，耕作水平较高，从土地生产率、粮食平均单产和复种指数来看，均接近或超过世界平均水平。但由于人地分布不平衡，社会、经济条件不同，土地利用程度与生产率差异极大。如东南沿海有的复种指数已超过 240%，谷类作物亩产超过 1600 斤，而西部有些地方复种指数低于 100%，谷物亩产仅几十斤，两者相差几倍甚至十几倍。这种地区发展不平衡状况，形成东部耕地开发过度，如无过硬措施，提高单产较难，西部虽潜力较大，但限制因素较多，产量搞上去也不容易。

（三）当前耕地资源存在的主要问题

第一，耕地面积锐减。按原统计数字分析，1949 年我国耕地面积 146822 万亩，到 1957 年增至 167745 万亩，净增耕地 20923

万亩，主要原因是这一时期全国大规模开垦荒地，使耕地面积增加较快。1958—1978年的21年间全国净减少耕地18661万亩，平均每年减少888万亩。1980—1985年又净减耕地3689万亩，平均每年减少737万亩。而1985年比1984年全国减少耕地1511万亩。其中山东、山西、内蒙古、四川、广东、新疆6个省区就减少775万亩，占了一半左右。总的看来，我国耕地面积减少数量之多、速度之快是十分惊人的。1957年全国人均耕地2.59亩，1985年降为1.57亩（均按原统计数），下降39%。北京市中华人民共和国成立初有耕地910多万亩，目前已减到600多万亩，平均每年减少10多万亩。黑龙江省中华人民共和国成立初期人均耕地8.4亩，现减为4亩。广东、浙江中华人民共和国成立时人均耕地均为1.5亩，现分别减至0.78亩和0.7亩。四川省中华人民共和国成立时人均耕地2亩，现已不足1亩。

耕地减少的主要原因：一是国家基建占地。1949年我国城镇人口为5765万人，1985年增至33006万人，增加4.7倍，城市用地也成倍增加。如天津市，中华人民共和国初城市建成区面积61平方公里，每人平均用地37平方米，1980年建成区扩大为160.9平方公里，每人平均53平方米。据城乡建设部对132个城市用地调查，每人平均用地面积，9个城市为25—60平方米，32个城市为61—120平方米，41个城市在120平方米以上，平均每一城市人口用地100平方米。据估算，目前我国城镇、工矿用地面积总数达10亿多亩，约占土地总面积的9%，与农业用地相比，这个比例是很可观的。二是农村住房、社队企业和村镇文化福利设施大量兴建，占用了大量耕地。据1979—1985年不完全统计，全国农村共建房40亿平方米，相当于全国8亿农民每人增加了5平方米的住宅。加上一些地方对建房基地、乡镇企业和福利设施建设控制不严，浪费了大量耕地。据16个县农村居民点用地调查，每一农业人口平均居民点用地，最低的如四川长寿县为60平方米，江苏吴江县为106平方米，最高的内蒙古武川为420平方米，一般为200—266平方米（合0.3—0.4亩）。一些乡镇企业发达的地方，耕地被占十分严重，上海市郊乡镇企业占地1984年比1983年增长近4倍。另据计算，制造一亿块黏土砖需用土24万立方米，毁农田180多亩，按近年的砖产量计算，仅此一项全国一年就要减少耕地10多万亩。三是因灾弃耕和退耕还林还牧也减少一部分耕地。我国每年因灾弃耕的土地没有全面统计。从一些典型材料看，为数也不少，如辽宁省，中华人民共和国成立以来，因水土流失损失的耕地约200万亩；黑龙江省30年因沟头前进，破坏耕地140多万亩；四川省1981年7月的洪灾中被冲毁而不能恢复的耕地有35万亩。至于坡度在25°以上的坡耕地全国1亿亩左右。随着农业现代化的发展，国家退耕还林、还牧政策的贯彻，每年都有一部分陡坡地退耕，近三年来宁夏南部山区，已退耕还林还牧70万亩。据国家统计局数字，1985年全国退耕还林还牧耕地1403万亩，占当年全国耕地减少总数的58.5%。四是其他原因减少的耕地。如北方地区耕地盐渍化和风蚀沙化严重，每年都要废弃一部分耕地。据统计我国耕地中有盐碱地近1亿亩，有3600万亩农田正处在沙漠化发展中。大中城市郊区遭受"三废"污染的耕地约2000万亩，另据17个省不完全统计，在338件污染农业事故中，因污染而弃耕的土地就有2.3万亩。

第二，耕地质量下降。对我国现有耕地的质量问题要做具体分析。中华人民共和国成立以来，经过长期农田基本建设，我国耕地有效灌溉面积由1952年的3亿亩扩大到1980年的7亿亩。由于牲畜大量增加，有机肥使用量大度增加，化肥使用量由29.5万吨（实物）增加到5865万吨，全国治理易涝地2.5亿亩，改良碱地5900多万亩，有34万亩的红黄土壤得到不同程度的改良。在长江、珠江三角洲、洞庭湖鄱阳湖地区和河南商丘、河北海河平原等地以及部分大中城市郊区已初步建立起农牧结合的耕作制度，土壤肥力有所提高。但是也有相当大片的地区，主要是丘陵山区和东北、内蒙古耕作粗放地区，土壤肥力有所减退，水土流失有所发展。据近7年在长江、淮河流域18个丘陵山区县调查，水土流失面积比20世纪50年代增加了38%—76%。50年代以来形成沙漠化的土地达5万平方公里。南方稻田土壤潜育化面积占水田面积的20%—40%，估计约6000万亩以上。黑龙江省开垦初期，土壤有机质含量平均在7%—8%，而目前已下降为1%—3%。吉林省土壤腐蚀下降幅度为10%—27%，含氮量下降为2%—10%，与第一次土壤普查对照，土壤有机质普遍下降了0.2%—1%。江苏吴县通过6200多个各种类型的土壤剖面观察和分析测定，发现耕层普遍变浅，犁底层增厚变实。1959年第一次土壤普查时，耕层一般达16—20厘米，高产土壤23—26厘米。1982年第二次土壤普查时，90%的土壤耕层小于15厘米，其中50%的土壤耕层小于11厘米，犁底层增厚达10厘米以上。农村实行联产承包责任制之后，由于农民对土地承包长期性的政策尚有怀疑，加上务农比较效益偏低，因此，相当一部分农民对土地经营缺乏长期思想，在地力建设上存在"三轻三重"倾向，即重用地，轻养地；重化肥，轻有机肥；重产出，轻投入，致使耕地肥力下降现象有所发展。据全国第二次土壤类型和肥力状况普查的1400多个县的统计，目前高产田仅占耕地面积的20.8%，低产田占30.4%，缺磷面积占59.1%，缺钾面积占22.9%，磷、钾均缺占13.8%。

二 2000年我国耕地变化趋势预测

随着人口增加、经济发展、城乡建设、能源开发和交通网的修建，占用耕地几乎成为不可避免的现象。到2000年我国耕地将发生什么样的变化？这是大家关心的问题。近几年我国有关部门就此问题进行了一些研究，现将有代表性的几家预测数字介绍如下。

（1）原农牧渔业部土地管理局预测：1990年、2000年我国土地利用结构变化如表1所示。

表1　　　　1990年、2000年我国土地利用结构变化　　单位：亿亩

年份 项目	1980	1990	2000
总人口（亿人）	9.8	11.2	12.0
城乡建设、工交用地	5.0	5.7	6.5
耕地	20.5	19.7	19
林地	26	27	30
其中有林地	17.5	21.5	28.6
草地	40	39	36
其中利用面积	37	37	35
淡水水面	2.8	2.8	2.8

城乡建设和工交用地合计，按目前用地情况，每人平均占地为0.5亩，预测1990年将增加3000万亩，2000年增加1.5亿亩，即20年内扩大30%，到6.5亿亩。这同国外相比，还是保守的估计。

水利建设用地，按典型调查估算，每增加1亩有效灌溉面积占用耕地0.09亩。据水利规划，全国有效灌溉面积1990年达到7.5亿亩，2000年达8.2亿亩，加上改善城市用水、防洪排涝进行的水利工程用地，估计到1990年将占用土地1000万亩，到2000年将占地2500万亩，其中占用耕地各约600万亩和1500万亩。

开荒可扩大一些耕地，但潜力不大。在我国现有技术经济水平下，可以开垦的宜农荒地约5亿亩（包括可供回垦的海涂1600多万亩），其中40%—50%为天然草地，主要宜于种植牧草；另外16%—20%分布在南方山丘地区，主要用于发展木本经济作物，

余下2亿亩大多存在不同程度的障碍因素，需大量投资整治，才能开垦。如开垦投资有保证，每年开荒500万亩，到2000年可扩大耕地1亿亩。

根据以上预测，到20世纪末，城乡建设、水利建设加上因灾弃耕、改林改牧等原因，耕地面积将减少2亿—3亿亩，而开荒扩大耕地面积至多不超过1亿亩，增减相抵将净减耕地1亿多亩。到2000年耕地总面积将减少为19亿亩左右，人均耕地将从1980年的2亩左右减到1.6亩左右。

（2）中国农业工程研究设计院土地利用所预测：到2000年我国耕地将减少2.22亿亩（城乡建设及工交用地约1亿亩，退耕还林还牧1.04亿—1.09亿亩，过度垦殖形成沙漠化需退耕1800万亩）。届时全国耕地面积将从现在的21.2亿亩减少到18.98亿亩，人均耕地将从现在的2亩左右减少到1.58亩。他们认为，到2000年尽可能每个省都做到以开荒补上占地，有些省、自治区荒地面积较多，如黑龙江、内蒙古、新疆、宁夏、甘肃等应多开垦，使净增耕地多于城乡基本建设占用的耕地，使全国开荒与占地保持平衡，这是有可能的。

（3）农牧渔业部最近编写的《2000年农业科技、经济、社会发展规划大纲》中说：根据县级土地利用现状概查，初步汇总"六五"期间我国耕地面积为20.7亿亩，近年来耕地面积又有所减少，现约为20.5亿亩，到2000年还要占用耕地1亿亩。另外，25°以上坡耕地还要退耕，为了弥补耕地被占用，应尽可能地开垦荒地，要求到2000年开荒5000万亩，这样届时还要净减耕地5000万亩。

以上三个预测方案说明到2000年我国耕地面积将减至19亿—20亿亩。能否达到预测数字关键在于：①每年占用耕地能否控制在500万亩以内；②每年开荒能否增加耕地500万亩以上。如果两个指标都能达到，即有望达到预测面积，如果达不到，则耕地面积将少于预测数。同时，还必须看到，占用的都是好地、近地，开荒的多是差地、远地。长江三角洲占用一亩耕地，东北、西北必须开荒六七亩才能抵上。进行农业规划时必须注意这一情况。

三　我国耕地开发利用潜力与对策

从我国耕地现状和2000年变化预测来看，土地问题确是我国四化建设面临的严峻问题之一（还有人口问题和环境问题）。解决耕地问题无非两个途径：一是挖掘现有耕地的潜力，开垦荒地和开发利用各种土地资源，减轻现有耕地的压力；二是管理好现有耕地，把各项生产建设、生活设施占地减少到最低限度。

（1）提高现有耕地的生产潜力。这是解决我国耕地不足的主要途径。现有耕地有多大增产潜力？可从以下三方面进行分析。①从光温条件来看，据农牧渔业部土地管理局测算，1978—1980年我国平均粮食耕地亩产达到当地光温生产潜力30%以上的高产县只占总县数的13%，达到光温生产潜力15%—30%的中产县占49%，低于15%的低产县占38%。无论高中低产县，只要改善生产条件，就能发挥潜在的生产力，取得不同程度的增产效果。②从现有耕地的单产水平来看，按现有耕地20.5亿亩计算，1980年我国粮食耕地亩产为411斤（按原耕地统计数为551斤），谷类作物播种面积亩产为283斤（原耕地统计数为379斤），与国内外先进水平相比，差距都很大。如1981年我国粮食播种面积平均单产377斤，高于全国平均单产水平的有15个省、市、自治区，低于平均单产水平的有14个省、市、自治区，占全国粮食播种总面积的42.4%。1980年日本粮食播种面积亩产646斤，美国503斤，法国647斤，南斯拉夫489斤，都大大高于我国。③从不同地区、不同类型耕地的生产水平来看，据全国第二次土壤类型和肥力状况普查的1400多个县的统计，目前，高产田仅占耕地总面积的

20.8%，中产田占 48.8%，低产田占 30.4%，中低产田占了 80% 左右。上述分析说明我国现有耕地的生产潜力仍较大，只要各方面的条件跟上去，在提高单产上下功夫，前景还是乐观的。那种认为现有耕地生产潜力已经挖尽的观点是缺乏根据的。从大面积来看，提高现有耕地的生产潜力，主要还是依靠推广先进的适用技术。如推广各种农作物的新品种、新组合，推广优化配方施肥技术，综合治理中低产田，扩大灌溉面积，推广节水增产灌溉技术，推广地膜和塑料大棚等。据有关专家估测，"七五"期间只要因地制宜推广优良品种和杂交组合，主要作物普遍更换品种一次，按增产 10% 计算，即可增产粮食 300 亿斤，棉花 500 万担。棉花、花生、水稻尼龙育秧，蔬菜塑料大棚栽培等技术，一般可增产 20% 左右，有的可成倍增产。近年来各地根据生态系统内物质循环和能量转化的生物学规律，建立农林牧副渔各业彼此结合又各有侧重的合理农业生产结构，充分利用光温潜力，使绿色植物的初级生产沿着食物链各个营养级进行多级利用，综合利用，循环利用，保持农业系统的高效率、高效益、高水平的生产力。对这种农业生产体系，有的称为"生态农业"，有的称为"农业良性循环"，有的称为"农业型知识密集产业"。不管怎样叫法，共同的特点是：①把种植业、饲养业和加工业有机地结合起来，形成多产业综合的农业生产体系；②充分利用光温潜力，提高光合作用效率，在生产过程中，对植物、动物产品、副产品实行多级、综合、循环利用，最大限度地提高物质利用率；③把农业生产和生态环境结合起来，做到无害化生产，保持良好的生态环境；④是一种知识密集型生产，继承传统的农业精华，并能容纳现代先进的科学技术。群众创造的"生态农业"有以下几种模式：空间立体利用型：根据不同物种的不同生长特性，充分利用生长过程的"空间差"和"时间差"进行多种配置，形成多物种、多层次的立体生产结构；如"稻、萍、鱼、豆"共生的稻田立体结构。

福建省有的地方用12%的水田面积挖鱼坑、鱼沟，用宽窄行"双龙出海"式插秧，每亩可增产稻一成、鱼百斤。又如在甘蔗苗期（约3个月）套种大豆、瓜菜、绿肥。福建省蔗麻研究所采用大豆育苗移栽新技术，每亩可多收大豆250斤；在甘蔗生长后期，利用蔗秆搭架种蘑菇、木耳等食用菌，达到蔗田的综合利用。食物链循环利用型：典型例子如珠江三角洲和长江三角洲的"桑基鱼塘""蔗基鱼塘""果基鱼塘"等，种桑养蚕—蚕沙养鱼—鱼粪肥池—池泥种桑—残桑养羊—羊粪入池。实行食物链的循环利用，最普遍的是农牧结合型，如农区用粮食及其他饲料养畜、畜粪肥田。复合立体利用型：既注意空间的多层次利用，又注意各个物种之间食物链的合理循环利用，两者紧密联系，形成一个有机的立体结构。如福建省漳浦县绥安乡农民张章河在承包的1.7亩水田中挖四条宽1.3米、长40米的养鱼沟，放养罗非鱼、鲢鱼、草鱼，在水面种空心菜，在畦上种250株香蕉，并套种蔬菜或培育菜苗，在沟边、畦边搭棚种丝瓜，取得比单种水稻多10多倍的经济收入。目前，各地农村利用庭前屋后的空地发展庭院经济，就是属于复合立体利用型的模式。另外，林业、养殖业等也都有不同类型的复合立体利用模式。如林农结合、林牧结合、茶胶结合等。

（2）开发利用非耕地，提供多样化产品，以减轻耕地压力。我国土地面积144亿亩，耕地只占14.2%，还有26亿亩林地（其中有林地17.5亿亩），天然草地53亿亩（其中草原43亿亩，草山10亿亩），可养殖水面7500万亩，潮上带未利用的海涂700万亩，潮间带海涂（理论基准面以上）近3000万亩，浅海（理论基准面至水深10米）约1.17亿亩。目前开发利用很差，据有关部门调查，在围垦造田、水产养殖、芦苇生产等方面已利用的海涂约1000万亩，仅占可利用海涂的1/3，预测到2000年至少还可开发利用1000万亩，可产粮50亿斤，水产品70万吨，芦苇71万吨，产值8亿多元。因此，有计划地开发海涂资源，实行农林牧副渔综合经营，对解决我国东南沿海人多耕地少的矛盾，具有十分现实的意义。又如我国有1.2亿亩木本粮油资源，但管理粗放、单产很低，南方5000万亩油茶平均单产只有6斤左右，板栗、柿、枣等木本粮食的单产也不及现有高产水平的1/5，甚至几十分之一。据有关部门调查论证，只要稍加垦复、施肥，产量就可翻一二番，即可弥补现有耕地上粮油产量之不足。所以，在保护生态环境的前提下，有计划地开发利用非耕地资源，应尽快提到发展农业的重要位置，予以重视。

（3）有计划、有重点地开垦荒地。我国宜农荒地资源不多，鉴于我国耕地不足，在"七五"期间到2000年，选择水热资源丰富、劳动力充足、交通比较方便、开垦后经济效益大的地区有计划、有重点地开垦一些荒地还是必要的。但是开荒一定要同交通、水利设施建设配套，严禁滥垦草原，造成水土流失现象发生。

为了实现上述要求，建议采取以下政策、措施。

第一，应成立各级土地管理机构，加强土地管理工作。国务院已成立国家土地管理局，省、地、县也要逐步建立健全土地管理机构，掌管辖区内土地资源调查、土地权属管理和土地利用管理三项工作，扭转过去土地分散管理，各自为政，权属混乱，土地利用没有统一规划，利用不合理，浪费破坏严重等弊病。

第二，颁布和健全土地法规和相应的土地管理制度。《土地管理法》颁布后应认真贯彻执行，但作为土地方面的基本法规，只能把一些主要的原则、制度规定清楚。然后还要制定一系列具体问题的配套法规和细则，这样基本法、单行法相互配合，才能解决当前土地管理混乱的问题。关于我国土地所有制目前理论界有三种不同意见：第一种意见认为，要实行土地国有，租赁经营；第二种意见认为，要实行土地多层次所有制，其中国家所有和集体所有仍是主要的，但应允许土地所有权在国家、集体、公民个人及其联合体之间合理转移；第三种意见认为，在我国只能是国家和集体两层次所有制。从国外土地制度来看基本上也有三种类型，第一类如美、日等国，土地是私有的，可以自由买卖；第二类如英国及英联邦国家、地区，其土地所有权属国家，使用权可以出卖，年限从75—999年不等，国家从中可得到大笔收入；第三类是苏联等国，土地属国家所有，无偿使用。从我国社会制度及地少人多的情况出发，笔者认为，在我国农村实行土地国有化、私有化都是行不通的，因为土地是最基本的生产资料，无论是法律上还是事实上恢复土地私有制都是与我国的社会主义性质不相容的。而且土地私有制妨碍土地的合理流动，不利于土地经营规模扩大，会大大增加农产品成本及产生土地投机等行为。土地国有化也会破坏30多年来农村土地集体化的历史，引起农民不必要的震动，同时，国有化总得要有基层某一具体单位来管理土地，这样同集体所有制实质上没有什么区别。因此，笔者认为在我国农村土地还是实行集体所有，有偿使用。在承认农户现有土地承包权有长期性、物权性的前提下，把农户承包地折成股份，成立以土地公有为基础的地区性合作经济组织，股份的划分仅限于承包权这个层次，社员转包土地，可以收取土地股权报酬，转包期满后，可以收回继续使用。土地有偿使用包含以下内容：绝对地租（相当于农业税），由国家征收；级差地租Ⅰ归地方财政，由县统一安排用于土地建设；级差地租Ⅱ投入情况由地区性合作组织与承包户分享。同时要加强地区性合作组织管理土地的职能，监督土地的合理使用，对承包期内土地肥力下降，土地设施受破坏的，应向承包者收取赔偿费。相反，土地肥力提高，设施改善的应给承包者补偿。对于撂荒或变相撂荒者，要征收高额的土地闲置费，同时地区性合作组织可以随时收回土地。这样从各个层次共同来加强土地管理，以调动用地、爱地、管地的积极性。

第三，建立和恢复劳动积累制度。在过去合作化和公社化时期普遍建立的劳动积累制度，对农业基本建设起过积极作用，应该加以肯定。近几年有些地方忽视了这方面的工作，是个失策。今后有必要把适度的劳动积累制度恢复起来，作为增加农业投入，改善生产条件和扩大再生产的一个重要手段，并以制度定下来落实到每个农村劳动力身上。劳动积累的实施，要因地制宜，灵活掌握，不要影响农民当年的收入，因故不能完成劳动积累工日的，允许以当地平均劳务工价以钱代工，对于超额完成的允许折抵下年，也可以折价得钱。

第四，有计划、分步骤地开展国土整治工作。国土整治工作不是一个部门、一个地区能够单独进行的，必须动员各行各业的力量由国家计委牵头组织有关部门从规划、设计到施工统一安排、协调进行，把它作为改变国家面貌，造福子孙万代的大事来抓，列入国家长期规划和短期计划，由各级人大讨论通过后，具有法律效力，非有特殊理由，不得因领导人变更而随意变动。

参考文献

1.《公元二〇〇〇年的中国》，科学技术文献出版社1984年版。

2. 农牧渔业部土地管理局：《我国二〇〇〇年土地利用变化预测的初步研究》。

3. 农业工程研究设计院土地利用所：《全国农业土地资源利用现况及建议》。

4. 陈飞天：《福建立体农业技术在迅速发展中》，《中国农村经济》1986年第6期。

5. 袁志军、高宽众：《农村土地管理失控原因及对策初探》，《农村经济政策研究》1986年第1期。

6. 毛文永：《海涂的开发与环境保护》，载《环境问题与科学技术》，海洋出版社1984年版。

水资源危机与节水高效型农业

随着工业化、城市化的不断发展，水资源紧缺已成为全球性问题。我国是人口多、人均水资源相对匮乏的贫水国家，水资源紧缺已严重影响到工农业生产和城乡人民生活。对水资源危机的严重性和紧迫性，近年来虽已逐渐被人们所认识，但对解决水资源危机的思路、方法和途径，仍存在不同的看法。有的人认为农业是用水大户，因此，节水的重点在农业，似乎只要抓好农业节水，就能解决工农业用水矛盾和城市生活用水紧张问题；还有的人过多地把希望寄托在跨流域调水和兴建蓄水、引水工程上，而对树立全民节水意识，建立一个"节水型"的经济社会体系，把工作重点首先放在节约用水和提高水的利用率方面则重视不够；还有人对节水农业的研究和实践偏重于工程节水，而对节水如何与农艺结合，与调整作物布局结合，建立一个节水高效的农业技术体系重视不够等。本文拟就上述三个方面的问题以及与此有关的管水用水体制及水价等问题，谈谈个人的一些看法。

一 水资源紧缺已成为制约经济社会发展的突出问题

据有关资料分析，我国水资源总量约为2.8万亿立方米，居世界第六位。但人均占有量仅为2400立方米，只相当于世界人均的1/4，居世界第109位，被列为全世界13个贫水国家之一。更有甚者，我国地形西高东低，河流多东西走向，流入大海；气候属大陆性季风气候，降水时空分配不匀，北方少、南方多，冬春少、夏秋多且年际变化很大；主要工农业生产基地和大城市又多集中在东半部，这些特点，决定了我国水资源形势的严峻性、长期性和复杂性。

目前，我国水资源紧缺，大致可分为三种类型：一是资源型缺水。当地水资源总量少，不能适应经济社会发展的需要，形成供水紧张。这类地区面积较大，包括华北地区、西北地区、辽河流域、辽东半岛、胶东半岛、雷州半岛和京津等地区。如果按国际标准人均拥有水量2000立方米为严重缺水，人均拥有水量1000立方米为起码需求的话，那么我国就有15个省、直辖市、自治区属严重缺水，其中有10个省、直辖市、自治区在起码需求线以下，尤其是天津、宁夏、上海、北京、河北、山东、河南、江苏、山西9个省、市、自治区人均占有水资源均低于500立方米。从农村来看，秦岭—淮河以北的耕地占全国耕地的63.7%，而水资源总量占12.7%。华北全区亩均水量约为300立方米，到枯水年份亩均水量仅130多立方米，十年九旱已构成北方地区农业生产的最大威胁。

二是工程型或设施型缺水。从地区水资源总量来看并不短缺，但由于工程建设用水集中，造成供水不足。另一种情况是已建水源工程由于设施不配套，不能充分发挥作用所造成的缺水。前者如东南沿海城市近年出现的供水紧张日益加剧。后者的情况更为普遍，北方、南方都有，据权威人士估计，我国灌溉面积名义为7.5亿亩，但由于水源不足或设施不配套，实际有效灌溉面积仅为6亿亩左右。

三是水污染造成缺水。由于工业废水和生活污水未经过处理就排放，使河流湖泊和地下水受到不同程度的污染，加剧了水资源短缺。据国家环保局调查，在全国七大水系中淮河、海河、辽河和松花江污染最为严重。淮河全流域191条支流中，80%的支流水体呈绿色，一半以上河段完全丧失使用价值，不少工厂被迫停产，一些地区农作物绝收。1994年7月特大污染事故中，苏皖两省有150万人发生饮水困难。据黄河干支流307个水质站10多年监测分析，目前除刘家峡水库以上和山东高村以下河段水质较好外，其余2863公里河段均遭受不同程度污染，占一半以上。长江三角洲地区由于地面水受污染，许多企业竞相抽取地下水，20世纪五六十年代打井1—2米就见水，现井深60—70米，最深90米才有水，20多个城市出现地面沉降，苏、锡、常最大沉降达1米。水资源严重污染，犹如雪上加霜，进一步加深了水资源紧张状况。

水资源短缺对我国经济社会的影响巨大，进入20世纪90年代末我国农田受旱面积由70年代的1.7亿亩增至4亿亩，灌区年缺水约300亿立方米。全国300多座城市缺水，占全国大中城市60%以上，日缺水1000万立方米，全年缺水36.5亿立方米，每年在供水高峰期经济损失达200亿元以上，全年工业产值损失上千亿元。

二 缓解水资源危机，必须着力构造一个节水型的经济社会体系

根据中华人民共和国成立以来我国用水情况来看，社会总用水量由1949年的1031亿立方米，增至1993年的5250亿立方米，大约每10年增加1000亿立方米。其中农业用水由1001亿立方米增至3850亿立方米，增长2.85倍；工业用水由20亿立方米，增至1150亿立方米，增长56.5倍；城市生活用水由6亿立方米增至250亿立方米，增长40.7倍。农业用水比重由20世纪50年代的97%，减至1993年的73%，下降24个百分点，工业和城镇生活用水从12%上升为27%，增长15个百分点。从国外情况来看也是工业用水量的增长速度大大超过农业用水量的增长速度。20

世纪以来，全世界农业用水量增长了 7 倍，而工业用水量却增长了 20 倍。美国从 1932—1957 年的 25 年内，农业用水量增长了 60%，工矿用水量增加了 3 倍。另据世界资源研究所 1990 年资料，高收入国家人均年用水量为 1167 立方米，部门用水量工业占 47%，农业占 39%，城镇生活占 14%。我国同期人均年用水量仅 450 立方米，只相当于高收入国家的 1/3。随着工业化、城市化的不断推进，工业和城镇生活用水迅速增加，比重不断提高是事实，因此试图靠农业节水来解决工业和城镇生活用水紧张状态是不现实的。因此，从我国国情和水情出发，只有树立全民节水意识，各行各业都节约用水，把节水作为转变经济增长方式的重要内容，才能面对水资源危机向我们提出的严峻挑战。

那么，节约用水究竟有多大潜力，其实际效果究竟如何？应该说无论农业、工业、城市生活用水既存在水资源紧缺，同时又存在大量浪费的现象，节水大有潜力可挖。农业用水占总用水量的 73%，是用水大户，但由于渠道输水损失大，灌溉方式落后，水资源管理不善，调节不力，造成很大浪费。一般而言，我国渠系灌溉用水的有效利用系数在 0.3—0.4，井灌区有效利用系数也只有 0.6，比发达国家低 0.2—0.4。如能采取措施，尽量减少输水渠道的渗漏和蒸发，将地表水输水渠道有效利用系数提高到 0.6—0.65，井灌区提高到 0.9，仅此一项就可以扩大灌溉面积约 20%，每年节水 300 亿立方米。山东省十多年来因地制宜采用了多种形式的节水技术，如自流灌区全面实行"分级供水，用水讲量，按亩配水，按方收费"的用水管理办法，同时大面积发展以渠道防渗和管道输水为主的节水灌溉技术，山丘区大力推广喷微灌技术，全省 70% 的有效灌溉面积有节水措施，每年节水 45 亿立方米，增产粮食 25 亿公斤，节省土地 36 万亩。

工业节水潜力也是十分可观的。我国大城市工业用水的重复利用率一般只有 30%—40%，中小城市更低，每年有近 70 亿立方米的工业冷却水未经循环利用就白白流掉。由于管理不善，水价不合理，设备和生产工艺落后，我国主要工业产品的耗水量与发达国家相比一般要高1—10倍。如华北几大钢厂每吨钢取水量为25—56立方米，而美、英、日、德等国每吨钢取水量一般在5.5立方米以下；造纸每吨取水量为450—500立方米，美国70年代已降至200立方米以下；我国生产一吨啤酒用水20立方米，而发达国家为10立方米。国内外的实践证明，只要提高全民节水意识，强化节水管理，单位工业品的耗水量是可以大幅度降下来的。1983年全国第一次城市节水会议以后，国家投资81.9亿元，城市工业用水的重复利用率由20%提高到45%，万元产值取水量由459立方米降为270立方米。如果工业用水的重复利用率再提高到70%，全国每年还可以节约上百亿立方米的水。还有全国城市废污水有385亿立方米，目前只处理15%—20%，处理率如能提高30个百分点，也可增加上百亿立方米的水。

城市生活用水总的来看水平不算高，目前每人每天生活用水约100升，高的也只达到400升。但用水浪费也是普遍存在的现象，问题在于水价太低，管理跟不上，措施不够有力，自然就难以调动人们节水的积极性了。

总之，节约用水在我国是具有深远意义的大事，不仅必要而且可能，所以应把合理用水和节约用水作为缓解水资源危机的核心来抓，况且只有在搞好节水之后才能为蓄水、调水创造良好的基础和前提条件。

根据水利部门专家预测，到2000年我国总用水量将达到5850亿—7096亿立方米，以低限计算，在中等干旱年全国缺水358亿立方米。按"九五"发展目标，农业增加灌溉面积5000万亩，需增加用水300亿立方米，工业与城镇生活用水需增加120亿立方米，两者合计为420亿立方米，即到21世纪末全国需新增水量700亿—800亿立方米。考虑到"九五"期间大力推广节水技术，预计农业节水250亿—300亿立方米,工业与生活节水100亿—150亿立方米,这样到21世纪末只需新增供水300亿—500亿立方米,加上其他措施,在一定程度上缓解水资源紧缺状况,看来还是有希望的。当然,从长远看水资源紧缺仍是制约我国经济社会发展的突出问题,必须全社会齐心协力共创节水型社会,经过长期努力,才能较好地克服人类社会面临的这一难题。

三 农业节水灌溉要多种模式,使节水农业成为转变农业增长方式的重要内容

节水农业是指充分利用降水和当地水资源,采取水利和农业综合措施,不断提高水的利用率和水的利用效益的农业。有人根据国际上水利灌溉发展的趋势认为"高技术、高投入和管理现代化"就是发达国家节水型农业的基本模式。但笔者觉得对我国农业的现状,应该赋予更广泛的内容,即凡采取工程节水技术、农艺节水技术和化学节水技术组装配套,达到节水、增产、增地、增效的农业,都可称为节水型农业。核心是节水,高效是目的。而且节水型农业有其发展的阶段性、地域性和多样性,无须都搞一种模式。

目前,就多数地区而言,首先应把大中型渠灌区和集中井灌区的节水技术改造搞好。据统计从"六五"到"七五"我国灌溉面积减少1.26亿亩,其中由于工程老化、损坏、报废而减少的灌溉面积占60%。因此,重点抓好水库维修加固,渠道防渗,管道输水及田间工程配套,即能收到立竿见影的效果。陕西省泾惠渠、宝鸡峡和交口抽渭三大灌区经过三年多技术改造,年节水5300万立方米,1992年与1988年相比,灌溉效率提高31%,增产粮食14万吨。

灌区的实践还证明,灌溉农业不是用水越多增产效果就好,恰恰相反,只有根据农作物各个生长阶段的生理需要合理灌溉,

才能达到既节约用水又能增产的目的。广西壮族自治区近年来在水稻田大力推广"薄、浅、湿、晒"的灌溉制度，取得节水增产的良好效果，据1992年、1993年的统计，全区两年四造共推广水稻节水灌溉面积2670多万亩，节约用水25.31亿立方米，增产稻谷6.72亿公斤，每亩每造增产25.1公斤。北方旱作地区，在玉米抽雄吐丝阶段灌水三次与在整个玉米生长期灌水六次的产量几乎相等，而用水却节省一半。据农业专家研究发现，水稻正常生长每亩只需水280—300立方米，小麦220—250立方米，而目前很多灌区不计天然降水，水稻灌溉用水多达1000立方米，小麦300—400立方米，在这方面节水和增产的潜力应该说是巨大的。

其次，在大中城市郊区、经济作物区、果树蔬菜产区以及有条件的粮棉产区、干旱丘陵山区应加快喷微灌技术的推广。国内外实践证明喷灌通常比地面灌溉省水30%—50%，节约土地20%；微灌（包括滴灌、雾灌、微喷灌）由于蒸发损失少，比地面灌溉省水75%，比喷灌省水30%。滴灌由于系统地把灌溉水变成点滴，连续不断浸润作物根部的土壤，为作物生长提供良好的水肥气热的微生物活动的条件，同时化肥、农药、生长剂等可通过节水管道传输，大大地提高利用率（化肥利用率可达80%），增产效果十分显著，一般粮食增产20%—30%，蔬菜增产50%—100%，果树增产20%—50%。北京市从20世纪80年代起发展喷灌技术到1994年年底全市喷灌面积达到170万亩，占农田有效灌溉面积的31%。据市水利局调查喷灌分别比大水漫灌、畦灌节水79%和55%，节省土地34万亩，增产粮食2.72亿公斤，亩耗水25吨，吨水产粮由0.19公斤提高到3.56公斤。陕西洛州县发展苹果微灌，苹果产量普遍增加40%，亩产达到2500公斤，亩增收200—300元。广东湛江市发展蔗田喷灌和管灌20多万亩，平均亩增产甘蔗2—3吨。

经济发达国家到20世纪80年代初微喷灌技术已基本普及，

如英国喷灌已占灌溉面积的100%，瑞典占99%，法国占56%，美国占21%。以色列从20世纪70年代开始采用喷灌和滴灌，目前微喷灌和滴灌各占50%，滴喷灌技术的应用，推动了沙漠地区土地资源的大面积开发，昔日的死亡之海已变成绿洲。以色列从70年代起压缩耗水量大的谷物面积，发展蔬菜、水果、花卉等高产值作物，出口创汇，换回粮食，以弥补国内的粮食不足，以高产出维持了农业的高投入和高科技，实现农业的良性循环。1991年农产品出口11.59亿美元，单位用水创汇由1949年的每立方米0.04美元，上升到1989年的每立方米0.4美元，以色列的经验对我国大中城市郊区，干旱缺水的山丘和西北以经济作物为主的地区具有借鉴意义。

虽然搞喷滴灌需要一定投资，但可创造条件，逐步推广。目前我国微喷灌面积仅1200万亩，占灌溉面积的1.3%，应该说有很大的发展潜力。同时，可以预见，以节水技术为中心，将带动施肥、植保、耕作技术、栽培制度等一系列技术革命，建立节水高效型农业技术体系，推动农业现代化进程，会起到重要的示范带头作用。

最后，对于年降水量在400毫米以下的干旱、半干旱地区而言，由于受地形和经济条件的限制，不可能都搞灌溉设施，过去有的地方一味在"水"字上做文章，就水论水，水利建设效果不大，甚至得不偿失。其实干旱、半干旱地区的根本问题是"光—热—水—土"四大要素处于严重不协调状态。光热资源丰富，但水资源缺乏，土壤瘠薄，使丰富的光热资源不能充分转化为生产力，增加作物产量。如果我们改变一下思路，从搞好水土保持和培肥土壤入手，再配合一些农艺措施和栽培制度改革，把有限的降水储蓄在"土壤水库"中，留给作物慢慢吸收，走"雨养农业"之路，干旱、半干旱地区并非注定是低产的。据山西闻喜县东官庄大队测定，在土壤有机质含量1%以上的旱地麦田，每毫米降水可产小麦 0.68 公斤，而贫瘠麦田每毫米降水仅能生产小麦 0.25 斤。内蒙古农科院土肥所试验，一般亩产在 50 公斤左右的地块，翻压 300—400 公斤鲜绿肥，即可增产 1 倍，耗水系数仅为不施肥的 1/2。河北省旱作所 5 年定位试验，在年均降水 469 毫米的情况下，几种作物的水分生产率（公斤/毫米·亩）甘薯为 0.99，夏玉米为 0.92，春谷为 0.7，棉花为 0.55，冬小麦为 0.47，夏大豆为 0.32。所以在水资源短缺的干旱、半干旱地区搞节水农业，人们的思路应由单纯靠引提水工程转到以主要靠生物措施为主、工程措施为辅的路子，以肥促水，充分发挥天然降水的增产作用，以实现节水、增产、高效之目的。

节水农业在我国是近十几年才发展起来的新兴学科，还有许多复杂的科学技术问题没有解决。如水资源利用现状和开发潜力；水资源的综合开发，合理利用的途径和措施；灌区渠道防渗材料的试验研究；微喷灌发展趋向及如何提高效益；喷微灌机具选型，零部件标准化、系列化、通用化以及系统自动化研究；旱作农业水肥运行机理的研究等。必须加强这方面科研队伍建设，以提高这方面的科学研究水平。

四 实行合理的水费政策，促进水资源合理开发利用和有效保护

水资源是全社会、全人类的共同财富，在市场经济条件下，它又是具有价值和使用价值的商品，为了使水资源得到合理开发、永续利用，保证社会利益和各部门的正当利益不受侵害，必须对管理体制、水费政策和管理方式进行改革和调整。

（1）实行以流域为单元的水资源统一管理体制，把城市和乡村、地表水和地下水，水量和水质，开发和保护，实行统一管理。从水资源可持续发展的角度出发，本着公平分配，合理补偿，经济效益、社会效益与生态效益相协调的原则，制订水资源合理开发利用和有效保护的长远计划，以缓解上下游工农业用水矛盾和水利经营单位良性循环机制的建立。过去仅仅强调"风格"的使用水资源的办法是不能持久的。如上游开发影响下游工农业生产和环境质量问题，水库修建以及拟议中的跨流域调水工程，引起的库区淹没，移民搬迁及自然生态平衡破坏带来的合理补偿问题，如何根据最小水量发挥最大的经济和社会效益的需水原则来管理水资源等问题，都必须由一个有权威的机构统一管理，而靠目前按条条块块分散的管理体制是无法做到的。

（2）理顺水价，建立合理的水费制度。目前用水浪费与不合理的水价有很大关系。据有关部门估算建议1立方米新水供给能力，大约要投资1万元，如用20年回收，每立方米水价应1.4元，而目前北京市居民生活用水每立方米只收费0.5元。借鉴国内外经验，有步骤地实行区域性水价和梯级收费办法是可以考虑的。以色列为鼓励节约用水，规定若用水量在定额用水量的70%以内，水费为100%，超过70%时水费为160%，超过额定用水量时则按400%收水费。水费价格大体在每立方米15—20美分，约合人民币每立方米1.5—2元。深圳市对居民基本生活用水保本微利，对工商用水合理计价，对盈利水平不同行业实行差别水价。对居民实行季节水价，超定额加价，计划外用水加价等办法。由于水既是商品，又具有社会福利与社会公益性质，在某些具体政策上仍然要低价供水，如农业水费近期内尚不宜大幅度提高。

（3）建立多元的水利投入机制和科学的管理方式，将节水措施落到实处。在农村仍要实行国家、集体、个人多渠道投资，以个人投资为主的政策，按照"谁投资，谁受益，谁所有，谁管理"的原则，采取户办、联户办，股份合作等方式，建立产权明晰、职责明确、管理科学的管护机制。四川省广元市根据农业联产承包后集体所有的山坪塘无人管护，灌溉效益大大衰减的现状，把全市5万多座山坪塘拍卖（实为有偿租赁）给个人经管养护，合理收费，有效地解决了土地与水利设施"两层皮"的矛盾，大大地提高了灌溉效益。山东省桓台县实行"井长制"负责管区内的协调灌溉，保障节水技术的推广和节水设施的建设使用，使粮食生产连续17年获得丰收。说明有好的政策、机制还要有科学的管理方式保证，才能使节水措施落到实处。

参考文献

1. 张岳：《21世纪水危机及节水》，《农村经济研究参考》1996年第10期。

2. 徐之德、陈韶君：《百年大计唯系水——中国水资源的持续开发和保护》，《中国经济信息》1996年第12期。

3. 余天心、贾康：《解决两国水资源危机的对策建议》，《经济工作者学者资料》1994年第26期。

4. 张启舜：《我国水资源开发利用中的问题》，《中国国情国力》1996年第8期。

5. 《推行节水灌溉　实施节水农业》，《经济日报》1995年10月29日。

6. 钟承斯、吴振兴：《如何发展节水农业？——由以色列的有关经验谈起》，《经济日报》1995年4月9日。

对调整我国农业结构的
一些看法

  农业结构是指农业内部各生产部门（农林牧副渔）在生产过程（生产、分配、交换、消费）各个环节之间质的组合与量的比例关系。建立什么样的农业结构从根本上说是由农业生产力水平决定的，但是，合理的农业结构对于生产力的发展又有直接的促进作用。

  我国农村长期以来处在自给、半自给的自然经济状态下，商品经济很不发达。中华人民共和国成立以后，我国农村实现了集体化，生产条件得到改善，使农业生产，特别是粮食生产获得了较快发展，基本上保证了13亿人口的吃饭问题，这是一个了不起的成就。但是，由于长期以来在"左"倾错误思想的影响下，在农业生产的指导上，存在很大的片面性和主观主义倾向。我们把绝大部分注意力集中在有限的耕地和粮食生产上，严重地忽视和损害了多种经营和家庭副业，不重视农村综合发展致使农业内部比例失调。自然资源遭到破坏，农业生态平衡失调，生产发展缓慢，农民生活提高不快。党的十一届三中全会总结了中华人民共和国成立以来我国农业发展的经验教训，在《关于加快农业发展若干问题的决定》中提出"要有计划地逐步改变我国目前农业的结构和人们的食物构成。把只重视粮食种植业，忽视经济作物种植业和林业、牧业、副业、渔业的状况改变过来"。叶剑英同志在庆祝中华人民共和国成立三十周年的报告中指出"要把我国农村建设成为农林牧副渔全面发展，农工商综合经营富庶的社会主义新农村"。两年多来，全国农村根据三中全会的精神，在贯彻落实党对农村的各项政策中，特别是因地制宜实行各种形式的生产责任制的同时，对不合理的农业结构进行了初步调整，收到了明显的效果。短短的两年多时间，我国农村出现了多年未见的安定团结、人心舒畅、经济活跃、市场繁荣、农民生活得到改善的大好形势。现对两年来我国农业结构调整的情况及进一步调整和建立我国合理的农业结构问题谈一些粗浅的看法。文内主要讨论农业生产结构，也涉及有关组织构和技术结构的一些问题。

一 对两年来我国农业结构调整成绩的估价

（一）开始扭转了单一抓粮食生产的状况，粮食和多种经济都得到了全面发展

两年来，各地在纠正单一抓粮食生产，实行因地种植中对农业中不合理的布局进行了初步调整。如对一部分滥垦的土地进行退耕还林、还牧、还渔；南方缩减双季稻的"拖腿田"，恢复中稻，减少冬麦，扩大油菜、豆麦作物；北方将一部分不适宜种粮食的耕地，改种棉花、花生、向日葵、甜菜、豆类、小杂粮等。据农业部统计：

1979年全国粮食作物播种面积比1978年减少1986万亩，1980年又比1979年减少4185万亩，两年合计共减少粮食播种面积6171万亩；而经济作物面积扩大了2221万亩。粮食作物与经济作物面积之比由1978年的80.3∶9.6变为1980年的80∶10.9，虽然粮食播种面积减少了6000多万亩，但粮食总产并未减少，1979年比1978年增产440亿斤，1980年因灾减产，总产量仍达6364亿斤，比1978年仍增产269亿斤。

棉花、油料、甘蔗、甜菜、蚕茧、茶叶的产量都创造了历史最高水平。尤其是棉花两年增产 1079 万担、油料两年增产 2435 万担,这是中华人民共和国成立以来所少见的。

畜牧业全面增产。1980 年猪、牛、羊肉总产量为 241 亿斤,比 1978 年增长 47.9%,大牲畜年末存栏数比 1978 年增加 135 万头,扭转了多年来徘徊或下降的局面。

社队工业发展较快。1980 年年底全国共有社队企业 143 万个,其中队办工业产值达 236 亿元,比 1978 年增加 66 亿元,占农业总产值的比重由 1978 年的 11.7% 提高到 14.5%。

林业和渔业,两年来增长的绝对数和在农业总产值中所占的比重变化都不大,但在调整中也做了大量的工作,如颁布了《森林法》。党中央、国务院发出《关于保护森林发展林业若干问题的决定》,稳定山权、林权,落实林业生产责任制,提高各行各业对林业重要性的认识和广大人民群众植树造林的积极性。造林质量有所提高。"三北"防护林体系的建设。平原绿化和木材综合利用等都有一定程度的进展。渔业在严禁酷渔滥捕、保护渔业资源的同时,积极发展海淡水养殖,特别是淡水养殖业有了较快的发展。

通过调整,两年来农业内部各产业间产值构成比重发生了一些变化。1980 年农业总产值比 1978 年增长 11.55%,农业产值占总产值的比重由 1978 年的 67.8% 下降为 1980 年的 64.3%,农林牧副渔产值由 32.2% 上升为 35.7%。

表 1　　　　　　　农林牧副渔产值构成变化情况

年份 项目	1978 产值	百分比(%)	1979 产值	百分比(%)	1980 产值	百分比(%)
农业	988.57	67.8	1059.65	66.9	1046.95	64.3
林业	44.43	3.0	44.99	2.8	49.73	3.1

续表

年份 项目	1978 产值	1978 百分比（%）	1979 产值	1979 百分比（%）	1980 产值	1980 百分比（%）
牧业	192.97	13.2	221.19	14.0	230.96	14.2
渔业	2030	1.4	19.55	1.2	21.04	1.3
副业	212.50	14.6	238.92	15.1	278.55	17.1

注：（1）按1970年不变价格计算；

（2）副业中包括队办工业，不含社办工业。

（二）社员家庭副业发展较快，农民收入构成发生了变化

由于落实了社员自留地，开放集市贸易，支持社员发展家庭副业，近两年来社员家庭收入增加较快。据国家统计局对27个省、市、自治区15914户社员家庭的调查，1980年平均每人纯收入191.33元，比1978年的133.57元增长43.24%。其中家庭副业纯收入和其他非借贷性收入比从集体得到的收入增加快一些，农民纯收入的构成发生了如下变化：从集体得到收入占全部纯收入的比重，由1978年的66.3%下降到1980年的56.6%；家庭副业纯收入的比重，由1978年的26.8%上升到1980年的32.8%；其他非借贷性收入的比重，由1978年的6.9%上升到1980年的10.6%。

表2　23个省、市、自治区15914户社员收入构成变化情况

	1978年	1979年	1980年
平均每人纯收入（元）	133.57	160.17	191.33
1. 从集体得到的收入（元）	88.53	101.97	108.37
2. 家庭副业纯收入（元）	35.79	44.0	62.55
3. 其他非借贷性收入（元）	9.25	14.2	20.41

（三）大中城市郊区和经济发达地区调整的步子快一些，效果明显一些，一部分贫穷落后地区变化也较大

据农业部统计，1980年农村人民公社基本核算单位集体分配人均收入在150元的省、市，全国只有京、津、沪三个市（北京181.66元，上海175.24元，天津155.73元），而三个市分配水平高，主要是调整产业内部结构，多种经营收入大幅度增加的结果。1980年与1978年对比京、津、沪三市多种经营分别增长48.7%、45.3%和56.8%，1980年林牧副渔产值占农业总产值的比重天津为68.9%，上海为64.9%，北京为53.1%。还有一些经济比较发达的地区，例如苏州地区，虽然1980年农业受灾，粮食减产21.2%，但由于工副业收入大幅度增加，社员分配仍比1979年增加。全地区集体分配纯收入中，来自农业的仅占30%，来自副业（包括林牧渔）的占25%，来自社队企业利润及转队工资的占45%。一部分贫穷落后地区变化也较大。据农业部统计，1977—1979年连续三年人均收入（集体分配部分）在50元以下的贫县，全国有22个，8787万人；1980年减少到149个县，5400多万人。

（四）农工商综合经营新的组织形式已在各地出现

除农垦系统建立的近200个农工商联合企业外，农村人民公社也先后建立了340多个农工商联合企业的试点。这一新的经济组织初步显示出的优越性为我国农村综合开发和经济体制改革指明了方向。

从上述情况分析来看，两年来我国农村形势确有较大变化，农业结构正在朝着有利于生态平衡和各业协调的方向发展，但是，整个农村生产水平低、底子薄，积累少，农业内部比例失调，生态平衡破坏的状况并没有从根本上改变过来。

第一，自然资源破坏的现象没有停止。林业方面乱砍滥伐、毁林开荒现象还相当严重，1980年出现全国第三次森林大破坏，损失情况是十分严重的。草原超载加上不重视草原建设，造成草

原沙化、退化现象尚未停止。放宽社员饲养自留畜政策后，有关措施、政策没有跟上，有些地方草原破坏退化有进一步加剧的趋势。农业上掠夺式经营，取多给少，只取不补，土壤肥力下降；渔业上酷渔滥捕，破坏资源等现象都十分严重。农业生产尚未从掠夺经营恶性循环中解脱出来。

第二，农业生产水平低，劳动生产率低，商品率低，扩大再生产能力有限。据统计，1980年全国农村人民公社人均分配86.44元，人均口粮483斤，而全国分配水平在50元以下的穷队有143.4万个，占27.3%。水田地区口粮不足400斤，旱粮地区不足300斤的队有105.4万个，人口约1.5亿，占全国农村人口的1/5。1980年农村每个劳动力生产粮食1999斤，提供商品粮1107亿斤，商品率19.1%（未扣除返销部分）。生产队资金严重不足，据23个省、市、自治区334.8万个基本核算单位统计，生产费基金不到当年生产费30%的队占33%，没有生产费的队占29.1%。由于粮食和资金的制约，限制了作物布局的调整和多种经营式发展，影响地区优势的发挥。

第三，农村劳动力结构没有多大变化，基本上没有改变8亿人口搞饭吃的局面。1980年农村人口占总人口的比重为83.4%，在现有3.18亿农村劳动力中，从事农林牧副渔生产的占93.6%，从事社办工业的占6.4%。另据312个典型大队的调查，在现有劳动力中从事农业的占78%，从事林牧副渔工和其他服务行业的占23.2%。今后随着生产结构的调整，劳动力分布将会发生一定的变化，但变化的幅度不会太快，从根本上说它受农业生产特别是粮食生产发展进度的制约。

从以上情况分析可以看出，改变我国目前不合理的产业结构，使整个农业生产和生态系统由恶性循环转向良性循环，必须经过长期艰苦的努力才能达到。因而那种认为农村形势大好，我国农业问题已基本解决，调整任务已接近完成的观点不符合我国目前农村的实际情况。

二 调整和建立符合我国国情特点的农业结构

如何调整我国目前不合理的农业结构并进而建立符合我国国情特点的农业结构，首先要搞清楚合理的农业结构的标准是什么？目前对这一问题在看法上没有大的分歧，一般认为，合理的农业结构必须具备以下几个条件：①能充分而合理地利用自然资源和劳力资源，扬长避短，发挥优势；②能保持和促进生态平衡，使农林牧副渔各部门协调发展和相互促进；③能取得较好的经济效果，不断提高农民收入，使农业生产能在不断扩大的基础上进行；④能满足一定阶段上社会对农副产品的需求。

但是如何根据上述标准，结合我国的实际，调整并建立符合我国国情特点的农业结构，在看法上则不一致。有的人认为，我国是13亿人口的大国，吃饭问题仍是第一件大事，粮食上不去，多种经营也难以发展，因此，在农业发展中还必须把粮食放在主要地位。有人甚至认为，在农业调整中，为了保证粮食产量，必须保持粮食播种面积，有的人则认为，要想从根本上摆脱我国目前农业的困境，就必须跳出小农经济单一经营的束缚，树立大农业、大粮食观点，走农林牧副渔全面发展，农工商综合经营的道路。对农业现代化的方向和途径，有的人认为，我国还要像西方发达国家那样走操作机械化、生产化、社会化道路，以提高劳动生产率为主；有的人认为，在我国应该采取手工操作、半机械化、机械化相结合，走高度集约化的道路，以提高土地生产率为主，实行传统技术与先进技术并重的路线。在组织结构上，有的人认为，发展社会主义农业必须依靠国营经济和集体经济，对发展社员家庭副业和允许个体经济的存在持怀疑态度等。究竟哪些看法更符合我国目前的情况，笔者认为，从生产关系一定要适合生产力的性质这一马克思主义的基本原理出发，我国目前还处在较低的、多层次的生产力水平上,因为农业结构也应该是多层次的、过渡型的经济结构。具体来说,即在生产结构上应该是扬长避短、发挥优势,充分而合理地利用自然资源和人力资源,实行农林牧副渔并举,农工商综合经营,全面发展农村经济;在组织结构上,应在保证生产资料公有制和按劳分配的原则下,允许多种经济成分和多种经营形式并存,以充分调动集体和个人两个积极性。在技术结构上,应在学习、借鉴国外先进经验的同时,发挥我国传统农业的优点,实行传统技术与先进技术并重的政策。理由如下:

第一,我国土地辽阔,农业资源丰富,而按人口平均的相对数量来看就比较少,有的还很不足。我国国土面积144亿亩,平均每人15亩,相当于世界平均水平的30%;耕地面积14.9亿亩(实际不止此数),只占国土10%多一点,平均每人1.5亩;林地面积也只有18亿亩,平均每人1.8亩。而且宜农荒地资源有限,可以开垦的约2亿亩,主要分布在东北、西北边远地区,相对来说,山地、草原、湖泊、滩涂的面积较大,而且目前开发利用得很差而不合理。山地面积约占国土面积的2/3,草原面积约43亿亩,其中可利用的有33亿亩,加上南方草山、草坡7亿亩,平均每人4—5亩;淡水面积有4亿亩,海岸线长1.8万公里,有2000万亩沿海滩涂可以利用。我国自然资源的这些特点,决定了我国农业发展的方向,应是农林牧副渔多种经营、全面发展,而不应该把眼睛只盯在15亿亩耕地上,局限于"种植业"这个狭小的生产领域内。

第二,我国人口多,劳动力资源十分丰富,但资金缺乏,技术装备落后,科学技术水平较低。中华人民共和国成立以来,我国平均每年增加1400万人口,今后按较低的人口出生率计算,平均每年也要增加1200万人左右,城乡人口构成短期内难以改变;加上农村实行各种形式的生产责任制后,剩余劳动力的问题更为突出。我国劳动力多、资金不足、技术装备落后，这些情况都决定了我国农业发展不能像发达国家那样走资金密集、能源密集和劳动力节约的道路，而必须走劳动密集、精耕细作、集约经营，综合发展的道路。

第三，从人体生理需要和目前我国人民的食物构成来看，也要在抓紧粮食生产的同时，积极发展多种经营。据科学测算一个成年人每天消耗的能量约2400大卡，蛋白质50克，其中能量的1/8—1/7和蛋白质的1/5—1/4由动物性食品提供，根据这个标准，每人每天需要1斤粮食、一两瘦肉、半个鸡蛋、一两黄豆、适当蔬菜水果和鱼类等副食品。按此标准计算，平均每人年需要的主要农牧渔产品的占有量与目前实际占有对比如下：

表3　　　　平均每人年需要的主要农牧渔产品的占有量与
目前实际占有对比　　　　　　　　　单位：斤

名称	应占有量	1980年实际占有量
粮食	800	648
植物油	12	5.5
食糖	20	5.9
肉类	40	24.5
鱼	30	10
鸡蛋	18	5.6
蔬菜	365	—
水果	20	9

从上述数字对比来看，我国目前在人们的食物构成中主副食品的实际占有量都不能满足需要（尤其是油、糖、肉、蛋、鱼等差距更大），这就要求我们在抓紧粮食生产的同时，积极发展多种经营，以满足人民生活多方面的需要。

第四，中华人民共和国成立以来，从生产关系上讲，我们把分散的小农经济组织起来了，但是从生产方式和生产结构上讲，基本上还是以手工劳动为主的自给性生产占很大比重的自然经济和半自然经济，没有形成高度社会化的生产力。而且我国幅员辽阔，地区之间发展程度很不平衡，技术装备和科学管理水平差异很大，适合于这种多层次的生产力状况，保证在生产资料公有制和按劳分配的原则下，实行多种经济成分和多种经营形式并存的政策，对于调动各方面的积极性，加快农业发展是十分有利的。美国一位教授在《穷国的经济学》一书中说："土地生产能力的差别，土地与人口比例的差距，都不能说明人民贫困的原因。"

就农业而言，最重要的是农民能够得到刺激，通过投资来增加土地的有效产量。这种投资包括农业的研究成果和人的技术。党的十一届三中全会以来，在农村采取了一系列政策措施，其中包括落实自留地政策，开放集市贸易，支持和鼓励社员开展家庭副业，对促进农村形势的好转起到极为重要的作用。目前，我国城镇人民需要的猪肉、禽蛋、蔬菜、水果等，有的绝大部分，有的相当部分是靠社员自留地和家庭副业提供的，从国外来看，匈牙利是东欧国家中农业体制改革比较成功、农业发展较快的国家之一，其主要经验之一，就是在发展合作经济的同时，支持并重视"自留经济"的发展。几年来，匈牙利在相当总耕地10%的"自留经济"土地上，每年提供市场1/3的农畜产品，创造出相当于农业总产值44%的财富。合作社社员和农场职工自留经济的收入相当于工资的25%—30%，目前社员的工资水平还低于工人工资水平的10%，如果加上自留的收入，则高于工人工资水平的4%，这些做法和经验对我们来说是很有参考和借鉴意义的。

第五，我国农业生产有着悠久的历史，传统的耕作制度和栽培技术在世界上居于领先地位。高水平的农业工程建设，合理的轮作换茬制度，丰富多彩的动植物品种资源，精耕细作的栽培技术和高水平的饲养技术都是我国传统农业中十分宝贵的遗产。而在国外，在西方发达国家中也有一些集约经营搞得好的典型，例如荷兰，国土面积仅有 4 万平方公里，人口 1385 万，每平方公里 346 人，人均耕地仅 0.9 亩，而且土质瘠薄。但由于实行高度集约经营，每年都有大宗农畜产品出口，1977 年出口农畜产品总值达 101 亿美元，仅次于美国。所以在实现农业现代化过程中，我们既要学习和汲取国外先进技术和经验，又要很好地继承和发扬我国农业的优良传统，同时还要尽量避免他们在农业现代化中走过的弯路和弊病，例如大规模破坏森林资源、能源危机、环境污染、农业成本高、浪费大等。通过实践，摸索出一条中国式农业现代化的道路。如实行有机农业与无机农业结合，农林牧结合，生物措施与工程措施结合，农工商结合，科研、教育、技术推广结合等，着眼于建立一个高产、稳定、低消耗的农业生产系统，合理的、良性循环的生态系统和农工商综合经营的产供销系统，为社会提供日益丰富的产品，满足人们不断增长的物质和文化生活的需要。

在确立符合我国国情特点的农业结构的前提下，如何有计划地逐步把目前产业经济内部比例失调的状况调整过来，现提出以下几点看法。

第一，要大力加强林业。鉴于目前林业在大产业生产中是最薄弱的一环，森林对于恢复自然生态平衡，促进农牧业生产又有十分重要的作用，因此，在调整中必须给予高度重视。在稳定山权、林权，落实生产责任制，制止乱砍滥伐的基础上，要采取措施，调动国家、集体、个人三方面的力量，大力植树造林。根据各地区的自然条件、人口分布及土地资源等情况，规定出不同的森林覆盖率。过去把造林重点放在山区、丘陵，对平原造林重视不够，现在看来，平原绿化潜力很大，大有作为。据河北省调查，农田林网化，复被率可达 4%，"四旁"绿化复被率可达 7%，两者合计可达 11%。江苏徐州地区、湖北荆州地区、河南新郑县、江苏丰县等地平原绿化工作都做出了可喜的成绩。湖北荆州地区由于认真抓"四旁"树保存5亿株，人均50株。据近三年统计，平均每年自产木材6万—8万立方米，相当于国家供应木材的2倍多。如果平原地区都像它们那样，那么会迅速地改变我国森林分布不均衡状况，大大加快林业建设的速度。在林业调整中，还要调整不合理的造林结构，改变用材林为主的格局。提高防护林、经济林和薪炭林的比重，特别是大力垦复和发展木本粮油和经济林，如油茶、油桐、板栗、枣、核桃、乌桕、漆树、油棕、椰子等。我国南方有5000万亩油茶林，目前单产很低，仅5—6斤，只要投入劳动，垦复一下，亩产就能提高20斤，用木本油料代替一部分草本油料。腾出耕地种植粮食和其他经济作物，这样农业这盘棋就走活了。发展薪炭林是解决农村能源的重要途径。这两件事在发展农业中都具有重要的战略意义。建议各地认真抓一下。

第二，认真经营现有耕地，在粮食总产量逐年有所增长，人均粮食占有量不低于目前水平的条件下逐年调整出一些粮食耕地用以发展油、糖、麻、烟、丝、菜等，争取自给或扩大出口，这对农业发展的全局来说是必要的，也是可能的。例如我国北方和南方都有大面积适宜于种花生的沙土地，现在用来种粮食。单产很低如改种花生，不但不减少粮食产量，有些地方还会增加粮食产量，国际市场上每斤花生可换7—8斤粮食，出口花生，以油换粮对我们来说是非常合算的。又如，现在我国每年还要进口食糖60多万吨，如在福建和两广适宜积植甘蔗的地区适当扩大甘蔗面积，短期内实现食糖自给也是完全可能的。棉花生产稳定现有面积，把发展重点放在北方（包括新疆）和江苏沿海，将江西、湖南以及四川部分单产低、经济效益差的棉田，适当缩压，使棉田布局逐步趋向合理，棉花增产的潜力仍然较大。粮食生产主要是靠提高单产，特别是中产和低产地区的潜力更大，我国有5亿亩低产田，通过改良土壤，增施肥料，科学种田，每亩增产200斤，就能为国家增产1000亿斤粮食。在发展粮食生产中，还要调整不合理的耕作制度，调整粮食品种结构。扩大豆类作物和人民生活需要的小杂粮等的种植。

第三，畜牧业的调整，要区别不同类型地区的情况，抓住重点，解决主要矛盾。在牧区主要是解决草畜比例失调，草原沙化、退化问题，通过加强草原建设，建立人工草场。实行轮封放牧，调整畜群结构等，使畜牧业的发展建立在稳定的基础上，避免大起大落。半农半牧区应有计划地实行草田轮作制；农区畜牧业，养猪仍是重点，今后主要是提高出栏率和产肉量，提倡发展瘦肉型猪，同时加快草食动物的发展。在城市郊区和交通方便的地区注意发展奶牛，北方发展奶山羊，南方发展役肉兼用牛等，进一步改善市场供应，适应人民生活对畜产品的需要。

第四，副业和社队工业要坚持在调整中前进，注意克服盲目性，根据市场需要和资源条件，发展以种植业、养殖业为基础，消费品生产和服务行业为重点，同时结合农村综合发展的需要，发展能源工业、原材料工业、建筑材料工业、运输、供销和其他加工业，尤其是发展劳动密集型的行业和在国内外市场上有竞争能力的传统产品。

第五，渔业生产在继续控制近海捕捞强度，保护渔业资源，做好资源增值的基础上，把主要力量转到大力发展淡水养殖上，特别要着力抓好池塘、小湖泊和小水库的精养高产，争取淡水鱼产量较快增长，以改善市场水产品供应不足的状况。

三　当前应采取的措施

为了搞好农业结构的调整，还要从政策、科学技术、投资和流通等方面采取相应的措施。

（1）继续抓好农业自然资源考察、社会经济调查和农业区划工作，并把区划的成果及时引用到制订农业发展规划和指导当前生产的实际中去。在区划的基础上进一步进行专题区划，对农业生产方向、农业自然资源的合理利用、保护和建立良好的生态平衡、改善生产结构、调整作物布局建立商品生产基地以及实行农业技术改造、实现农业现代化途径等方面提出科学依据和建议。

（2）稳定粮食政策。为了有利于农业内部结构的调整，建议对粮食产区实行征购任务一定几年不变的政策，完成征购基数后的增购部分，应按议购价格付款；对一些征购粮任务偏高的老商品粮基地，适当调低征购基数，使粮农得到比较合理的经济收入；对经济作物重要产区除规定最低的基本口粮外，一般经济作物区可以实行棉粮挂钩、糖粮挂钩等政策，或允许在一定范围内进行交换。对林牧为主的地区，应根据国家粮食状况，逐步调整粮食征购任务，继续实行林牧副产品的奖售政策，支持他们尽快落实林牧为主的生产方针，加快林区、牧区建设。

（3）解决好流通领域的问题。随着农村商品经济的发展，商品流通中暴露出来的问题越来越突出，主要是流通渠道阻塞，中间环节多，有的农产品价格不合理，运输储藏、加工不配套，商品少了就赶，多了就砍，有的甚至拒绝收购，给生产造成额外的损失，挫伤了群众的积极性，局部地区甚至造成虚假的农产品过剩的危机。流通问题牵涉商业体制、政策、经营思想等许多方面，根本改革需要一个过程。但目前必须而且也有可能进行一些必要的调整和改革。例如，一是普遍推行农副产品收购合同制，由商业或供销部门与社队直接签订合同，合同以内的保证收购，超出合同外的部分，允许社队自行处理，可以卖给国家，可以自行加工或销售；二是按经济区域组织商品流通，恢复和建立一些传统的经济区，让产销直接见面，减少中间环节；三是增设购销网点，有计划地增添运转加工设备和冷库建设。

（4）调整农业投资结构和科研体制。过去由于生产结构上的缺陷和指导思想上的片面性，农业投资结构极不合理。据统计，

1952—1979年国家用于农业基本建设投资777.3亿元，其中水利基础投资489.6亿元，占63%，明显偏高。今后随着生产结构的调整，农业投资结构也应做相应调整，把有限的投资用于最急需和投资少、见效快的项目上，如加强林业和草原建设、种子建设、土壤改良，增加农业科研、教育和技术推广经费等，另外对目前不合理的农业科研体制也要进行必要的调整和改革，改变机构重叠、任务重复、力量分散、上下不协调、多头领导的状况，逐步形成协调发展、各有侧重的农业科研体制，县以下主要搞好技术推广，实行科研和技术推广责任制，以适应广大农村实行责任制后对科学技术的迫切要求。

对加快发展我国畜牧业的
几点看法

畜牧业仍是当前我国国民经济的薄弱环节。虽然从1979年以来我国畜牧业有了较快的发展，市场上肉禽蛋等副食品的供应情况比过去有了较大改善。但总的来看，畜牧业的发展仍适应不了人民生活水平提高的要求，主要表现在：全国有些畜禽产品的供求矛盾仍很突出。

1981年全国肉蛋奶产量按人平均的占有量：肉类为25.5斤，蛋为6斤，奶为3斤，水平是很低的。

目前全国城乡除猪肉供应情况较好外（城市瘦猪肉供不应求），鲜奶、牛肉供应十分紧张，禽蛋供应不足，季节之间不平衡，京、津、沪三市鲜奶的需要量只能满足1/3—1/2。毛纺工业、皮革工业和食品工业原料不足，每年需进口羊毛4万多吨，牛皮210多万张。

我国畜牧业落后的原因是多方面的，首先是发展农业的指导思想有片面性，"重农轻牧"，长期没有把畜牧业摆在应有的位置上。畜牧业基础差，生产水平低，发展不平衡、不稳定。牧区基本上还是"靠天养畜"，农区畜牧业基本上从属于农业的副业地位，生产分散，规模小，商品率低。1981年对28个省市自治区1.8万农户的典型调查显示，社员家庭自营土地上平均每户年仅出售肉猪0.95头、家禽2.38只、禽蛋12.6斤。其次，畜牧业技术落后，管理水平低，经济效益差。比如养猪国外的料肉比一般为3∶1，我国一般超过4∶1，有的7—8斤料才出1斤肉。鸡的料蛋比，国外一般为2.2∶1，我国较好的鸡场为3∶1。由于疫病防治工作落后，全国每年死猪3000多万头，家禽死亡率为10%—20%，造成很大的经济损失。最后，畜产品在流通中浪费损失也十分惊人。全国每年收购生猪约1.3亿头，牛、羊1200万只，家禽1亿多只，鲜蛋13亿多斤。因收购不及时，储运手段落后，管理不善，每年死猪30万—40万头，鲜蛋损失率达7%—8%，损耗鲜蛋约1亿斤，商业部门每年经营亏损（包括政策性亏损）高达10亿多元。

针对我国畜牧业的现状，笔者认为，要加快我国畜牧业的发展，必须解决好以下几个问题。

第一，在指导思想上要树立农牧并重、农林牧结合的思想，把畜牧业摆在与种植业同等的位置上。纠正"重农轻牧"，农林牧相互对立，"粮食不过关，畜牧难发展"等错误认识，从理论上和实践中提高对农林牧结合重要意义和战略方针的认识，提高畜牧业在国民经济中的地位和作用。

第二，在畜牧业的发展方针上要贯彻因地制宜、分类指导的原则，实行牧区与农区并重，养猪与草食动物并重，重视发展城市郊区（工矿区）畜牧业。

牧区畜牧业，当前工作重点应放在贯彻"以牧为主，多种经营"方针，进一步完善牧业生产责任制，下大力气抓好草原管理使用责任制，解决草原"吃大锅饭"的问题。严格实行以草定畜，轮区放牧，保护好草原，建设好草原。同时通过调整畜种、畜群结构，增加良种畜、母畜的比例，推广当年羔育肥屠宰，加快畜群周转，提高商品率，从积极方面保持草畜平衡。

农区畜牧业，仍应以养猪为主，全面发展其他畜禽，特别要加快草食动物的发展。养猪应稳定头数，提高出栏率和产肉量，积极发展瘦肉型猪。

农区有丰富的农作物秸秆，有大面积的草山草坡和水面，有充足的劳动力，因此，畜牧业要朝着多样化、集约化、综合利用的方向发展。所谓多样化就是除养猪外，还要养牛、羊、兔、马、骡、驴、鸡、鸭、鹅、鹿、鸽、貂、蜂等。所谓集约化就是在有限的土地和设备上投入劳力和资金，生产量多、质优、经济价值高的畜产品。所谓综合利用就是变一物一用为多用，如耕牛由单纯役用改为役、乳、肉兼用，特别要发展畜产品加工业，经过深度加工，实现多次增值。

城市郊区畜牧业以发展什么为主？过去照搬农区的做法，使城市禽奶蛋供应紧张的局面长期解决不了，我国有城镇人口1.3亿人，其中人口在30万以上的大中型城市77个，经常为城市居民提供新鲜的肉奶禽蛋已成为日益紧迫的任务。近几年有些城市根据需要和可能把郊区畜牧业工作重点放在提高鲜奶和鲜蛋的供应水平上，取得了明显的成效。当然，大中城市郊区除发展奶牛、禽蛋外，根据条件和市场需要，发展瘦肉型猪、肉牛和有地方特色的畜产品也是必要的。

第三，在经营形式上实行国家、集体、个体一齐上，以家庭饲养业为基础，发展专业户（重点户）和经济联合体，逐步实现畜牧业生产的专业化和社会化。畜牧业的发展采取什么样的经营形式，才能突破"小而全"的自给半自给生产向较大规模的商品经济转变，大幅度提高劳动生产率。农村实行联产承包责任制后，各地涌现出来的各种专业户（重点户）使我们看到畜牧业发展的这一前景。专业户（重点户）既保留了家庭经营的形式，又发挥了专业化的优点，具有投资少、收效快、成本低、效益大、就业广、商品率高等优点。许多地方专业户（重点户）发展之后，要求在种畜种禽，饲料供应，饲养技术，疫病防治，产品收购、加工、销售等方面提供协作和服务，于是各种产前产后的经济联合体和服务公司便应运而生，有的还出现了跨地区、跨部门的经济联合，通过合同制以国营经济为主导把集体、个体联系起来，把畜牧业的生产、加工、销售纳入国家计划的轨道，并逐步实现畜牧业生产的专业化和社会化，这就是我国畜牧业由自给半自给生产向商品生产转变，向现代化生产转变的较好形式。当前，需要我们努力探索和把握它的发展规律，提高指导能力，因势利导，使之更加完善提高。

第四，从根本上转变经营思想，把提高经济效益作为发展畜牧业的中心环节来抓。转变经营思想的核心，就是要把畜牧业当作商品生产来看待，关键在于如何增加肉、毛、奶、蛋的商品量，提高商品率和经济效益，不要单纯追求存栏头数，应对考核指标和政策规定上作相应改变；其次要迅速建立良种繁育、饲料生产和疫病防治三大技术体系，如我国目前生产的配合饲料仅占总饲料粮的2.2%，如能全部采用配（混）合饲料，提高饲料报酬按20%计算，全国每年即可节省300亿斤，将这些饲料用来发展畜牧业，每年可增产肉类85亿斤；最后要解决好畜产品收购、加工、储运、销售中存在的问题，建议由商业部门、物价部门和生产部门密切配合，通过调查研究，根据需要和可能逐步加以解决。

发挥国有农垦企业的示范带动作用

农垦企业是我国农业和农村的重要组成部分。新中国农垦事业的成长可追溯到抗日战争时期在陕、甘、宁边区开展的军民大生产运动。由王震同志领导的八路军三五九旅响应毛主席"自己动手，丰衣足食"的号召，在南泥湾进行的大生产运动，堪称开创我国军垦农场的先声。新中国成立后，为了打破帝国主义的封锁，解决当时的粮食紧张和重要战略物资——橡胶的需要，先后动员20余万复员转业官兵，在新疆、黑龙江、海南、云南、广东及内陆其他省区建立起一大批国营农场和橡胶农场。而后在三年经济困难时期和"文化大革命"中，又有上百万机关干部、知识青年和其他社会成员加入建设国营农场的行列中来。可以说，我国的农垦事业是在特殊环境、特殊条件下，经过几代农垦人发扬"艰苦奋斗，勇于开拓"的农垦精神，在亘古荒原、戈壁大漠、河湖滩地、山区丘陵开荒创建的以农业为基础、农工商综合经营，以国有经济为主体、多种经济成分并存，集党政、科教、文卫、社区于一体的综合经济社会系统。

截至2005年年底，全国农垦系统有各类国有企业8100多家，其中国有农场1928个，总人口1259万人，职工335万人。拥有土地3781万公顷（5.67亿亩，占国土面积的3.9%），其中耕地

482万公顷（7230万亩）、林地238万公顷（3570万亩）、水面79万公顷（1185万亩）。具备发展农林牧副渔、工商运建服以及旅游业的广阔空间和潜力。

一 农垦企业在我国经济社会发展中的地位和作用

农垦企业在半个多世纪的发展中，经历无数的艰难险阻，走了不少弯路，积累了丰富经验，也付出了不少代价。一直到改革开放以后才逐步进入持续、健康发展的轨道。2005年全系统实现生产总值1358亿元，人均生产总值10851元，人均纯收入4195元，比农村高940元。全系统盈利56.3亿元，上缴税金61亿元。

（一）具有较高的农业综合生产力，每年向社会提供大量的农副产品，其中粮食、棉花、橡胶、糖、麻类、乳品等在全国都占有举足轻重的地位

农垦系统生产的粮食只占全国4%，但商品率高达85%，每年提供的商品粮占全国7%，是国家"靠得住、用得上、调得动"的重要粮食后备基地。黑龙江垦区每年调出的粮食占全国调出量的1/4，可供京、津、沪、渝四个直辖市和解放军三军官兵一年的口粮。

天然橡胶正常年份产干胶40万吨，占全国干胶产量的68%，能满足国内一半的消费需求。

棉花产量116万吨，占全国20%左右，其中新疆生产建设兵团已建成我国最大的棉花生产基地，植棉面积708万亩，产量87万吨，原棉品级高，单产居全国第一，每年繁育良种8万余吨，有40%用于外销。

其他如乳品（占全国10%）、糖（占全国7%）、种子、剑麻、热带水果、胡椒、咖啡等，在国内消费市场也都占有重要的地位。

(二)农业现代化水平居全国领先地位,对新农村建设发挥了重要的示范带动作用

(1)农业基础设施配套齐全,机电排灌、农田水利工程、田间防风林带以及人工增雨、防雹设施,大大增强了抗御自然灾害的能力,使农业保持稳产高产。

(2)基本上实现了农业机械化。耕、种、收综合机械化率达到70%,分别比全国农村高37个、41个和32个百分点。

(3)农业科技水平处于全国领先地位。形成常规技术、先进适用技术和高新技术相互结合、互相促进的农业生产技术体系。农作物良种覆盖率达到95%,良种奶牛群占全国的50%。模式化栽培、标准化作业、测土配方施肥、病虫害综合防治、节水灌溉等一大批先进适用技术的推广应用,大大提高了农业综合生产力和经济效益。

(4)农业区域化布局、规模化经营成效显著。农垦粮、棉、糖、胶等主要农产品基本实现了规模化经营。2005年农业从业人员人均经营土地23亩、人均种粮15.6亩、人均产粮5700公斤,分别相当于农村的3.8倍、3.1倍和3.4倍。在畜牧业方面积极推广奶牛绿色高效规模牧场发展模式,平均每户饲养45头,规模牧场或生产小区平均饲养380头。规模化养殖不仅生产效率高,而且有利于疫病防控,有利于提高畜产品质量和安全水平。

(三)农垦企业对边疆地区开发建设发挥了独特的作用

农垦的四大垦区(新疆、黑龙江、海南、云南)分布在祖国边疆的少数民族地区,地广人稀,经济文化比较落后。农场建立以后经过几十年的开发建设,极大地改变了当地的经济社会面貌,同时在屯垦戍边、民族团结、安置就业、维护国家统一和社会稳定中都发挥了不可替代的重要作用。

以新疆为例,生产建设兵团从20世纪50年代初起就在天山南北两大沙漠的前沿,绵延数千公里的边境线上开荒建场,兴修

水库106座，总库容29.7亿立方米，植树造林，建起一个个良田连片、渠系纵横、道路畅通的新绿洲。现有团场175个，工交建商企业1513个，人口254万，耕地1545万亩，占全区1/4，棉花产量占全区50%。工业方面逐步形成以轻工、建材、纺织、节水器材为主，钢铁、煤炭、电力、化工、机械等门类齐全的工业体系。还兴建了像石河子、奎屯、五家渠、北屯、阿拉尔等数座新城市和各团场所在地174个集镇。创办了石河子和塔里木两所大学，构成多门类、多层次、功能比较完善的具有兵团特色的教育体系，各类各级学校800余所，在校学生近60万人。

黑龙江垦区104个农场，分布在全省12个地市69个县（市、区），耕地面积占全省20%，而粮食单产和劳均产粮均大大高于全省平均水平，每年提供商品粮占全省商品粮总量的50%左右。垦区所属的九三油脂、完达山乳业、北大荒米业、丰缘麦业和宝泉岭肉业等大型龙头企业在带动周边农村发展生产、加工、销售，增加农民收入等方面都发挥了十分重要的作用。

海南、云南垦区以天然橡胶为主业，海南农垦橡胶面积和干胶产量均占全省2/3。云南西双版纳地区是我国最好的天然橡胶生产地，生产稳定，单产居全国首位，农垦及民营橡胶的发展，使全省27个县市的15个少数民族30余万人走上脱贫致富的道路。

（四）在对外经济合作和对外贸易上发挥了重要的"窗口"作用

农垦企业依托资源、科技及干部职工队伍方面的优势，历来是我国对外经援和经济合作的重要力量。据1958—1995年的不完全统计，对外援助项目231个（其中建立国营农场57个），分布遍及非洲、南美和东南亚等69个国家。

近几年一些沿边垦区利用地缘、技术和组织优势，与周边国家开展经济合作，发挥"两个资源、两个市场"的机制，弥补我国某些资源短缺的产品生产。如广东农垦与马来西亚、泰国、越南合作开发橡胶种植及加工项目；黑龙江垦区与俄罗斯远东地区开展大豆种植及木材采伐、加工项目；云南一些农场与缅甸掸邦开展跨国"替代种植"（指以种植橡胶替代种植罂粟，达到根绝毒品，改善邻邦人民生活的一种种植方式）；广西、广东等垦区在南美开展剑麻种植加工等项目，都取得了可喜的成绩。

对外贸易取得新进展，2005年农垦出口总额达254亿元，出口产品达100多种，销售额在100万元以上的出口企业已有100多家。

二 农垦企业在改革与发展中的主要经验与面临的问题

国有农垦企业从创建迄今半个多世纪中也同我们国家一样走过了一段艰难曲折的道路，从经济管理体制来说，创建初期基本上是照搬苏联的模式，并部分沿袭军队的建制和管理方法而形成了高度集中、统一的管理体制。其主要特征是：单一的全民所有制形式、政企合一的管理模式、统收统支的财务管理体制、统一工资标准的分配制度，以及单一投资主体的投资体制。这样的经济管理体制，使企业和职工都缺少积极性和创造性，长期处于"一死二穷"的状态（经营管理限制死，企业穷、职工穷）。其间虽然也采取了一些改革的措施，如农场隶属关系上的下放和上收、经营管理上实行计件工资、定额管理和"包定奖"生产责任制等，但由于没有抓住正确划分和调整国家、农场、职工之间的责、权、利关系，扩大企业自主权这一核心问题，因而改革的效果不大，企业吃国家"大锅饭"和职工吃企业"大锅饭"的弊病没有从根本上得到解决。据统计，1949—1978年的29年中，全国农垦系统只有10年盈利，总共盈利不到10亿元，而其余的19年共亏损39亿多元。农场职工年均工资收入增长缓慢，年均递增仅1.8%。一直到1978年党的十一届三中全会以后，这种局面才得以改变。首先对农垦企业实行财务包干,"独立核算,自负盈亏,超亏不补,盈利留用",初步解决了企业吃国家"大锅饭"的问题,在此基础上,先后又实行了三项重要改革。

(一)实行统分结合、双层经营体制,鼓励非公经济发展,逐步形成以国有经济为主体、多种经济成分并存的混合所有制形式

20世纪80年代初进行的农垦经济体制改革在经营形式上,既学习农村又有别于农村。①不像农村搞清一色的"大包干"到户,而是实行以职工家庭农场为主,联户农场、班(机)组承包,机耕队承包等多种形式并存。②承包田不按人口分配,而是分为"身份田"和"承包田"或参照承包者的经营管理能力,能人可以多包。③统一经营层次管理协调和服务职能,没有削弱和破坏,有的还有所加强。④强化管理,规范经济行为,如建立承包合同,明确土地所有权属国家,家庭农场只有使用权,不得随意转让、出租、买卖,对长期从事非农产业的职工,应将承包土地交回农场,由农场重新发包。由于统分结合,双层经营体制既能调动分散经营层次的积极性,又能发挥统一经营层次的优越性,使统分层次在新的条件下更好地结合,进一步促进生产力的发展。1984—1989年农垦系统工农业总产值由146.78亿元(按1980年不变价格计算)增至273.63亿元,年平均递增13.3%,粮食总产量由149.2亿斤增至196.4亿斤,年平均递增2.6%,提供商品粮由67.86亿斤增至104.3亿斤,年利润由7.02亿元增至14.43亿元。

统分结合,双层经营体制在以后的实践中,随着客观条件的变化,也出现一些新的问题,如分散经营层次中的联户农场、班(机)组承包,机耕队承包等多种承包形式,因内部管理特别是分配问题解决不好,多数朝向家庭农场转变。家庭农场的规模,因从事种植业的劳动力向畜牧业和第二、第三产业转移,土地逐步向种田能手集中,形成种田大户或专业户,经营规模不断扩大。

黑龙江垦区2004年耕地面积在450亩以上的家庭农场已达8000多个，854农场全国粮食生产标兵崔永龙一户就承包土地1.8万亩，拥有从种到收一整套现代化农机具，机械总动力达2100马力，总资产达600多万元，五年累计为国家提供粮豆2.8万吨（5600万斤）。

工矿、交通、建筑、服务等企业经过多年发展，逐步向集团化、产业化、股份化方向发展，根据"抓大放小""国退民进"，通过重组、整合、破产、租赁等形式，将非主导产业改制为民营企业，非国有经济发展迅速，据统计2005年农垦系统生产总值中，非国有经济比重已占37.4%，从业人员181万人，实现利税108亿元，其中利润62.96亿元。由此可见，农垦企业由改革开放前单一国有形式向以国有经济为主体、多种经济形式并存的混合所有制转变，进展顺利，成绩斐然。

（二）农工商综合经营由小规模、松散型向按区域专业化布局构建的集团化、产业化、股份化方向发展

我国的国有农场大多是在荒无人烟的地方建立起来的。建场初期除了经营农业外，也要相应建立为农业服务的农机修理、粮油加工等工业和为职工生活服务的商业，即具有农工商综合经营的雏形。但初期农工商企业多是小规模和松散型的，特别受"三不变"（企业隶属关系、财政上缴渠道、所有制关系不变）政策的约束，多以原字号产品初加工为主、各自为政、重复建设，如黑龙江垦区油脂加工厂，几乎每个农场都搞，品牌杂乱，形不成规模优势，结果外国油脂产业乘虚而入，大豆价格暴跌，小企业纷纷倒闭，连带种豆农户连续多年减收，大豆面积骤减。海南、云南、广东橡胶初加工厂多达300多座，加工能力只有1—2吨，劳动生产率低下，成本居高不下，缺乏竞争力。有一时期，各地不顾自身优势和市场情况，纷纷进城建农垦贸易大楼和旅游宾馆、饭店，结果多数因经营不善，相继停业倒闭，类此情况，不胜枚

举。各地总结前一阶段的经验教训，在国家宏观政策指导下，从20世纪90年代中后期开始推行以集团化、产业化、股份化为内容的改革，取得较明显的经济社会效果。

（1）根据资源和地缘优势，按照区域专业化布局组建龙头产业集团。如黑龙江垦区以农产品加工企业为主，组建了像"九三油脂""完达山乳业""北大荒丰缘麦业""北大荒麦芽""北大荒米业"等多家大型龙头企业，成为国家级百强龙头企业，改变了过去低水平、重复建设、品牌过多过滥的历史。九三油脂有限责任公司1997年组建以来，大豆年加工能力由6万吨提高到550万吨，相当于我国大豆年产量的1/3，产值增加24倍，利润由7年累计盈利6000多万元，增至2004年盈利8265万元，2005年末公司资产总额高达61.57亿元。

新疆生产建设兵团依托地缘及人员素质和组织化程度高等优势，大力发展棉花生产，以棉花为核心，向关联产业延伸，形成强大的棉花产业链经济，棉花播种面积由1981年的130万亩增至2005年的607万亩，增长4.67倍，总产量由5.25万吨增至98.68万吨，增长18.8倍，棉花产量占全国的6.5%，占新疆的50.4%，棉花产值占兵团总产值的47.3%。棉纱、棉布、针织服装出口创汇1.6亿元。

（2）打破地域、行业和所有制界限，组建股份制企业，由国有多元化经济向混合所有制转变。上海农垦在2004年5月成立上海农工商（集团）有限公司后就从国有独资的非公司制企业改制为六家国有企业共同持股的投资主体多元化的有限责任公司，形成跨地区、跨行业的四大优势产业（光明乳业、农房集团、农工商超市、都市服务业——海博股份），这四家优势骨干的产出就占整个上海农垦80%的产值，其中光明乳业主营业务收入的2/3是在上海以外地区实现的。农工商超市在上海及华东地区已有300多家分店，在全国大超市连锁企业中位居第三。农工商集团化、产业化、股份化的发展，极大地解放和发展了生产力，主营业务收入由改制前1994年的109亿元增加到2004年的240亿元，利润总额由6.45亿元增至10.6亿元。

（3）根据"有所为，有所不为"的发展思路，集中力量发展自身有优势、市场需要的产业。广西垦区从20世纪90年代中期开始组建了糖业、剑麻、畜牧、淀粉、茶叶、水果六大专业集团，其中糖业集团以16个农场和周边农村87万亩蔗区为原料基地，日榨能力达3.7万吨，成为全国第三大糖业集团，经济总量占广西农垦的60%，利润占农垦的80%。另外，对不属于农垦优势、自身无加工原料的水泥厂、复合肥料厂、修配厂、编织袋等130多家场办中小企业进行股份制改造，对企业、农场长期闲置的厂房、仓库等资产进行公开拍卖，引进民营资本租赁经营，盘活资产9亿多元，每年减少亏损7000多万元。

农垦国有资产经过改制、兼并、重组、整合，进一步向优势产业和领域集中，带动了农垦整体质量和效益的提升。"十五"期末，各类龙头企业突破600家，其中国家重点龙头企业48家，占全国重点龙头企业总数的8.3%。根据跟踪监测的46家重点龙头企业统计，资产总额627.84亿元，占农垦资产总额的19.3%，实现销售收入548.8亿元，占农垦工业产品销售收入的45.8%。产业结构进一步改善。

（三）实行政企、企社分开，分离企业办社会职能，探索建立现代企业制度，取得初步成效

农垦企业实行农业经营体制改革和农工商综合经营后，大大调动了企业职工生产经营的积极性。但政企合一的管理体制，企业办社会的沉重负担，成为制约农垦进一步深化改革，提高市场竞争力和经营效益，改善职工生活的刚性障碍。据初步统计，在税费改革前，农垦系统每年仍需负担社会职能支出50亿元以上（贾大明，2006）。社会上曾经流传的口头禅"是职工还包土地，

是农民还有退休，是企业还办社会，是政府还要交税"，是对农垦企业"四不像"形象的生动概括。为此，从20世纪90年代后期开始（多数垦区从2000年以后）积极探索政企分开和企社分开的有效途径和方法。

（1）上海和北京已将农垦划归国资委管辖。国资委为授权主体，农工商（集团）有限公司为授权经营的"产权清晰，权责明确，政企分开，管理科学"的现代企业，以前由农场承包的行政和社会职能交给地方政府，农场真正成为名副其实的公司和企业。

（2）黑龙江、海南、云南、广东、广西等垦区实行公司化、集团化经营。对垦区内的资产、资源进行整合、重组、改造，形成以产业集团公司为经营主体，通过基地联结家庭农场的体制格局，属于政府职能的部门有的已经剥离，交给地方政府管理；有的实行内部剥离，单独核算，由地方财政转移支付，农场和公司成为真正的生产经营单位。

（3）河北等垦区试行大型农场或农场群集中地设立管理区，实行属地管理，同时保持农场建制不变，区内设立相应的财税机构，享受税费留成，将教育、卫生、道路建设等基础设施纳入地方规划，切实剥离企业办社会的职能，大大减轻了企业办社会的负担。

（4）在一些政企、企社分开条件尚不成熟的农场，先在农场内部实行政企职能、机构、人员、资产、财务、核算"六分开"，在组织形式和运行方式上，社会行政管理机构与企业机构分开，财务分账核算。基层实行撤队并区，精简机构人员，节约开支，为深化管理体制改革创造条件，打好基础。

总之，实行政企、企社分开，建立现代企业制度是一项长期艰巨的工作，不能一蹴而就，各地采取因地制宜，分类指导，梯次前进，不搞"一刀切"的做法，不失为明智的选择。但不论采取哪种改革形式，核心是经济发展，企业做强，社会稳定，职工生活得到提高和改善。

（四）继承和弘扬农垦文化，构建和谐农垦社区

企业文化是企业发展的重要源泉，在农垦企业半个多世纪的发展历程中，农垦文化对经济社会发展起到十分重要的推动和支撑作用。

"艰苦奋斗，勇于开拓"是农垦文化的精髓，没有这种精神，在当年那样艰难困苦的条件下，在荒无人烟的北大荒，在一望无际的戈壁滩上，要建成现代化的农场，实在是难以想象的事。进入新的历史时期，农垦文化又赋予它新的内涵，在建立现代企业制度中，强调重诚信，讲法治，守信誉；在处理企业与地方和国家的关系中，提倡顾全大局，与邻为善，团结友好；在职工中倡导树立社会主义荣辱观，做有理想、讲道德、守纪律的农垦人，构建文明和谐的农垦社区等。

更值得一提的是，农垦企业拥有一支坚强有力的政治思想工作队伍和工会组织，经常不断地对干部职工进行政治形势教育，维护职工的正当权益，解决各种矛盾，对增进职工团结，构建和谐社会起到了重要的保证作用。这也是改革与发展中值得重视的重要经验之一。

当前，农垦企业存在的困难问题主要表现在以下几方面。

（1）地区和企业之间发展不平衡较为突出。一般东部沿海、大中城市郊区和几大垦区改革与发展进展较快，经营业绩较好；中西部垦区特别是边境农场困难较多。2004年全国36个垦区中仍有26个垦区经营亏损。

（2）社会负担较重，部分职工生活仍有困难。尽管中央决定2006年起对农垦企业也同农村一样实施税费改革，但囿于各种原因，有些农村社会开支仍需农垦企业负担。据2004年统计，在36个垦区中仍有10个垦区人均纯收入低于农村水平。

（3）人才流失严重，事业后继乏人。改革开放以来，农垦面临三次人才流失大潮，20世纪八九十年代两次人才流失主要是技术人员，边疆、经济欠发达垦区是人才流失的重灾区，进入21世纪以来第三次人才流失，主要是各级国企的管理人员。更为严重的是垦区培养的大学生、研究生回到垦区工作的寥寥无几，造成管理水平难以提高，结构调整滞缓，产品缺乏竞争力。这是经营效益和职工收入提高不快的重要原因。

（4）近几年由于土地审批监管不严，国有土地被各级政府以低成本招商引资、扩大城镇规模、解决财政困难等名目低值出让占有，使国有土地资源大量被占，流失严重。仅广东垦区就减少土地79万亩，占农垦土地总面积的17.4%。有些垦区过度开发，不注意养护，造成水土流失，地力下降。北大荒是世界三大黑土带之一，原来土质肥沃，有机质含量在5%—8%，曾有"捏把黑土冒油花，插根筷子也发芽"的美称。目前黑土地面积大幅度缩减，土壤有机质下降到2%—3%，面临土层变薄、土质变瘦等问题。

三 准确定位、依托优势，在新农村建设中更好地发挥示范带动作用

党的十六届五中全会提出建设社会主义新农村的历史任务，2008年中央一号文件又提出"要继续推进农垦体制改革，转换企业经营机制，发挥农垦企业在现代农业建设中的示范带动作用"的具体任务。遵照中央的要求，各地农垦企业根据属地和自身的特点正在采取切实措施认真贯彻落实。现就如何更好地发挥示范带动作用，谈以下几点看法。

（一）根据不同垦区和农场的具体情况进行准确定位

如黑龙江、新疆、海南、云南四大垦区主要围绕粮食、棉花、天然橡胶等主导产业从种养加、产供销、贸工农一体化方面整合

场乡资源，建设具有较强国际竞争力的现代产业集群。从品种改良、栽培技术、产品加工、运输、销售等方面为农村提供相应的服务，提高农业综合生产力，改变过去小规模经营，重复建设，技术落后，效益低下的状况。

其他垦区侧重从良种选育、先进适用技术推广、农村人员培训等方面，示范带动农村提高科学种田水平，增强农业抵御自然风险和市场风险的能力，提高农业综合效益。

大城市郊区和有农产品出口贸易地区的农场，要定位走农牧结合的道路，发展畜牧业、设施农业和水果、蔬菜等优质的无公害食品、绿色食品、有机食品生产。总之，要通过场乡共建，联合协作，给农民带来实实在在的好处，指导思想上要因地制宜，分类指导，多种模式，讲求实效，不要"一刀切"。

（二）要研究探索场乡共建的适当方式和利益分配机制

农垦是企业，它不同于政府，在实施示范和带动过程中，要注意处理好双方的关系，包括合作的形式、方法和利益分配。各地多年的实践证明，一般有以下几种做法：一是企业与农户之间通过签订合同确定双方的权利和义务，如"订单农业"，是目前比较普遍的做法。二是建立利益返还机制，企业将实现的利润通过发放生产资料，提供无偿服务等形式返还给农户或用于农产品基地建设。三是根据农民的意愿，组建股份合作组织实行利润返还或按股分红。总之，通过适当的合作形式和方法，有利于先进科学技术推广，方便管理，提高效益，做到利益分享，风险共担，公平合理，双方满意。河南垦区近几年逐步探索以场带乡、场乡共建的几种模式，并提出为保证双方合作成功并长久保持，要慎重选择基地和合作伙伴：①"两委"班子团结，事业心强，愿为群众办实事；②群众有积极性，愿意接受公司在生产技术方面的管理；③土地集中连片、交通方便等。这些经验是值得重视和借鉴的。

（三）新农村建设和现代农业建设涵盖很多方面的内容，那些应该由政府负责或由集体和农民自身解决的事，企业就不要越位参与或多加干预

据观察，现在农村最需要外部帮助解决的问题，就是过去由集体或政府负责的公共产品或公益事业，由于实行家庭经营后，许多地区统一经营层次受到严重削弱，而农村合作组织又没有及时组织起来，靠农民一家一户办不到又办不好的事，例如农业科学技术的普及推广，农田水利建设，农业机械的购置与使用，动植物病虫害与自然灾害的防治，农业产业化经营及服务体系的建立，农业信息化服务等。农垦企业可针对上述问题，选择若干对农民增产增收，社会影响较大的项目，组织力量，加以实施。

（1）建立各种类型的现代农业建设示范区。通过窗口展示、现场观摩、对外培训、对外作业和技术服务等形式，扩大现代农垦建设的示范效应。据悉2008年国家农业部已在全国选出71个农场、40个现代奶牛场、7个现代化养猪场作为第一批现代农业示范区，要求通过示范区建设，成为农业新技术研发和展示的新基地、科技推广和普及的培训基地、农业示范和扩展的辐射基地和参观学习的窗口，使广大农村干部和农民通过参观学习，亲身体验现代农业的魅力和样板，以增强建设社会主义新农村的信心和勇气。

（2）发挥农垦企业在资源、科技、产业和组织方面的优势，帮助农村提高科学种田水平。

第一，利用先进配套的农机设备和技术力量为农村开展代耕、代种、代收服务。农机作业季节性强，设备利用率一般比较低，耕耘机一年的使用时间不超过一周，插秧机5天左右，脱粒机10天左右。机械长期闲置不用，既增加维修保养费用，又提高作业成本，若能就近或跨地区为农村开展耕、种、收、运输、农机修理、培训机手等多项服务，既可提高农机利用效率，降低成本，

又能促进农民增产增收，是一举两得、互利"双赢"的好事。黑龙江垦区从2002—2004年累计为省内外农民代耕代种代收服务面积达1100万亩，农垦创收1.6亿元，为农村节约机耕费2800万元，农民增收7100万元。

第二，普及推广优良品种。农垦农作物良种普及率已达95%，种业已成为农垦强项优势产业之一。江苏农垦以大华种子集团公司为龙头，通过订单种植的方式，在农村建立良种生产基地，所生产的粮食良种，可满足全省40%的需求。河南黄泛区农场（40万亩土地）已建成全省最大的农作物良种繁育、推广基地。该场每年销售小麦、玉米、大豆、花生良种3500万公斤，推广到豫、皖、苏、鄂四省100多个县、市，占河南小麦市场份额的15%，占全国的3%—5%。

第三，测土配方施肥、节水灌溉、标准化生产等先进适用农业技术，近年已被广大农民普遍接受。它是资源节约型和环境友好型，农业可持续发展模式的重要组成部分。据农业专家测算，我国目前有近3亿亩（占耕地面积的1/6）的土地受重金属污染，这与工业"三废"污染密切相关，也与农业盲目使用化肥、农药有关。20世纪90年代全世界化肥施用量为8000万吨，我国施用量为1700万吨，占世界用量的21.6%。我国农药总施用量达131万吨（成药），平均每亩施用931克，比发达国家高出1倍，农药施用后在土壤中残留量为50%—60%（《中国财经报》2006年11月23日）。这些都是造成农村环境污染食品不安全的罪魁祸首。黑龙江省北大荒农业股份有限公司（七星农场）以节水、节肥、节种为重点，全面推广节约型耕作农业技术，2005年农户同比增加经济收入8076万元。新疆建设兵团近几年推广精准农业六项技术（种子、播种、灌溉、施肥、收获及田间作物生长、环境动态监测）实现"五节、两增、两降"（节地、节种、节水、节肥、节约劳动，增产、增效，降低成本、降低劳动强度），棉花每亩可节地5%—7%，节种1/2，节水151立方米，节肥17元，节约采棉成本60元，职工棉花管理定额由以前25—30亩，提高到60—80亩。农垦企业在这方面只要发挥科技和组织优势，将装备、技术人才捆绑配套向农村示范推广，就会产生巨大的增产潜力和增收效应。

第四，以农垦龙头企业为核心，通过"企业+协会+基地+农户"等形式，建立利益联结机制，带动农民调整种植结构、区域布局，解决生产资料供应和农产品销售问题，同时也解决了企业加工原料的来源问题，有的地方还吸收农民等社会资金入股，实现投资主体多元化，把龙头企业做大做强。像海南、云南、广东等垦区将乳胶加工厂从农场中分离出来，根据加工布局，最佳加工规模，组建天然橡胶产业集团，实现原料自由流通，使橡胶农场通过市场得到最好的原料价格，大大提高胶农种胶的积极性。云南省2004年成立云南天然橡胶产业股份有限公司后将全省134座加工厂调整为16个万吨规模以上的加工厂，带动边疆民族地区15万户50多万人发展天然橡胶。上海光明乳业原来仅是一个区域性的龙头企业，但早在10年前就通过反复调查研究，敏锐地认识到中国乳业发展的巨大空间，在同行业中最早提出并实施"以全国资源做全国市场"的战略，抢到了市场先机，近年来主营业务收入的2/3是在上海以外地区实现的。

（3）场乡共建，场镇合一，推进中国特色的城镇化道路。我国现有近两千个国有农场，经过几十年建设，多数农场场部所在地已形成基础设施较为完善，社会服务功能较为齐备，城镇管理水平较高，常住人口几千至几万人的中小城镇。同时农垦系统职工家属农业户口510万人中有76%以上已转为城镇户口。农垦职工已基本纳入养老保险、医疗保险和最低生活保障等社会保障体系，这些都为从农村户口转入城镇户口铺平了道路。目前，有些农场已将部分生产队或作业区成建制地转入城镇，实现由农业工人向产业工人、工商业者或其他服务业者的身份转换，这是社会发展的趋势。当然，在城镇化进程中，也要注意从实际出发搞好规划，量力而行，逐步实施，避免一哄而起，盲目攀比，求全求大，热衷于修大广场、大马路、花园、喷泉，建豪华宾馆、办公大楼、别墅，脱离群众的浮华奢侈之风。近几年有些垦区将省属农场划归所在县市，同时保持农场建制不变，"一套班子、两块牌子"，场部所在地的基础设施和行政事务纳入地方规划，统筹管理，彻底剥离企业办社会的职能，取得了较好的效果。这些经验都值得认真总结，加以推广。

乡镇管理体制改革与转型

一 我国乡镇村管理体制的历史沿革

（一）历史上我国基层政权机构设置的基本概况

秦王朝统一中国后，实行以郡县制为特点的中央集权体制。在这一体制下，县是国家的基层政权单位。在县以下，实行乡、亭、里制，乡不是一级政权机构，而是县延伸到乡的行政组织，它的主要功能是征税、司法、教化、治安，乡级管理，属于实体性行政、功能性自治的体制。

隋到明清，乡一级不再是正式的行政单位，只具有一定的行政功能。到宋代，实行保甲体制，乡官也不再是领取俸禄的正式官员。乡村主要通过具有行政功能的保甲体制和地方家族势力进行治理。

20世纪上半叶，国家治理体制的基本特点是政权下沉，乡开始成为一级正式的政权机构，它是以自治的名义出现的，自治范围以学务、卫生、道路、农工商务、慈善事业为主，乡只设乡董、乡佐各一名。民国时期基本继承清廷体制，设乡镇公所，受县政府的监督指导，办理乡镇自治事宜，及执行县政府委办事项。由于地方自治没有体现民主自治精神，乡村治理主要实行的是名义自治，实质军政控制的体制。

（二）中华人民共和国成立以来我国乡镇机构经历了三次重大的变革

（1）中华人民共和国成立初期（1949—1957年）。这一时期主要是对中华人民共和国成立以前遗留下来的行政区划建制进行有针对性的调整。在省级政府与中央政府之间增设了具有过渡性质的6个行政大区，下辖53个省级单位（1951年），并且增设了市，减少了县级单位。1951年市级单位由140个上升至1957年的176个，县级单位由1952年的2283个减至1957年的2092个。由于上级行政管理体制的变动，乡的个数呈现明显的波动，出现先增后减的变化过程。乡总数由1951年的218796个增加到1952年的267731个，到1957年12月全国乡镇政府共120753个（其中乡政府117081个，镇政府3672个）。

这一时期国家颁布乡镇机构的政令、法律有：1950年12月政务院通过的《乡（行政村）人民政府组织通则》规定，乡人民行使政权的机关为乡人民代表大会（或乡人民代表会议）和乡人民政府，在乡人民代表大会闭会期间，乡人民政府即为乡人民行使政权的机关。乡人民政府为乡一级政权机关，受县人民政府领导及区公所的监督指导。

另一法律是1954年9月颁布的《中华人民共和国宪法》，规定我国农村基层政权为乡、民族乡和镇，奠定了乡镇为我国基层政权的法律地位。

（2）实行政社合一的人民公社时期（1958—1982年）。1958年9月中共中央政治局扩大会议通过《关于在农村建立人民公社的决议》，开始撤乡镇并大社，推行人民公社化运动。人民公社行使乡镇政府职权，农业生产合作社改称生产大队，实行政社合一，三级所有，队为基础的政制。实际上是将国家的政权组织进一步延至生产大队（行政村）和生产队（自然村）。当时的乡镇机构名义上有三个（公社党委、公社管委会、社员代表大会），实际上只有两个（社员代表大会形同虚设）。在"文化大革命"期间，实行党政合一，乡镇机构只有一个。到1962年，全国共建立人民公社74771个，后来不断调整，到1982年人民公社向乡镇回归时，全国共有人民公社54352个，比1957年原来的乡镇比较个数明显减少。

现在看来，人民公社运动对中国农村的影响是极其深远的，这种影响不仅直观地作用于当时的生产方式、劳动成果的分配、农村公共品的供给等领域，还体现在基层管理体制由人民公社向乡镇政府转变过程中一系列制度变革的滞后上。

（3）由人民公社向乡镇政府的回归（1982年至今）。1982年12月，修订后的《中华人民共和国宪法》规定，乡、民族乡和镇是我国最基层的行政区域，乡镇人民政府实行乡长、镇长负责制。乡镇长由乡镇人民代表大会选举产生。1983年10月中共中央、国务院联合发出《关于实行政社分开建立乡政府的通知》，要求把政社分开，建立乡政府，同时按乡建立乡党委，并根据生产的需要和群众的意愿逐步建立经济组织。乡的规模"一般以原有公社的管理范围为基础，如原有公社范围过大的，也可适当划小"。到1985年年底，全国5万多个人民公社转变为91590个乡镇人民政府，全国农村废除人民公社建立乡镇政府的工作基本结束。

自1982年至今，随着城乡经济的发展，小城镇发展战略的实施，以及乡镇机构膨胀，人员超编严重的实际情况，乡镇政府又经历了几次变动。

一是撤乡并镇。据有关部门对我国1020个有代表性的乡镇的抽样调查，平均每个乡镇党政内设机构为16个，其人员数平均58人，超过正常编制2—3倍。平均每个乡镇下属单位为19个，其人员达到290余人，超编十分严重（新华社，2004）。政府和学术界为基层政府的"瘦身"要求是一致的。乡镇机构改革成为中国农村改革的又一焦点。乡镇撤并，精简机构的工作从1998年开始至2006年年底全国乡镇总数由撤并前的46400多个减少到34677个，8年间共撤并了11723个乡镇，撤并幅度达25%左右。

二是乡改镇。1982年国务院召开的全国城市工作会议提出

"积极发展小城镇"的农村城市化发展战略后，镇的建制开始在广大农村得到推广，但由于"乡"与"镇"在全国并没有统一的划定标准，所以就出现求名不务实的倾向，东部地区的乡经济总量可能要大于西部地区的镇，东部地区的大镇经济总量及人口可能比西部的县都大。据国务院体改办中国小城镇发展研究中心介绍，1978 年，我国有建制镇 2173 个，到 2002 年年底达到 19811 个。最近 10 年间，我国平均每年新增小城镇 800 个左右，但却不能据此来推断我国城市化水平有多么快的提高。

另一种变动是与乡镇管理体制有关的"县改市"热潮。引发"县改市"的动因大致有以下几点：一是传统社会观念认为县是领导农业的主管部门，属于农区单位，而市是工业化进程中的龙头，传统农区的县争取向工业化转型，可以在工业化进程中获得一席之地，得到更大的经济自主权，以及投融资方面的优惠政策；二是县改市后，行政机构和工作人员的职称都能得到提升，县委书记和县长就可改称市委书记和市长，政治和物质待遇上也能有所升迁；三是县改市后，乡镇改为街道办事处，虽然街道办事处同乡镇一级政府在行政级别上同等，但毕竟不是一级政府，也就没有所属的一级财政，有的街道办事处改制后相应并入市级政府，工作人员也就能享受相应级别的工资待遇。

"县改市"作为城市化的一个过程，固然有其合理的一面，但是如果掺杂进地区经济升迁和干部自身利益的考量，那就难免会产生某些负面影响。表现大量占用耕地，大搞政绩工程、形象工程，制造虚假繁荣，导致大量失地无地农民，使财政背上沉重的负债包袱等。

总的来看，从 20 世纪 80 年代初到目前乡镇管理体制虽然经过多次改革，但没能从根本上找到解决体制问题的办法，诸如，没有明确划分各级政府的职能，责、权、利界限模糊；由上级主导以精简为主基调的"瘦身"运动；财政上分为预算内、预算外和自筹资金，多渠道集资等"漏洞"。其结果只能明减暗增，走"精简—膨胀—再精简—再膨胀"的路子，循环往复，机构越滚越大，人员越来越多。据张晓山提供的资料，2004年我国有44741个乡镇（其中建制镇19184个），财政供养人员1280万（包括离退休人员230万），其中教师690万，乡镇干部140万，村干部380万。马宝成提供的资料显示，乡镇一级需要农民出钱养活的干部（含教师）达1316.2万，平均每68个农民养活一个干部。又据中央机构编制委员会提供的数据，截至2002年年底，全国乡镇行政编制为1150530个，事业编制为8410896个（含教师编制5928628个），与1992年乡镇机构改革前相比，乡镇行政编制减少了近85万个，但事业编制却增加了近120万个。尽管上述数据统计的口径和时间不同，但共同的结论是，乡镇机构臃肿，人员过多，职能不清，管理混乱，是不争的事实。因此认真搞好以乡镇村管理体制为核心的农村综合改革，使农村上层建筑更加适应生产力发展和经济基础的需要，全面推进社会主义新农村建设的进程，就成为当务之急。

二　农村税费改革后引发关于乡镇政权存废问题的争论

近几年开展的农村税费改革，是农村经济社会领域一场深刻的变革，已经取得积极的成果。一是减轻了农民负担，全国农民减负1250亿元，8亿农民人均受益140元，加上粮食直补、良种和购买农机补贴，农民每人增加收入300元左右，调动了农民生产积极性。2006年在自然灾害严重的情况下，全国增产粮食269亿斤，农民人均纯收入3587元，增长7.4%。二是农村干群紧张关系得到缓解，农村社会秩序基本稳定。但是，与此同时，也暴露出一些新的问题。一是乡镇财政困难凸显，特别是中西部有些乡镇，干部工资和正常办公经费需靠上级拨付，乡镇作为一级政府的财政基础已不复存在，干部感到无事可做，对前途感到茫然。

三是有些地方"免税兴费"的倾向又有所抬头。农村乱收费的主体由基层政府转向职能部门，收费的名目由行政性收费转向经营服务性收费等。面对这些问题，近几年学术界和管理农村的有关部门对乡镇机构的存废问题展开讨论，归纳起来基本上有以下几种不同的观点。

第一种观点认为，乡镇一级政府可以撤销，以建立体现乡镇自治的社区管理委员会，在村民自治的基础上实行乡镇自治。其理由是：①有利于减少权力的中间环节，有利于民主建设。目前乡镇政权存在的诸多问题和农民负担重、财政入不敷出、干部腐败、干群关系紧张等，都与权力的中间环节过多有关，在农村实行乡镇自治，"釜底抽薪"是解决问题的唯一出路。②乡镇一级规模过小，各地财力差距过大，不具备设立一级财政的起码条件，取消乡镇一级财政，有利于实现统一的城乡税费基础，解决农民的"国民待遇"问题（贾康、甄世前，2006）。③古代中国就有"皇权不下县"的传统，人民公社时期每个公社也只有一二十个办事人员，因而要解决"三农"问题就必须撤销乡镇政府，代之以自治的乡公所、农民协会、专业协会，保障农民的经营自主权，按市场经济规律，调整农业结构，发展农村经济。④村民自治的阻力，很大程度上来自乡镇政府，撤销乡镇政府，有利于村民自治条例的贯彻实施（张湘涛：《中国农村改革研究》）。

赞成这一观点的另一些人认为，在实行步骤上可采取分步走，第一步用3—5年实现乡镇政府的职能转变，强化农村管理和公共服务职能，将不属于乡镇政府职能的人和事坚决精简下来。第二步再用3—5年时间取消乡镇机构，将其财权和事权收回县级政府，乡镇成为县政府的派出机构，对农村行使公共管理和公共服务职能（马晓诃、武翔宇，2006）。

第二种观点认为，主张取消乡镇政府是一种过于激进的想法。目前乡镇的作用无可替代。其理由为：①农村城镇化是一个相当漫长的过程，目前能从农村转移出来的只是其中最有能力的小部分人，大部分人仍将长期滞留在农村，在农村政治、经济、社会、文化日益边缘化的转型期，出现社会震荡的可能性增加，处理不好就会影响到农村的稳定和发展；②我国农村地域广阔，居住分散，农民知识文化水平相对较低，不可能仅通过村民自治就将农村问题消化在村庄之内，国家必须有一个可靠的、坚强有力的行政系统的介入，及时反映下情，宣传贯彻党和政府的方针、政策，分配资源；③取消乡镇建制就必须修改宪法，修宪有一个严格的司法程序，牵涉社会的方方面面，在没有充分的理论基础和成熟的社会条件下，不宜贸然行动；④撤销乡镇建制，全国有几百万人的干部队伍，转岗分流，是个严肃、敏感的问题，操作起来困难很大，必须慎之又慎（张湘涛：《中国农村改革研究》）。

　　第三种观点认为，①乡镇机构改革应该着眼巩固农村政权、完善行政管理；②明确乡镇政府的职能，哪些事必须要乡政府办，哪些事县以上政府能办，如果职能不明确就去减人减机构，很可能事倍功半，出现反复；③我国农村发展不平衡，有的地方乡镇政府要弱化，有的地方可能要撤销，有的地方可能还要加强、扩大，应该根据需要设置机构，避免"一刀切"（段应碧，2006）。

　　综合上述观点，有的人认为，乡镇机构改革的实质和核心问题是重点解决我国过去在传统计划体制下形成的政党和政府相互交叉、国家政权与农民自治互相渗透、"条条""块块"互相分割、乡镇"事权"与"财权"互相脱节等一系列的历史遗留问题，把乡镇所拥有的行政权规范到合理的空间内，使之在国家与农民之间形成良性互动、密切合作的关系。这就需要一方面解决乡镇政权自身的问题，如乡镇的建制规模、机构设置、职能定位、人员编制；另一方面要解决整个体制方面的问题，如国民收入再分配、财政体制、户籍制度、城乡就业制度、农民义务教育和农村公共品供给体制，只有这样才能建立起精干高效的农村行政管理体制和公共财政制度，提高社会管理和服务水平（张新光，2006）。

三 农业、农村内外环境形势与农村综合改革的关系

时任国务院总理温家宝2006年9月1日在全国农村综合改革工作会议的讲话中指出：农村改革近30年来，我们迈出了三大步，第一步，实行以家庭承包经营为核心的农村经济体制改革，再造农村市场经济的微观基础，使农户成为市场主体。第二步，实行以农村税费改革为核心的国民收入分配关系改革，减轻了农民负担，调动了农民生产积极性，改善了农村基层干部同农民群众的关系。第三步，推进以乡镇机构、农村义务教育和县乡财政管理体制为核心的农村综合改革，使农村上层建筑更加适应生产力发展需要。三步改革贯穿一条红线，就是保障农民的物质利益，维护农民的民主权利，解放和发展生产力。

现就当前农业和农村环境形势与农村综合改革的关系及对策，谈一些看法和建议。

（一）目前我国正处在工业化中期阶段，由基本上解决温饱的发展阶段逐步进入以提高生活质量，全面实现小康社会为主要目标的新的社会转型期

根据国际经验，这一时期消费结构升级，工业化进程加快，人口大量转移，经济结构、社会结构急剧变动，是重要的战略机遇期，同时又是人与自然较量激烈，环境问题和社会矛盾凸显的时期。特别是我国人口多，资源相对稀缺，地区发展不平衡，城乡差距悬殊，环境污染严重，人口、资源、环境压力已成为经济、社会全面、协调、健康发展的主要瓶颈。据有关资料统计，目前城乡差距仍在继续扩大，表现在以下几方面。

（1）城乡居民收入差距继续扩大：1978年城乡收入差距比为2.57∶1，到2006年差距比为3.28∶1。

（2）农村公共设施建设仍十分薄弱。全国农村还有近万个乡镇、30万个行政村未通水泥或沥青路，其中有70个乡镇，近4万个行政村不通公路；约2.8亿农民饮水不安全，尚有2000万左右农村人口用不上电。

（3）农村教育比较落后，农民文化水平较低。2005年，农民平均受教育年限仅7.7年，5.04亿农村劳动力中，小学及以下文化程度的占34.1%，不识字及识字很少的占6.87%。

（4）农村资金大部分流向城市。据国家统计局资料，2003年农户储蓄占城乡储蓄的18%，而吸收农村资金的正规金融机构很少在农村地区发放贷款，农业贷款仅占各项贷款总额的5%，占农户储蓄总额的46%。

（5）城市迅速发展，占用大量耕地。据统计从1996年到2005年的10年中，我国耕地面积由19.51亿亩减少到18.31亿亩，共计减少1.2亿亩，平均每年减少1200万亩，全国有4000万失地农民，如安排不当将成为城乡社会治安的隐患。

（二）我国农业正处在由传统农业向现代农业转变的重要时期

改革开放以来，我国农业有了很大发展，以占世界10%的耕地，解决了占世界22%人口的吃饭问题，但这个成绩是使用了占世界40%的农业劳动力才得到的。从总体上看，我国农业综合生产力不高，国际竞争力不强，主要表现在以下几方面。

（1）农业基础设施和装备水平还比较落后，机械化水平不高，主要农活仍靠手工劳动力为主；农田水利设施老化失修严重，在已建的8.5万座水库中，病险水库占36%，到2005年年底全国耕地有效灌溉面积为8.25亿亩，占耕地面积的45%，一半以上耕地仍靠天吃饭。

（2）农业经营规模小，专业化、产业化、市场化程度低；社会化服务体系尚未建立或不完善，对劳动生产率、农产品质量、安全生产和农民增收影响较大。

(3) 农村生态环境形势严峻。表现在水资源短缺，水土流失严重，土地沙化、荒漠化、草原退化、酸雨侵蚀，耕地和灌溉水源污染，生物多样性锐减等，引发食品安全和农产品贸易摩擦加剧等问题。

(4) 加入世界贸易组织以来，我国农产品市场面临日益激烈的国际竞争。近几年农产品出口和进口都在增长，但进口增长幅度大于出口，已连续两年出现贸易逆差，特别是大豆、棉花、天然橡胶进口已分别占国内产量的50%、46%和60%，由于进口产品价格低于国内价格，对国内同类产品生产和加工企业冲击很大。

(三) 城镇化是国家现代化的重要标志

改革开放以来，我国城镇化水平迅速提升，城镇化率由1978年的17.9%提高到2006年的43.9%，29年城镇化率提高26个百分点，平均每年提升0.9个百分点，速度不可说不快。城镇化的迅速发展，有力地推动了城市基础设施建设，城市环境如道路、供水、供电、供气、住房等条件大为改观，方便了居民生活；城市功能不断完善，城市经济迅速发展，在国民经济中发挥着骨干带动作用。与此同时，我国小城镇也呈加速发展态势，1978年，我国只有建制镇2176个，1992年以后进入高速增长期，到2001年年底达到20374个，10年间，平均每年新增小城镇800个，每年转移农村人口1000万，10年中有超过1亿的农村人口落户小城镇，对辐射带动农村经济发展也起到了重要作用。但是，在城镇化迅速发展的同时，也出现了一些负面效应和值得引起重视的问题，如一些大城市盲目扩大，占用了大量耕地以及房价昂贵、交通拥堵、环境污染、治安恶化、失业严重等"城市病"。小城镇发展中有些地方不顾条件，盲目攀比，热衷于搞形象工程、政绩工程，甚至不惜举债建大广场、大马路和标志性建筑，盲目招商引资建工厂和设立工业科技园区等，浪费了宝贵的公共资源，加大了地方政府的财政负担和风险，侵害了农民的利益。因此，中国城镇化的道路究竟应该怎么走，也就成为学术界和有关部门关注的焦点，需要从理论上和实践中给予科学的回答。

（1）从国民经济发展情况看，我国已基本具备工业反哺农业，城市支持农村的国力和财力。从2000年到2005年，我国GDP由89404亿元增长到182321亿元，增长1.04倍；2005年第一、第二、第三产业占国内生产总值的比重分别为13%、51%和36%；第二、第三产业从业人员占社会从业人员的比重已达56%；全国财政收入快速增长，2006年已接近4万亿元大关。正是因此，近几年中央的支农惠农政策力度逐步加大。这说明进一步推进社会主义新农村建设的时机和条件已经基本成熟。

工业"反哺"农业，城市支持农村从历史角度来看其真实的含义应该是工业"回馈"农业，城市"回报"农村。因为从中华人民共和国成立以来我国长期实行的城乡分割二元经济体制，农民通过赋税和工农产品价格剪刀差的形式为国家工业化和国民经济发展做出了巨大的贡献。现在综合国力增强了，"把过去欠农民的钱还给农民"，不是像有些人说的是对农民的"给予"，对农民的"照顾"，笔者认为从理论和政策层面说清楚这一问题是十分必要的，如此方可澄清认识上的分歧，减少政策执行中的阻力。

（2）新农村建设内涵丰富，任务复杂，涉及政治、经济、文化、社会的各个方面，哪些事应由政府负责，哪些事应由农村集体组织承担，哪些是属于农民个人的行为，必须有一个大体的界定。根据国际经验结合我国国情，一些外部性强的纯公共物品如道路、电力、饮水、电信、大中型水利工程，社会事业如基础教育、公共卫生、社会保障、扶贫济困，准公共产品如动植物重大疫病防治、农技推广等应由各级政府负责承担。有关村庄内的道路、沟渠、村庄建设、农产品运销等非一家一户农民所能解决的事务，应通过合作方式依靠集体力量加以解决，政府从规划、培训、技术服务等方面给予扶持。至于农民就业、生产经营、生活设施、资金筹措等则应由农民自主解决，不要多加干涉。这样，一方面可以避免一切依赖政府，大包大揽；另一方面，可以避免政府职能不到位，只提口号，不干实事。

（3）党中央把建设现代农业作为新农村建设的重要途径和紧迫任务，是完全符合世界农业发展的一般规律和我国农业发展现状的。但是如何针对不同地区农业面临的主要问题，采取切实有效的措施，分别轻重缓急，有步骤地实施，也是值得认真研究的。依笔者观察，就大部分地区而言，首先，还是要把水利、道路、电力、通信、电视网络等基础设施建设搞好，特别是要抓紧抢修病险水库及配套设施，抗灾防灾，实现农业稳定增产。其次，以科技进步为手段，抓住对增产起关键作用的科学技术如良种推广、测土配方施肥、节水灌溉、提高综合机械化水平等，作为提高农业综合生产力的重要举措。要加强农业科研投入，整合科研力量，组建农业科研的"国家队"，提高农业科研的自主创新能力。整顿加强以县农技推广站为中心的科技队伍建设，形成向上连接各级科研单位，向下连接农业产业化龙头企业、农村合作组织、专业农户、村级农民技术员的农技普及推广网络。再次，要大力发展农业产业化经营，将农业从单纯生产初级产品，向加工增值、运销贸易的农工贸一体化方向转变，提高农业经营效益，大幅度增加农民收入。最后，要用现代农业发展理念，拓宽农业经营领域。过去我们对农业的理解过于狭隘，随着社会经济的迅速发展，人们的物质文化生活不断丰富，在吃饱穿好之后还要求有优美的自然环境、休闲度假的场所，近几年休闲观光旅游的兴起，充分说明了农业功能的多样化。旅游观光农业、生态农业、体验农业、能源农业、新材料农业等新兴产业的兴起，将成为农业的另一个组成部分，对转移农村富余劳动力，促进农业结构的优化升级和新农村建设都具有十分积极和深远的意义。

（4）借鉴世界上发达国家实现城市化的经验，结合我国国情，走有中国特色的城镇化道路。据测算，2010年我国人口将达到13.66亿，城镇化率达到47%，乡村人口有7.24亿；2020年人口达到14.49亿，城镇化率55%，乡村人口为6.52亿；2030年前后，我国总人口达到15亿左右，城镇化率60%左右，乡村人口仍将在6亿左右。这就是我国最基本的国情，"这就决定了我国的农业和农村问题，难以单纯靠城镇化这一条路来解决，因此，在推进城镇化的进程中必须并行不悖推进新农村建设"（陈锡文，2007）。

我国城镇化道路以走大中小城市和小城镇合理布局、协调发展的路子，可能是比较科学合理的选择。大城市或特大城市要控制规模，防止盲目发展，着重产业优化升级，辐射带动周边地区和广大内陆腹地，实现均衡发展，共同富裕。区域性中心城市，要发挥其地缘优势，完善城市功能，辐射带动周边中小城市及广大农村，促进本地区经济、社会、文化协调发展。中小城市和小城镇最接近广大农村，是城乡接合部，我国有2000多个县（包括县级市、区）和19000多个建制镇，如果以现有县城和有条件的建制镇（例如10%的建制镇）为基础，科学规划，合理布局，同发展乡镇企业和农村服务业结合起来，形成每个县城有8万人口，每个小城镇有3万人口，就能容纳2亿左右的农村人口，这一构想如能实现，既符合城市化的一般规律，也切合中国的国情和现状。

（5）缩小城乡差别，建设现代农业，提高城镇化水平，都同我国基层政权的乡镇政府的职能、要求和任务密切相关。在我国现在的五级（中央、省、市、县、乡镇）行政管理体制中，就其地位和作用而言，无论过去、现在和将来，乡镇这一级都是十分重要的、不可或缺的。理由是：①乡镇政府的职能界定为农村经济发展创造环境条件，为农民提供公共服务，为构建农村和谐社会加强管理，无论哪一方面都同农民生产生活息息相关，有些人认为税费改革后乡镇干部无事可做的看法是不符合农村实际情况的。②我国农村民主自治制度建设还要经过一段较长时间的实践过程，短期内企求通过村民自治将农村问题都消化在村庄之内，也是不现实的。政府主导和农民主体是相辅相成的、不矛盾的，也是今后改革要遵循的原则。③我国是人口大国，农村地域广阔，居住分散，乡镇规模差别很大，全国平均每个乡镇2万多人，东部有些乡镇人口达到十几万，甚至几十万，西部有的乡镇只有几千人；管辖地域有的几平方公里，有的上百上千平方公里，如果撤销乡镇，由县直接管理必然会给政府有效管理和广大群众生产生活带来许多不便。由此可见，主张撤销乡镇一级政府的观点是脱离实际的、行不通的。改革是唯一的选择，通过转变政府职能，精简机构人员，提高行政效率，建立行为规范、运转协调、公正透明、廉洁高效的管理体制和运行机制，才是乡镇改革与发展的正确方向。

四　以转变政府职能为重点，推进乡镇机构改革

自2000年以来，我国在部分省区进行税费改革试点，同时进行以转变政府职能为重点的乡镇机构改革试验，取得了初步成效，据在黑龙江、河北、北京市的调查，大致有以下做法和经验。

（一）明确政府职能，实行定编、定岗、定员

黑龙江省是党中央、国务院批准的免征农业税的试点省，2004年按照全部免征农业税的有关要求，确定乡镇改革任务为"一转三减"，即转变政府职能，精简机构，精减人员编制，减轻财政压力；"三个提高"，即提高为农民服务水平，提高行政效率，提高基层政权管理创新能力。

政府职能定位有三条：①贯彻落实党的路线方针政策，建立健全农村市场经济体系，发展农村经济，增加农民收入。②为农村、农业、农民提供公共服务，发展农村公益事业。③负责农村

社会管理，维护社会稳定。

精简乡镇机构，较大幅度地压缩了行政和事业编制。行政机构设置两个综合办公室，事业机构设置三个中心。精减后，行政事业人员由原来平均75人减少到53人，精简幅度为30%左右。乡镇领导按五职配备，实行兼职和党政交叉任职。编制经核定后，省里实行总量控制，五年内不得突破。机构改革后全省乡镇、村级行政事业费开支可节省2.1亿元。

河北省易县是省级贫困县，2002年实行乡镇机构改革时把全县27个乡镇根据人口、区域特点和经济发展水平分为三类地区，一类地区行政、事业编制56人，二类地区42人，三类地区28人。行政系统设置5个办公室（党政、社会、事务、财经、计生），事业单位系统设置三个服务中心（综合、计生、文化广播），领导职数10名也是交叉任职。机构改革至今编制没有突破，而且还缺编150人，主要原因是省选调大专毕业生每年只分配四五个名额，多数不愿到乡镇工作，复转军人和县里年轻干部也不愿到基层工作，出现有编制又进不了人，有事无人干的尴尬局面。

（二）乡镇事业单位转型和安置分流人员难度大，处理不好改革可能出现"反弹"

乡镇机构改革后，农村义务教育、公共卫生、道路交通、电信通信、司法、公安、税务、工商、土地等部门的人员和经费划归县垂直管理，比较明确。问题是涉农服务部门，公益性和经营性职能相互交错，难以分开，在乡镇涉农机构是综合设置，但对上却要对口多个业务部门，运行机制不顺，人员、资金难以有效整合，有限的经费主要用于"养人"，用于开展业务的经费很少，制约了服务工作的开展。像农业技术推广站这样准公共产品的单位，在目前农村科技力量薄弱、农民收入不高的情况下，将经营性业务完全推向市场，不利于现代农业的发展。不如重点加强县级农业技术推广机构建设，将县乡技术力量集中使用，使之成为向上连接各级科研机构,向下连接农业产业化龙头企业、农村合作组织、专业农户、村级农民技术员的纽带,按地域特点分为几个片,抓好重点科技项目的示范推广,经费实行统收统支全额拨款,取消差额拨款和自收自支,这样会更有利于服务开展和避免收费"反弹"。

妥善安置分流人员,既要保障分流人员的正当权益,维护社会稳定,又要使机构精简能顺利进行,两方面都要兼顾,有些地方对超编暂不录用的人员采取转业、退养、学习深造、鼓励创业和派驻到村等多种办法解决,国家从财政转移支付和贷款等方面给予支持。但也要防止出现逆淘汰现象,即现有七站八所中业务骨干年龄多在45—50岁,在改革中相当一部分选择提前退休、退职,而留下来的人素质不高,影响业务开展。有的地方反映县乡干部退休年龄太早,50岁就退居二线,是人才的极大浪费,建议国家从政策上加以考虑。

(三)县乡财政管理体制改革,要长短结合,通盘考虑

乡镇是一级政权,就应该是一级财政。县乡新的财政管理体制框架要体现对财权与事权相配套,以事权定财权,以责任定财权,对加强的职能要增加财力支持,对弱化的职能要减少财力支持;要体现财力支出向公共服务倾斜,向基层倾斜,切实增强乡镇政府履行职责和提供服务的能力。这是中央对推进县乡财政管理体制改革总的要求。但据有关部门资料统计,2002年我国近80%的县存在财政赤字和需要上级财政补助,税费改革后,县乡两级财政更加困难,因此有的人认为,在此情况下,完全实行"一级政权,一级财权,一级事权"不仅是不现实的,而且是危险的。因为在我国不仅省与省人均财政收入有天壤之别,哪怕一个省内,各县之间的差距也是很大的。在财政收入上搞分权和自治只会使落后地区的县级财政雪上加霜。解决县乡两级财政危机的出路,不在于进一步下放财政收入权,而在于进一步将财政支出

责任上移。中央政府应集中更多的财力，保证在教育、卫生、社会保障等方面为全体公民提供大致相同的基本公共服务，相应大幅度降低地方政府的财政负担。这个意见，从我国目前县乡财政现状出发是值得重视的。但作为一级政权是否有自己的财政，应是不言而喻的。从长远来看是否应在分税制的基础上，合理划分省、市、县、乡四级财政收入，哪些税种应划归乡镇一级征税，分享税中如何提高乡镇财政分享的比例等都需要进一步研究，通盘考虑。

同理，"乡财县管乡用"，在目前财政制度不健全的情况下，作为过渡措施是可以的，但从根本上说应该建立健全各级财政管理制度，通过政府预算编制、审查、执行、决策，使政府部门的收支行为置于各级人民代表大会的审查监督之下，才是根本之策。

目前，在我国财政的转移支付中，专项资金比重过大，这些专项资金多掌握在有关部、委、办、局手中，专项资金下拨往往要求地方配套，困难地区就分不到资金，更加扩大了贫富差距。建议进一步完善转移支付制度，允许县乡政府根据当地实际捆绑使用专项资金，集中财力解决急需的建设项目和公益事业，提高资金的使用效率。

再就是土地出让金的分配与使用亟须立法。有关资料显示，1990—2003年政府卖地收入累计高达1.05万亿元，在某些发达地区买地收入占地方财政的一半以上，而在土地增值的收益分配方面，地方政府拿走了土地增值的20%—30%。这是一笔可观的数字，为此，加快土地征用制度改革，保护农民利益，给农民合理补偿，让农民分享发展成果，将土地出让金收入纳入地方预算，坚持市场化运作，公开透明，防止腐败，是县乡财政管理改革的另一重要问题，必须给予足够的重视。

五 深化和巩固乡镇机构改革成果，必须与国家行政管理体制改革互动配合，统筹进行

自20世纪80年代中期以来，乡镇机构经历多次调整改革，但效果都不明显，其中原因比较复杂，除了改革目标不够明确之外，与侧重于调整规模、减机构、减人，而对转变职能、规范运行机制重视不够有很大关系。而这些问题单靠乡镇政府自身很难解决，必须与国家行政管理体制改革上下互动，紧密结合，统筹进行，才能取得较好效果。

改革开放以来，我国行政管理体制虽也经过多次改革调整，做了大量工作，也取得了一定成果，但若按精简、统一、效能的原则，建立决策科学、权责对等、分工合理、执行顺畅、监督有力的行政管理体制的要求来衡量，则仍有较大的差距。据有关资料显示，现在全国财政供养人员和总人口的比例是1∶28，全国每年行政管理费占财政总支出的比例高达19%，而1978年仅为4.7%。上层建筑庞大臃肿，层次多，部门多，人员多是普遍的现象。全国有五级政权，过去地区一级是省的派出机构，不是一级政权，改革开放以后，许多地方地改市后，变为一级政权，成立了人大、政协组织，但据基层干部反映，地区（市）级政府的主要工作就是开会、发文件、检查评比，对于县乡发展没有实质性的作用，完全可以撤销。中央和省级机构精简调整后，许多部（厅）、局、委、办改为公司、协会等，机构是精简了，但人员并没有减少，一些改为公司、协会的"准政府"部门仍拥有较强的行政职能，老百姓称这些"官办"的公司、协会是"戴市场的帽子，拿政府的鞭子，坐行业的轿子，收企业的票子，供官员兼职的位子"，极富嘲讽批评的意味。县乡两级是最接近农村基层的政府，理应精兵简政，贴近群众，但也是机构臃肿，人满为患。以河北省为例，1995—2003年财政供养人员从157万增至219万，8

年增加了52万，相当于一个中等规模县的人口。"文化大革命"期间，这个省的财政供养人员与总人口的比例是1：62，1995年是1：42，2003年是1：30，增加的人员主要集中在县乡两级，全省219万财政供养人员，县、乡占167万，比例为76.3%（赵树凯，2004）。我们在河北易县调查，这个只有56万人口的县，却拥有5个领导班子，24个行政局，5个事业局，8个党委部、委、办，7个群众团体。全县干部编制479人，目前还超编60—70人。这么庞大的上层建筑，对现在还很脆弱的经济基础无疑是难以承受的。

除了机构、人员问题外，各级政府的权责界定，干部的思想作风，问责制度，考核标准，对村级管理等是否科学合理，都对机制的运行是否顺畅有着重要的影响。机构精简了，人员减少了，但并不等于职能就转变了，效能就提高了。现在基层干部最忧心和反感的问题是"会议多，文件多，汇报多，检查多，接待多"，"长年累月忙于应付，感到忙得没有头绪"。因此，进一步深化和巩固乡镇机构改革成果，必须与整个政府体制改革联系起来通盘考量运作。但限于本文研究范围，只能从县、乡两级的改革与转型谈些看法和建议。

（一）乡镇职能转变要将概括性、原则性的说法转变为具体可操作的措施，明确权责，界定活动范围

凡是法律、法规明确规定由县级政府或者县级以上政府承担的事，就不要转嫁给乡镇政府。例如，公安、司法、工商、税务管理等部门的人员安排和经费使用属于条条管辖，乡镇政府就不承担相关责任。

农村义务教育和公共卫生医疗事业，税费改革以后，人员和经费也划归县职能部门管辖，乡镇政府只是从组织动员生员和参保条件等方面提供协助，也不承担具体领导责任。

为农民提供公共服务的事业站所，性质相近能合并的合并，

纳入政府系列；属于经营性的事业单位，可筹划转为合作或民营，从政府中退出，变花钱养人为花钱养事。

这样乡镇政府就可以集中精力办一些受农民欢迎的实事，例如，为农村经济发展，提高农民生活水平创造良好环境，如保护生态环境，修建基础设施，管好土地，为新农村建设做"规划""引导"等工作。加强社会管理中的薄弱环节，如引导组织富余劳动力转移、安排就业，开展农村扶贫和社会救助，化解社会矛盾，保持农村稳定等。

（二）建立科学合理的问责制度和考核标准

乡镇政府是基层政府，是直接为农民办事的机构，从道理上讲，问责制度的安排应该凸显农民的参与和监督，但现行的问责制度，基本上是"逆向问责"，来自上级政府的问责，而且考核指标庞杂细密，把指标折算为分数，在不同单位和人员之间进行排序，搞得人人自危，引发强迫命令，弄虚作假，形式主义等弊端。因而问责应由单向问责向双向问责转变，应广泛听取当地农民对干部的评判意见，并创造条件，把村民政治延伸到乡镇，真正做到民主选举、民主决策、民主管理、民主监督的乡镇自治，至少可以先在条件成熟的乡镇进行试点，积累经验，逐步推广。

（三）在村民自治的前提下，理顺与村级组织的关系

《村民委员会组织法（修订草案）》已颁布10年了，但乡镇政府对村级的行政管理一直延续传统的做法，没有多少改变，而且有愈加强化的趋势。

（1）将村级干部当政府官员来管理，这是不符合村民自治原则的，有人认为税费改革后，村级经济困难，多数地方村干部的工资由政府补助，他们就应该听上级的话，向上负责，这是片面理解政经的关系，难道说经济发展了，工资不由政府补贴了，就可以不听上级的话了吗？

（2）20世纪90年代中期以来，乡镇政府对村级财务的控制

程度不断上升，由"单代管"（只代理会计账目，不代管现金），随后发展为比较普遍的"双代管"，并作为一项成功经验向面上推广。客观地说，"村财乡管"对规范村级财务秩序，减少财务混乱，减少干群纠纷的确发挥了一定作用。但从根本上说，还是要从加强干部自律、实行财务公开、强化群众监督等方面多做工作，不断提高自治水平才是长久之策。

（3）乡镇干部管片包村问题。这也是我国农村工作的重要传统。每当政府有什么重要决策措施，需要贯彻落实，各级政府就会组织大批干部下到基层，包村驻点，并认为是成功的经验，但从历史经验来看，多数是不成功的，除了少数有权有钱的部门带来一定的项目或资金之外（这种典型也没有多少推广价值），大多数干部群众认为既帮不了农民的忙，也帮不了乡镇政府的忙，倒是给基层增添了不少麻烦。当然，这也不是反对一切干部下乡，像"科技、文化、医疗"三下乡活动，能给农民带来实惠的事，那是深受农民群众欢迎的，应该不断总结经验，丰富提高。

六　完善村民自治制度的几个问题

1983年我国在恢复乡镇政府的同时，普遍建立了村委会，1988年《村民委员会组织法》开始试行。1998年公布了《村民委员会组织法（修订草案）》，迄今已有10年，村民自治制度在我国实践的效果如何？2006年华中科技大学与中国（海南）改革发展研究院对全国63位"三农"问题专家学者进行了问卷调查，其中对村民自治的评价，归纳起来是：①对民主选举的认可度较高（84.1%），而对民主决策、民主管理、民主监督实践的满意度不高（均在20%左右）；②村民自治对现实的影响，认为增加了乡村事务决策的透明度，扩大了基层民主，有利于农民当家做主的认可度较高（分别达到77.8%、65.1%），而对促进社会稳定，促进乡村经济发展，增加农民收入的满意度不高（分别占

22.2%、11.1%）；③对现代乡村治理模式的选择，认为地方自主与国家主导相结合占54%，地方自主型占41.3%，国家主导型占4.8%。笔者认为，上述调查具有一定的代表性，但尚欠全面。据我们在黑龙江、河北、北京等地调查，自农业税减免，农村义务教育改革以来，村民自治制度总体而言是朝着好的方向发展的，表现在：①村民参与村务管理的积极性增强了，出现了"人靠自己选，财靠自己管，事也靠自己说了算"的良好局面。②通过实行"村财民理乡代管"，使村里的钱花得更加透明，群众更加放心。③调动了农民务农发展经济的积极性。河北省易县地处狼牙山西部深山区的甘河净村和七峪乡，曾经是白求恩工作过的八路军后方医院所在地，当40公里进村水泥路修通后，整个山村沸腾了起来。2006年新上超千万元项目4个，超亿元项目1个，一大批农民迅速脱贫。当然，另一方面也暴露出一些值得注意的问题：①一些乡镇村干部思想观念工作方法转变滞后，用有些干部的话说就是"老办法不适用，新办法不会用，硬办法不能用，软办法不顶用"，对前途感到困惑茫然。②有部分农民对集体公益事业不关心，依赖思想严重，认为现在"皇粮国税"都免了，拒绝村里筹资筹劳办公益事业就更加理直气壮了，"事难议，议难决，决难行"是较普遍的现象。③"三提五统"取消后，多数村级财政没有什么收入，上级转移支付各地数目不一，黑龙江一般行政村每年补贴4万元；河北省按人口多少补贴，大村2万多元，小村1万多元，连订报刊都不够，遑论其他行政开支了。针对上述存在的问题，我们认为应采取以下措施进一步完善村民自治制度。

（一）整合农村组织资源，处理好党政与农民组织之间的关系，加强村民代表大会的决策和监督职能

目前我国农村党政关系处理不好，"两委"矛盾影响村民自治实施的情况比较多见，在河北易县我们进行的农户问卷调查中，100%的农户认为村干部任职方式应采取村党支部书记和村委会主

任由一人担任。而"三农"专家对此问题的看法则认为利大于弊的占 36.5%，弊大于利的占 11.1%，认为暂时还看不出或差不多的两项相加也占 36.5%。其实问题的实质是现在村民自治架构中缺乏的是决策和监督机构，党支部是领导核心，村委会是执行机构，社区有合作组织的地区，合作组织是经济组织，应该各司其职，不能互相混淆，干部可以交叉任职，但不能以党代政，以政代经，而应该在农村中建立健全村民代表大会制度，由村民民主选举作风正派、办事公道、在群众中有威信的人为代表，村庄中的重大事项先由村民代表会议充分讨论协商决定后，交由村委会实施，并对党政干部实行监督，村务和财务定期向村民公开，只有这样，民主决策、民主管理、民主监督才能真正落到实处，不至于流于形式。

（二）村民自治的形式应因地制宜采取多种形式，不必强求一律

可以有以农村基层党组织为核心的村民自治，也可以有以"下派干部""经济能人"和农民协会为领导核心的"村民自治"。群众中有句话说："山好，水好，不如人好"。现在干部群众对村级干部三年一换届，认为时间太短，"一年干，两年看，三年等着换"，不利于干部队伍稳定，也不利于农村经济发展。笔者在河北藁城市邱头镇丽阳村采访过村支书袁大乱，他今年 70 岁，刚卸下村支书的担子，从 1966 年起担任村支书（以前任副支书、大队长）至今已 40 年，在任期间把一个 1202 户、4630 人、耕地面积 6985 亩的普通村庄发展成为农牧副全面发展，农工商综合经营的富裕新农村，2006 年工农业总产值 2.7 亿元，上缴国家税收 118 万元，全村人均纯收入 5268 元，成为远近闻名的先进模范村。问他有什么经验，他只说了三句话："抓班子，带队伍，求发展"。其实，在中国各地都有一些这样的先进典型，像江苏的华西村、河南七里营的刘庄村、山西的大寨村，尽管所处的条件和发展的

环境不同，但有一个好的领头人是最关键的因素。

（三）以自力更生为主，国家支援为辅，从实际出发，发展村级经济

税费改革后，没有集体和私营经济的村庄，仅靠上级有限拨款和每人一年不超出12元的义务工和积累工来解决村干部工资和社会公益事业，是十分困难的。解决问题的根本办法还是要从当地资源条件和市场需要出发，积极发展村级经济，增加农民收入。河北易县地处太行山区，是省级贫困县，近几年以世界文化遗产清西陵和狼牙山等旅游景点为依托，开展生态文化旅游，2006年全县已有76个村，1200个农户搞起了农家游，从业人员5000人，户均年收入2万多元，全县靠农家游就增收2500万元。尉都乡东庄村有100多农户从事鞋垫生产，过去分散生产，没有形成销售网络，效益不好，2004年6月成立鞋垫协会后，统一标码，统一价格，按订单供货，2006年销售鞋垫3亿多双，产品打入北京、天津超市，还远销俄罗斯等国外市场。这说明发展村级经济，劳动力不一定都要往城市跑，都要办工业，就地向非农产业转移的潜力还是很大的。

（四）发挥"乡规民约"在乡村治理和稳定社会秩序中的作用

现在我国乡村治理秩序规范中有国家的宪法法律、党委的红头文件、政府的行政法规、地方的乡规民约。在这些秩序规范中，哪一种在乡村社会约束力最强？在专家学者的问卷调查中，多数认为地方的乡规民约的约束力最强，其次是政府的行政法规，再次是国家的宪法法律，排在最后的是党委的红头文件。我们在农村调查中也发现，现在农村的社会治安普遍好于城市，原因何在？温铁军先生认为现行的农地制度在起约束作用，因为一旦刑事犯罪，其地权或者村社内部的福利就丧失了。因此，在完善村民自治制度的进程中，从当地实际出发，经村民讨论制定大家公认的

"乡规民约"作为行为准则是十分有效，切实可行的，应积极加以推广。

七 通过多种途径清理化解乡村债务

全国乡村债务规模目前尚无准确的统计数据，2004年财政部财科所研究推算全国乡村债务总额在6000亿—10000亿元，按全国乡镇和行政村平均计算，每个乡镇负债134万—224万元，每个行政村8.9万—14.9万元。

债务来源及构成，包括财政借款、金融机构借款、欠工程款、拖欠干部和教师工资、欠缴税费等方面，私人借款比重相对较小。

造成乡村债务的原因，一是盲目投资兴办乡镇企业，造成资金损失沉淀；二是各项达标升级活动（包括义务教育、基础设施建设和公益事业）欠下的债；三是农户因税费负担过重欠交、由村组高息借款垫交；四是村组干部吃喝招待造成的欠款。乡村债务沉重影响乡村正常运行和社会稳定，必须区别情况加以化解。一是全面清理核实，摸清底数，锁定旧债，遏制新债发生。二是根据不同情况，分类处理。首先化解与农民利益直接相关、基层矛盾比较集中的农村义务教育、基础设施建设和社会公益事业发展等方面的债务，应由下达任务的上级政府研究解决；由于兴办企业造成的债务应采取债转股、破产出售等方式解决；由于干部多吃多占等形成的债务应区别情况由干部个人偿还或分期偿还；对历年农业税尾欠，在严格把握政策和加强审核的前提下，该减免的坚决减免，能豁免的应予以豁免，中央和省级财政要安排一定奖励基金，建立偿债奖励机制，鼓励地方主动化解债务。

运用经济规律发展大豆生产

一

　　大豆是我国的主要农作物之一，是营养丰富的食品，也是国家重要的工业原料和出口物资。我国是世界上最早栽培大豆的国家，早在五千多年前就开始栽培大豆了。孟子说："后稷教民稼穑，树艺五谷"，五谷中的稻、黍、稷、麦、菽，其中菽就是大豆。《诗经》（公元前1027—前481年）中有"中原有菽，庶民采之"，说明大豆在当时已被广大群众食用。我国劳动人民在长期生产实践中积累了丰富的栽培、利用大豆的经验，并对世界大豆生产的发展，作出了重大贡献。据历史记载，我国大豆约在18世纪40年代后才传入欧洲，在这之后，世界各地才开始栽培大豆。新中国成立前，我国是世界上生产和输出大豆最多的国家。1938—1940年全世界大豆种植面积约为1244.5万公顷（折合18.683万亩），我国据不完全统计为885.3万公顷（折合13.280万亩），占世界大豆种植面积的63%。第二次世界大战前，我国大豆年产量在180亿—230亿斤，1938年产量最高达242亿斤。第二次世界大战前我国每年出口大豆1500万—3400万担，豆饼1000万—2500万担，大豆出口总值最高时达到3.3亿元（1929年），占全国出口总值的1/5，大豆是我国当时三大外销农产品（丝、茶、大豆）之一，在国际市场上享有崇高的声誉。但是，自1958年后，我国大豆生产便出现了明显下降的趋势。据农业部门统计，"二五"时期与"一五"时期相比，播种面积减少21.3%，总产量下降24.5%，以后时起时伏，到1976年播种面积减到10.030万亩，总产量降到132.8亿斤，比1957年分别减少47.5%和33.8%，总产还不到1950年的水平。全国大豆单产增长缓慢，长期在一百二三十斤上下徘徊，1976年平均亩产仅132斤，只比1957年增长27斤。全国大豆集中产区的8个省中，除黑龙江外，其余7个省的产量与新中国成立后最高年比较都大幅度下降。其中河南、安徽减产40%以上，辽宁、吉林减产50%以上，江苏、河北减产60%以上，山东减产70%。

粉碎"四人帮"三年多来，党在农村的各项政策逐步恢复，又两次提高了大豆的收购价格，大豆生产下降的局面已基本停止，但与新中国成立后最高年相比仍有很大的差距。如1979年大豆播种面积只相当于1957年的55.7%，总产量只相当于1956年的67%。近20多年来，由于大豆种植面积减少，产量下降，所造成的农业内部比例失调，给社会主义建设和人民生活都带来了不利的影响。主要表现在以下几个方面。

第一，打乱了农作物合理布局，破坏了农业内部结构。大豆的根部附有根瘤菌，能固定空气中的氮素，有肥田养地的作用。据测定，每亩大豆可固氮6—7斤，相当于30—35斤硫酸铵的肥效，一般来说，豆茬作物比非豆茬作物能增产1—3成。另外，大豆秸秆、饼粕又是畜禽蛋白质饲料的重要来源。因而，大豆在轮作制中占有重要的地位。我国劳动人民在长期生产实践中形成的豆科与其他作物合理轮作换茬的制度，保持了土壤生态平衡与农业内部的合理结构。"一五"时期，我国大豆种植面积占粮食种植总面积的9.4%，后来由于不适当地压缩大豆种植面积，"四五"时期比例降至6.1%，造成有些地方土壤肥力下降，粮食产量长期上不去，影响了农业的全面增产。

第二，大豆征购数量大大减少，商品率下降，供需矛盾愈益尖锐。"一五"时期，国家每年征购大豆均在100亿斤左右，商品率 50% 左右。60 年代以来，征购量和商品率分别下降了一半以上。1953 年全国提供商品大豆 1 亿斤以上的有 14 个省，到 1978 年只剩下了东北 3 个省。按人口平均的大豆占有量 "一五" 时期为 31 斤，现降为 14 斤。据有关部门反映，目前各行业每年需要的大豆，最多只能满足一半，工业原料和城乡豆制品供应十分紧张；过去每年用于榨油的大豆达 46 亿斤，现降为 26 亿斤，减少了 43%，严重地影响了工业发展和人民生活的需要。

第三，大豆出口量锐减。"一五"期间，我国平均每年出口大豆 21 亿斤，1978 年仅出口 5.3 亿斤（净出口 3.8 亿斤），战前我国大豆出口占全世界出口总额的 90%，1976 年只占 1%。自 1973 年以来，由于国内购销差额扩大，每年都要从国外进口一些大豆，而且进口数量越来越大，每年要付出一大笔外汇，这对于我国四个现代化建设是十分不利的。

但是，从国外的情况看，恰恰同我国的情况形成鲜明的对照。近 30 年来，世界上由于人民生活和畜牧业发展对蛋白质的迫切需要，大豆生产出现了迅速发展的局面。据有关资料统计，1949 年全世界大豆播种面积 18450 万亩，1977 年扩大到 74140 万亩，增加了 3 倍多。1977—1978 年世界大豆产量达到创纪录的 7300 万吨（折合 1460 亿斤），比 1950 年增长 3.2 倍。其中以美国和巴西发展最快。美国 1804 年开始试种，1924 年产量仅 2.7 亿斤，到 50 年代初就赶上我国，1954 年以后美国大豆产量和出口量一直稳居世界第一位。1977 年美国大豆播种面积达 3.5 亿亩，总产量 934 亿斤，占世界总产量的 64%，与 1949 年相比，总产量增长 6.4 倍，年平均增长率为 7.4%。巴西是 60 年代后期才开始发展大豆生产的，但后来居上，发展速度相当快，1977 年大豆总产量已达到 230 亿斤，比 1949 年增长 320 多倍，年平均增长率高达 28.1%。另外，苏联、日本、墨西哥、阿根廷、加拿大等国也都致力于发展大豆生产。

二

分析30年来国内外大豆生产的历史演变，笔者认为，我国大豆生产长期上不去的主要原因是：

第一，长期以来，我们在农业的指导思想上，单一地抓粮食，片面追求数量，忽视质量和经济价值。在农业布局上缺乏统筹兼顾，瞻前顾后，不注意用地与养地结合。在这种思想的影响下，许多地方片面强调发展"高产作物"，忽视因地制宜发展豆类和小杂粮生产。有些地方一直把大豆当作"低产作物"，从种植计划、增产措施、生产资料供应上都没有给予应有的重视。致使生产条件长期改变不大，科学种田水平很低。有的地方甚至把大豆同其他作物对立起来，使大豆生产在许多方面受到"虐待"，吉林省有"三在后""三不给""五不好"的状况，即种在后，管在后，收在后；不给水，不给好肥，不给多投工；种子不好，选地不好，防灾不好，管理不好，种植方法不好。北方地区为了增加粮食产量，推行粮豆间作套种，由于粮豆比例不合理，大豆通风透光差，也严重地影响了产量。从我国六种粮食作物单产增长情况来看，以1978年与1953年对比，粮食作物平均增长91.5%，其中小麦增长160%，玉米增长121.3%，高粱增长99.4%，水稻增长57.7%，谷子增长46%，而大豆只增长31.8%。在国外，大豆几乎全部是清种，例如美国，大豆种植面积60%集中在"玉米带"与玉米轮作，他们把大量氮肥施在前茬玉米上，而玉米秸秆全部切碎还田，因而土壤有机质高，加上管理水平高，大豆单产比我国高出1倍。

第二，现行的经济政策，不利于调动群众大豆生产的积极性。大豆在我国也同粮食一样，实行粮豆统算的征购办法，由于征购基数高，大豆单产低，往往无产可超，也就没有超售加价款可得；另外，有的省区实行粮豆统筹，以豆折粮的办法（1斤大豆折粮

1.2—2斤），按照目前粮豆单产水平，许多地区反映折粮标准偏低；再有，在出售大豆时不能返饼，也没有奖售化肥等的优待。在当前我国整个粮食形势比较紧张的情况下，上述问题的存在，也就成了影响大豆发展的重要原因。但是，在国外根本就不存在这些问题。凡是大豆生产发展较快的国家都和政府在经济上给予大力支持是分不开的。例如美国，为什么大豆生产发展那么快？一是国内外市场对大豆及其产品，首先是蛋白质饲料的大量需求；二是经营大豆有利可图，通过出口大豆换取外汇，以弥补其对外贸易逆差。为了达到上述两个目的，美国政府采取了一系列鼓励大豆生产的措施。譬如，早在1921年，国内就出现一些专门做大豆买卖的公司，他们跟农民签订收购合同，保证收购价格；1930年当美国大豆生产还处于摇篮期时，为了保护大豆发展，美国对大豆及其产品的进口大幅度地提高进口税；第二次世界大战期间，国外进口大豆来源断绝，美国政府就通过提高大豆收购价格的办法来刺激大豆的发展；50年代，美国大豆油大量积压，大豆榨油工业停滞，为了不影响大豆生产，美国对大豆及其产品的价格采取"差额补助"以保证大豆的正常生产。

第三，违背价值规律，大豆价格不合理。新中国成立以来，我国大豆已多次提价，而且提价幅度也大于其他粮食作物，粮豆比价有所扩大，这些都是事实。但是，我们认为，制定和调整农产品价格，除主要应根据生产成本外，还应当考虑到产品的经济价值、市场供求、国际贸易价格、与其他农产品比价等因素。大豆是粮油、粮饲、粮肥兼用作物，蛋白质含量高达40%，含脂肪20%，营养价值远比其他粮食作物高，1斤大豆约相当于5斤玉米或3.5斤小麦的营养价值。国际贸易中出口1吨大豆可换回2吨小麦。粮豆比价与历史比较虽有扩大，但仍然偏低（据物价部门调查，1979年南方1斤大豆换稻谷2.05斤，北方1斤大豆换小麦1.38斤，东北、内蒙古1斤大豆换玉米2.27斤）。1979年粮豆调价后，据黑龙江省的调查，按调价后的价格计算，扣除生产成本和农业税，每亩大豆的收入要比玉米少 5.16—6.9 元。据山东省的调查，按 1979 年全省小麦、花生、大豆平均亩产计算，种花生亩收入 180 元，小麦 85 元，大豆 47.8 元。大豆每亩收入比花生少 132 元，比小麦少 37 元。从上述情况看，为了促进大豆生产发展，笔者认为，应该从实际出发，对大豆的收购价格进行适当的调整。

三

大豆在国民经济和人民生活中占有重要的地位。大豆，人民需要，国家需要。在今后农业发展中，采取有力措施，尽快地把大豆生产搞上去，是调整农业内部结构的一项十分重要的工作。为此，提出以下几点意见。

第一，调整有关经济政策。建议将大豆从粮食作物中划出来，单独下达征购任务，适当调减"一定五年"的征购基数，使种植大豆的社队，有产可超，增加收入。对实行粮豆统筹的省、区，根据目前粮豆单产水平，可适当提高大豆顶粮的标准。为了鼓励集中产区多调出大豆，也可考虑实行"价格补贴"、外汇分成或由地方直接与外商挂钩出口大豆换回需要的物资和技术设备等，以调动地方增产大豆的积极性。大豆的价格应通过调查，反复对比，从有利于生产出发，适当调整，并贯彻优质优价（青皮大豆比黄皮大豆每吨出口价格高 1 倍）政策，允许地区间存在差价。大豆提价后，销售价格也应做合理调整，否则销价过低，严重违背价值规律，增加国家财政开支，也不利于从产区多调出大豆。

第二，因地制宜，合理调整作物布局。在集中产区和适宜种植大豆的地区，适当恢复和扩大大豆种植面积，逐步建成商品大豆生产基地。如黑龙江的松嫩平原，吉林中部，山东的鲁北、鲁西南，江苏的徐淮，安徽淮北，河南商丘、周口以及部分国营农场。国家在财力、物力上给予必要的扶持（优先供应化肥，特别是磷肥，普及良种，推广化学除草、提高机械化水平等），在经济上给予适当照顾，提高单位面积产量，提高劳动生产率和商品率。这样，就能较快地形成我国出口大豆的主要基地。另外，在非集中产区，要大力提高自给水平，减少大豆调入。如在南方水田三熟制地区，实行水稻、大豆水旱轮作，既能改良土壤，提高地力，促进水稻生产，又能增产大豆，增加社队收入，一举多得。又如在地少人多地区充分利用"五边地"点种大豆，也有很大潜力，应当大力提倡。

第三，从我国目前实际情况出发，大豆单产低，增产潜力大，发展大豆生产，应以提高单位面积产量作为主攻方向。国内外大豆高产典型证明，大豆不是"低产作物"，只要认真改变生产条件，抓好良种选育，增施肥料（特别是磷肥）、中耕灭草、防治病虫害、合理轮作换茬等关键措施，亩产提高到200斤以上是完全可能的（最高亩产有达300—400斤的），假若全国平均亩产提高到200斤，即使维持现有的种植面积，总产即可恢复到新中国成立后的最高水平。当前，大豆科研工作十分薄弱，应大力加强。建议建立全国大豆研究中心，集中产区建立大豆研究机构，配备专业人员抓大豆科研、生产，尽快地培育出早熟、高产、抗性强的大豆新品种，探索大豆高产规律，进行大豆与其他作物间作套种的试验研究等。

第四，开展大豆资源的综合利用。大豆在榨取油脂后所剩下的饼粕，含有非常丰富和营养价值很高的植物性蛋白质，过去大部分饼粕被用作饲料或肥料，这是很大的浪费。目前，国外开展从大豆中提取植物蛋白质的研究进展很快，前景广阔。将来利用植物蛋白质来制造廉价的人造肉、人造牛奶或人造蛋品，改善人类营养状况，弥补动物蛋白的不足是大有前途的。建议有关部门加强这方面的研究，这样就能改变大豆单纯作为原料的状况，大大提高大豆的经济价值。

　　第五，大力发展向日葵种植作为北方地区的主要油料作物，逐步代替大豆，把大豆作为城乡人民蛋白质食品和出口物资。向日葵比较耐旱、耐寒、耐瘠薄、生育期短，适应性比较广，出油率比大豆高1—2倍。我国发展向日葵种植潜力很大。如果实现年产1200万担向日葵的计划（1979年产量为610万担）用于榨油，即相当于26亿斤大豆的出油量，将这些大豆用于出口，就可以恢复50年代的大豆出口水平，每年为国家创造4亿美元的外汇收入。

近期无虑　长期堪忧

——河北省粮食生产面临的问题与对策思路

一

河北省是全国13个粮食主产省之一，粮食播种面积和总产分别居全国第6位和第9位（2006年）。粮食作物种类比较齐全，有小麦、玉米、水稻、大豆、谷子、高粱、甘薯、马铃薯等，以小麦、玉米为主，目前这两大作物播种面积占全省粮食总面积的85.5%，总产占粮食总产的92%。

改革开放以来，河北省粮食生产不断发展，1988年粮食总产登上了400亿斤的台阶，1994年跨上500亿斤，到1998年达到历史最高水平的583亿斤。从此以后，由于众所周知的各种原因的影响，粮食价格持续低迷，种粮效益下降，粮食播种面积大幅缩减，2003年播种面积减少到8916万亩，比1998年减少2042万亩，粮食总产下降到477亿斤，比1998年减少106亿斤，两者减幅均在18%左右。

2004年以后，党中央高度重视"三农"工作，连续五年发出有关"三农"问题的一号文件，各级政府采取了一系列切实有效的政策措施，稳定粮食播种面积，提高粮食综合生产能力，扭转了粮食生产连续五年下滑的局面，实现了恢复性增长。2007年粮食总产达到568亿斤，比2003年增加91亿斤，但仍比1998年少

15亿斤，是历史上第二个高产年。

根据调查分析，粮食增长的主要原因，大体上有以下几点：

（1）国家实行"少取、多予、放活"的方针政策，取消了农业税，落实粮食直补，良种、农机购置和农资综合补贴等优惠政策。2007年省财政安排专项支农资金45.7亿元，按粮田面积计算每亩50元，其中四项补贴就占28.77元。2007年藁城市、乡、村和农民筹措的支农资金高达2.5亿元，平均每亩耕地约300多元。这对调动农民种粮积极性，稳定粮田面积，提高粮食产量，起到了关键性的作用。

（2）优化粮食作物区域布局，引导粮食生产向优势区域集中转移。全省初步形成京广、京山铁路沿线两个优质小麦产业带，京广、京山、张承地区三个优质专用玉米产业带，黑龙港地区优质大豆生产带，张承坝上地区马铃薯产业带，太行山丘陵地区、张承坝上地区和黑龙港地区三个优质杂粮集中产区等。产业带的形成和发展，有利于发挥各地资源、区位、市场、技术、管理等方面的优势，促进优势农产品上规模、上档次、创品牌。以大名、藁城、栾城、赵县等33个粮食生产大县（市）为核心，组织实施优质粮食产业工程，先后投资53864万元，重点加强了优质粮食良种繁育体系、病虫害防控体系、标准化高产粮田和农机装备建设。2006年33个粮食生产大县（市）的粮食总产达270.5亿斤，占全省粮食总产量的50%，对全省粮食稳产增产起到了举足轻重的作用。

（3）实施科技兴粮战略。大力推广优质、高产、节本、增效的先进适用技术30余项，主要有：测土配方施肥技术，小麦、玉米精量播种、免耕、节水灌溉技术，薯类脱毒、地膜覆盖技术，大豆窄行密植技术，玉米秸秆还田技术，冬小麦晚播、夏玉米晚收增产技术等。据藁城市典型调查，通过上述有关技术的推广落实，每亩粮食可节约成本80多元。其中节水灌溉一项每年即可节水60万立方米，节地900亩。近几年鉴于气候变暖，小麦播期过早容易造成冬前疯长冻害，全省强力推行"两晚"技术（冬小麦晚播、夏玉米晚收7—10天），小麦冬前少浇水，可节水14亿立方米，节约浇水成本5.6亿元，夏玉米晚收每亩可增产50斤左右，按2629万亩（占夏玉米播种面积的82%）估计可增产玉米10亿斤以上。

（4）实行粮食产业化经营，提升粮食附加值，增加农民收入。藁城市就是一个很有说服力的典型案例。这个市紧邻石家庄，地理位置优越，土壤肥沃，水利设施配套，历来是河北省重要的粮食商品基地，全市耕地面积82万亩，人口74万，其中农业人口68万，人均耕地1.2亩，2006年实现农业增加值33.6亿元，粮食总产10.8亿斤，人均产粮1348斤，粮食亩产1070斤，商品率70%，2006年全市财政收入8亿元，农民人均纯收入5465元（2007年6184元），主要经验是认真贯彻"以粮为主，多种经营"的方针，大力推进农业产业化，农民收入主要来源于粮食、蔬菜、畜牧、果品四大主导产业和非农收入。

近几年，他们围绕粮食产业化经营，重点抓了以下几个方面的工作：

（1）实行订单生产，组织好产品回收和销售。在小麦生产上，由优质麦开发公司和优质小麦协会牵头，一方面以村为单位与农民签订种植合同，并组织好产品回收；另一方面，积极与省内外面粉加工企业进行洽谈，建立合作关系，实现产品顺畅外销，每年外销优质小麦4亿斤，促进农民增收4000万元。

（2）大力发展畜牧业，促进粮食转化增值。全市蛋鸡常年存栏2700万只，生猪存栏65万头，肉羊存栏33万只，奶牛存栏4.6万头，全市所产玉米全部实现了就地转化。玉米秸秆饲用转化率也已达到35%以上。

（3）搞好粮食精深加工。全市拥有面粉和饲料加工厂200多家，年加工小麦 60 万吨，玉米 80 万吨，杂粮 30 万吨，年产值近 3 亿元。

（4）抓好市场流通。规划建设了系井优质麦、张村玉米、马庄小杂粮等一批产地批发市场，其中，系井粮食市场是长江以北最大的现货粮食交易市场，以购销优质麦为主，日平均成交量 1200 多吨，年成交额 5 亿元，有力地促进了粮食流通，增加了农民收入。

另外，藁城在农业外，发展以建材、铸造、纺织和农副产品加工为主的乡镇企业，吸纳农民工 20 多万人，月工资 800—1200 元，成为非农收入的主要来源。

过去传统观点认为："粮食大县、经济弱县、财政穷县"这是客观规律，很难改变。但是，藁城经过改革开放 20 多年的努力，实现了由"粮食大县、经济弱县、财政穷县"到"粮食大县、经济强县、财政富县"的转变，其经验对河北乃至全国都有十分重要的示范借鉴意义。

二

从 2004 年起河北省粮食虽然连续四年取得了恢复性增长，但在调查中一些省市及乡镇干部仍认为粮食前景并不乐观，用"近期无虑，长期堪忧"来概括河北粮食安全问题同样是适宜的。当前及今后相当的时间里粮食生产将会遇到哪些主要问题呢？

（1）资源约束性日益增强。从耕地资源看，耕地面积逐年减少的趋势不可逆转。从 1998 年到 2006 年的 8 年间，由于经济建设用地，特别是退耕还林、还草，全省耕地面积减少了 900 万亩，粮食播种面积减少了 1659 万亩。同时，河北地靠京、津，是首都的"后菜园"和畜禽生产基地，又是北方棉花、油料作物的主产地，从历史上看，种植结构的变化，主要就是粮食、棉花、油料、蔬菜之间的此消彼长。相对而言，经济作物、蔬菜、瓜果的经济效益要好过粮食作物。因此，想通过扩大粮食播种面积增加总产的空间很小。

再从水资源来看，水资源短缺形势十分严峻，过去打井3—4米深就见水，现在地下水开采深度达到300米。过去适宜种水稻的耕地也只能改种旱地作物或瓜果、饲料作物等。小麦、玉米等高产地区如果育种上没有新的突破，提高单产的难度会越来越大，像藁城这样的地区亩产再提高50斤都十分困难。

（2）政策激励效应逐渐下降。近几年来，尽管扶持粮食生产的政策不断加强，但由于油、电、煤、水等基础产品提价，导致化肥、农药、农膜等农资产品价格大幅度上涨，由此带来农业生产成本大幅度提高。据河北调查总队统计，从2004年起至2007年，河北省农业生产资料价格分别上涨6.7%、6.8%、1.6%和6.9%，而粮食价格相对涨幅很小。据我们在藁城调查，2007年每亩粮田各种补贴加起来为89元，而种植小麦每亩成本（不包括用工，下同）约需400元，小麦亩产按1000斤计，每斤收购价0.89元，总产值890元，扣除成本每亩净收益490元。玉米每亩成本约300元，亩产1100斤，每斤收购价0.81元，总产值891元，扣除成本每亩净收益591元。如果算上用工（小麦4.2个工，玉米6个工），每亩纯收益加上各种补贴也仅有100多元，抵不过农民工2—3天的工资收入，比起种植蔬菜、棉花、花生等经济作物的收入要低许多，种粮效益仍然偏低。因而农民种粮积极性难以充分发挥，农民惜地，而又不好好种地，这是目前农村较为普遍的现象。

（3）农田基础设施滞后，科技推广服务体系不完善。河北这几年粮食增产主要靠提高单产，但与全国和周边省份相比，仍有一定的差距。粮食单产比全国平均单产低30斤左右（排名居第17、18位），比山东低209斤，比河南低130斤。其中小麦亩产比山东低89斤，比河南低114斤；玉米亩产比山东低220斤，比河南低85斤，比全国也低60斤。造成粮食单产水平低的原因是多方面的，既有统计方面的原因，也有自然条件（积温偏低和水资源短缺）以及工作方面的原因。由于历史欠账太多，排灌设施不配套，有效灌溉面积不到耕地的一半，乡镇农技站面临机构设置和管理混乱、经费不足等困难；农村年轻的劳动力多数外出打工，留下的都是妇女和老年人，文化素质低，也影响到先进科技措施的推广落实。

三

针对目前粮食生产的形势和面临的问题，我们认为，解决之道，不能局限于就粮食抓粮食，或只侧重于技术及管理层面考虑问题，应该拓宽思路，从农村经济全局就政策导向、产业结构、地区布局、经营方式等多视角、多层面来研究发展粮食生产的方向、路径和方法。解决我国农业或粮食问题，"既要从农外下功夫，又要从农内找出路"。具体意见如下：

（一）建立和完善粮食产、销、储、调政策体系，创造良好的粮食生产、流通外部环境

近几年的实践证明，政府的粮食政策能否及时、准确，对于保障粮食稳定发展起到十分重要的作用。粮食安全是政府的目标，不是农民的目标。为了进一步促进粮食生产持续健康发展，有必要在现有粮食政策的基础上做适当调整。

（1）粮食直补由按面积补贴向按售粮数量补贴转变。这样有利于补贴款与提高粮食产量挂钩，真正能调动农民种粮的积极性。具体办法可通过立册建账，将销粮款直接汇入农户存折，防止粮食收购企业套取粮食直补资金的弊病。

（2）分品种、分地区适当调高粮食收购价格。只要控制在合理的范围内，就不会对通货膨胀产生大的影响。因为粮食的需求弹性很小，在现有的收入水平下，城镇消费者不会因粮食小幅涨

价而减少购买量；与此相反，因国内与国际市场粮价差距悬殊，消费者担心供应不足而增加购买量，结果反会刺激粮价上涨。诚然，粮价调整后，对城镇低收入群体可采取生活补贴的办法加以解决。

（3）完善粮食储备制度。粮食储备是粮食市场的"稳定器"，对粮食安全起着非常重要的保护作用。根据我国地域辽阔、人口多、自然灾害频繁的特点，适当提高粮食储备底线（一般占粮食消费量的17%—18%）是十分必要的，"手中有粮，心里不慌"。但也不是越多越好，因为粮食储备成本很高，过高的储备量会增加国家财政负担。粮食储备的长期目标应从"藏粮于库"向"藏粮于民""藏粮于地"转变。建立耕地质量补偿制度。对农民种植绿肥、增施有机肥、秸秆还田、科学施用化肥及进行农田整治等保护和培肥地力行为给予奖励扶持，引导农民运用综合农艺、生物和工程措施提高耕地质量。只要耕地综合生产能力提高了，市场什么时候需要，就能拿出粮食来，这才是理想的粮食调控的有效手段。

（4）实行粮食省长负责制，明确粮食主产区特别是主销区更多的粮食安全责任。制定税收优惠和金融支持政策，鼓励主销区到主产区投资建设粮食生产基地、流通储运设施和加工企业，妥善协调好产销区的利益平衡关系。

（5）解决存在的问题，加快发展农业保险。农业保险是一种收费低、风险大、赔付率高的险种，从某种意义上讲，是一种准公共产品，是商业性保险公司在没有政策支持的情况下，一般不愿承担的险种。为此，建议把农险业务从商业保险中分离出来，国家通过财政补贴、金融手段来扶持其发展，同时针对农业的特点，建立国家、市场、农户共同参与的风险防范机制，尽可能分散农业风险，让农民得到有效的保障补偿，同时也尽量减少保险公司的损失。

（6）在确保国家粮食安全的前提下，发挥比较优势，利用国际市场调剂国内余缺。改革开放以来我国粮食自给水平基本保持在95%左右，但近几年玉米出口和大豆进口增长较快。今后可充分利用国内国际两种资源、两个市场的条件，多出口一些有比较优势的杂粮、水果、蔬菜、畜禽产品以换取资源短缺的大豆、棉花等，减轻耕地压力，优化产业结构和增加农民收入，不失为一种有利的选择。

（二）拓宽和延伸粮食生产的内涵和领域，改变只有谷物才是粮食的概念，合理调整作物种植结构，由"二元"结构（粮食—经济作物）向"三元"结构（粮食—经济作物—饲料作物）转变，充分发挥非耕地资源潜力，以减轻耕地压力

我国是耕地资源和水资源十分短缺的国家（耕地只占国土面积的13%，人均水资源只有世界人均水资源的1/4），而山地、草原、沙地、湿地、水域等资源比较丰富。另据农业部课题组研究分析，近年来粮食消费呈现"两增一减"趋势，即饲料用粮、工业用粮明显增加，口粮消费有所下降。而人们食物消费也呈现多样化趋势。据统计，1998—2003年我国人均蔬菜、水果、水产品、油料、肉类、奶类占有量分别增长35.7%、22.6%、16.2%、17.2%、14.8%、42.9%，而口粮消费总量2004年与1990年相比则下降了13.4%。这就启示我们，农业结构调整，不能只把眼睛盯在18亿亩耕地上，应该在坚持退耕还林、还草、还湖，保护好生态环境，严格执行保护18亿亩耕地底线不被突破的基础上，全面规划、合理利用非耕地资源，为国家创造大量财富，其中包括木材，木本粮食（板栗、木枣、柿子、薯等），木本油料（油茶、文冠果、核桃、油橄榄），工业用材（油桐、生漆、藤类、树脂、虫蜡等），蕨类、食用菌、药材等，数不胜数。其实许多地方已经这样做了，并取得了良好效果。

内蒙古乌兰察布市实施京津风沙源治理工程，耕地面积由工

程实施前的2400万亩减少到2007年的1000万亩，而粮食产量由过去12亿斤提高到25亿斤，实现了由种植业主导型向养殖业主导型转变，农牧业产业化经营格局。河北省平泉县依托工程新造刺槐林，食用菌总量由2000年的1220万盘（袋）发展到2005年的8000万盘，龙头企业达30家，产值近8亿元，农民人均纯收入增加550元。根据国家林业局对京津风沙源治理工程的社会经济效益检测，2005年21个样本县（旗）农牧民人均纯收入为2557.19元，比2004年增加12.55%，高于全国同期农民人均纯收入增长水平（彭继平，2007）。

由此可见，如果能按此思路，处理好保护与利用的关系，充分发挥非耕地资源的潜力，不仅可为国家创造大量财富，而且可以安排相当数量的农村剩余劳动力就业，增加农民收入，弥补因耕地资源短缺和水资源不足的缺陷，走出一条有中国特色的农业发展道路。

（三）加强农业基础设施建设，改革完善农技推广服务体系。这两项本来都是建设现代农业题中应有之义，问题在于如何举各方之力贯彻实施，使之取得实际成效

依我们观察，从大部分地区而言，首先，还是要把大中型水利工程、道路、电力、通信设施搞好，特别要抓紧抢修病险水库及配套设施，提高防灾抗灾能力。小型水库、塘坝、机井、扬水站等供水工程，可采取拍卖、租赁、承包、股份制等形式，形成政府"以奖代补"，群众自愿参与的水利建管新机制。

近几年，河北省针对不同地区情况，在粮食集中产区实施优质粮食产业工程，以优质粮食良种繁育体系、病虫害防控体系、建设标准化良田和强化农机装备建设为核心，整合要素投入，大力推广"优质、高产、节本、增效"的适用技术，提高了粮食综合生产能力。另外，在太行山区，坝上、坝下高寒地区，黑龙港干旱缺水地区，实施旱作农业工程，大力推广免耕播种、节水灌

溉技术，青饲栽培技术，薯类脱毒、地膜覆盖技术等，达到蓄住天降水，保住土中墒，优化资源配置，提高旱薄地生产能力，全省建设旱作基本农田1866万亩，每毫米降水产粮由过去不足0.28公斤，提高到目前的0.45公斤，有效地实现了粮食稳产增产。这两项战略举措，无疑都得到了广大群众的赞许和积极参与。

农技推广服务体系虽经多年改革，但目前仍存在机构设置不规范，领导管理混乱，人员素质不高，经费不足和服务不到位等问题。我们认为，像基层农技推广服务体系这样准公共产品的单位，在目前农村科技力量薄弱、农民收入不高的情况下，将经营性业务完全推向市场，不利于现代农业建设。改革方向可考虑以加强县农业技术服务中心为核心，将县乡技术力量集中使用，整合各方资源，使之成为向上连接各级科研机构，向下连接农业产业化企业、农村合作组织、专业农户、村级农民技术员的纽带。按地区特点分为几个片，抓好重点科技项目的示范推广，经费实行统收统支全额拨款，取消差额拨款和自收自支，这样会更有利于服务开展，避免收费"反弹"。

（四）规模经营和农村合作组织，要因地制宜，讲求实效，多种模式，梯次前进，不搞"一刀切"

河北省目前农村经营形式，基本上还是以分户经营为主，种粮大户不多，规模也不大，一般50—100亩。这同当地的地理位置，交通条件，工业化、城镇化水平，文化背景和耕作制度都有一定的关系。以藁城为例，紧邻省会石家庄，距首都北京264千米，来去只需2—3小时；农作物以小麦、玉米一年两熟为主，耕、种、收全部实现了机械化，不用强劳动力，轻轻松松每年就能拿到2000多斤粮食，村里80%的青壮年劳动力都到当地企业或石家庄、北京等地打工，土地不愿也不用转租，不存在弃耕或撂荒的问题。合作组织也多以专业或行业合作（协会）为主，如优质小麦协会就是由农业局牵头，组织农科所、优质麦开发公司、粮食购销企业、种子公司、面粉加工企业，联系全市 30 万亩优质麦生产基地、农户，从种到收，实现"一条龙"服务的合作（协作）组织，通过签订合同，实现互利共赢，不涉及产权、利益分配等问题。又如，为了稳定农资价格，保护种粮农民利益，由供销社和工商行政管理局牵头成立了藁城市农资服务协会，以协会为依托，从农资源头抓起，严格控制种子、化肥、农药等农资的供应关，统一渠道，统一标准，统一检验，统一供给，实行市、乡、村三级农资服务站联销经营，把 239 个村全部纳入经营服务网络，保证把农民急需的农资及时送到田间地头。

因此，对于规模经营和合作组织形式应有全面、辩证的理解、认识，规模经营，有土地规模、集约规模、群体规模；合作组织有生产合作，也有加工、销售、流通等多种形式的合作，组织形式具有过渡形态。只要能为广大群众接受，能提高农产品质量、产量，能增加农民收入，群众认为"管用"的，就是好形式，没有高低优劣之分，指导思想上应该因地制宜，多种模式，分类指导，梯次前进，不搞"一刀切"。

广东省外向型农业考察

1988年三四月间,我们到广东省汕头市和珠江三角洲的东莞、深圳、珠海、中山、顺德、南海及广州市郊区对发展外向型农业的情况进行了考察,现将所见所闻及我们的看法阐述如下。

一 发展外向型农业给广东农村带来了深刻的变化

广东省从1980年开始实行改革开放的特殊政策和灵活措施。其沿海地区利用毗邻港澳、华侨众多,气候优越等有利条件,发展创汇农业与外向型乡镇企业。据统计,到1987年,全省建立创汇农业基地和加工专厂2081个,吸引和利用外资4亿美元,农副产品及其加工品出口创汇16.44亿美元,占全省出口创汇总额的29.9%。乡镇企业与外商签订合同并已投产的项目4.7万余宗,利用外资10亿美元,引进各种机械设备36万台(套)。1987年乡镇企业出口产品总值24.89亿元,加上"三来一补"的工款费收入4.65亿美元,整个农村创汇收入约占全省一半。全省118万个乡镇企业中有20%以上的企业与世界87个国家和地区建立了出口贸易关系。

广东发展外向型农业给封闭的农村经济注入了生机和活力,加速了农村经济商品化和农业现代化的进程。经济发展较快的珠江三角洲地区建立了240个外向型的重点工业卫星镇、703个创汇型的农业出口商品基地。通过出口创汇,引进国外优良品种、先进技术和管理经验，广东农村形成了现代化的生产体系，这对系列改造传统农业，为农业现代化提供新鲜经验，有积极作用。

与此同时，农村产业结构和劳动力结构发生了重大变化。东莞、南海、顺德等市、县1987年农村第二、第三产业的收入已占农村经济总收入的80%左右，60%的农业劳动力已转移到第二、第三产业，另有100多万外来劳动力进入乡镇企业。农村非农化和农业份额下降的趋势，给农村发展指明了前景。

随着商品经济的迅速发展，农民生活水平提高较快。1987年南海、顺德、中山、东莞农村人均收入分别为1281元、1168元、1134元、1039元，比全省人均收入高1倍左右。原来比较贫困的地区，发展外向型农业后，农村面貌也发生了较大变化。如汕头市管辖的饶平县原来是一个较穷的沿海县，财政、信贷都十分困难，1986年大胆引进外资，建成1.3万亩对虾基地，1987年平均亩产达到200多公斤，计划分三年用部分产品偿还外债，既增加了农民收入，又为该县开拓了一项重点产业，对全县经济将产生深远影响。

与传统农业及其他地区比较，广东发展外向型农业具有以下几个特点：

第一，以国际市场为导向，按照"贸工农"方针，形成产销一体化的生产体系。这同过去农副产品出口，由外贸部门下达出口产品数量、价格，由生产单位负责生产，基本上是以原料和初级加工品出口为主，有什么就收购什么，出口什么，产销基本脱节是有本质区别的。现在基本上按照国际市场的需求，建立出口加工工厂，再按加工的需要建立出口商品基地，把贸工农联结在一起，形成产销一体化的出口体系。同时，还从国际市场引进资金、技术、设备、人才和管理经验，并输出我们的劳动力、技术到国外办厂、办场、开店。把沿海开放地区的经济逐步纳入国际经济大循环，成为世界经济的一个组成部分。尽管目前还只是个开端，但已显露出其内涵与发展趋势。

第二，依靠科技进步，提高出口产品的质量、档次，增强出口创汇能力。发展外向型农业的核心问题，就是要用现代化科学技术来改造传统农业和乡镇企业，以改变其产品结构，提高质量，增加花色品种，以适应国际市场的需要。广东省近几年从国外引进几百种农作物和畜禽良种，并引进国外先进生产工艺、加工设备和生产线，对农业的产前、产中、产后进行技术改造，使有些产品生产全过程或大部分环节实现现代化。如广州、珠海的瘦肉型猪出口基地；广州、深圳的肉鸡、蛋鸡、牛奶生产体系；顺德的塘鱼、家禽、花卉出口基地；南海里水和松岗镇的蔬菜出口基地；汕头的养鳗业、饶平的对虾养殖业等，基本上都达到优质化、生产操作机械化、标准化，储运、保鲜、包装现代化。或是采取"两头洋、中间土"，产前、产后采用现代技术，中间仍用人工操作，以发挥劳动力多、工资低廉的优势，降低出口产品成本。

第三，出口创汇产品中以鲜活产品及劳动密集型产品为主，销售市场以港澳为主。广东沿海地区毗邻港澳，水陆交通方便。发展鲜活农副产品出口和兴办"三来一补"企业，具有其他地区无法比拟的优势。1987年全省出口贸易产品构成是：农副土特产品及其加工品占35.7%，轻纺产品占48.9%，工矿产品只占15.4%。出口贸易中对港澳出口占74.8%。出口鲜活产品中活猪、活家禽、活塘鱼、蔬菜、牛奶等在全国均居首位。工业品出口额超过一亿美元的品种有：成品油、服装、棉、毛针织品、家用电器、各种包装袋、抽纱、玩具、中西药等，其中乡镇企业产品占相当的比重。七年来与外商签订"三来一补"合同3.1万宗，大部分在珠江三角洲地区。另据统计，1987年9月香港制造业的就业人数为87.52万人，但是它却以"三来一补"的形式容纳了珠江三角洲地区"百万农民转向工业"。由此可见，广东创汇农业和外向型乡镇企业与港澳市场关系之密切。

二 发展外向型农业的主要经验

通过调查，我们感到广东经济发展固然有其特殊的条件，但就其主要经验来说是带有普遍意义的。不仅对发展外向型农业，就是对当前农村的改革与发展也是很有借鉴意义的。

（一）解放思想，兑现政策

凡是到过广东的人，都会感触到广东的市场十分活跃。其实那就是解放思想，敢于把中央下达的政策用好用活的结果。早在1980年广东就开始改革农产品统派购制度；统派购品由1980年的117种减少到1985年的6种，到1987年包括合同定购与市场价格并行的"双轨制"在内还有4种（粮、油、烟、甘蔗）。肉禽蛋、水产品、水果、蔬菜、土特产品等价格放开后，虽然价格时有波动并有上升，但基本上控制在社会能够承受的范围之内，对促进商品生产和流通，改善产品结构，增加市场供应，引导消费，都起到了积极的作用。其次，打开城门，给进城镇务工经商的农民提供各种方便。外来劳动力只要有当地乡政府证明，就可以到乡镇企业中就业，保证来去自由。全省已登记注册的工商户有78万户，建立了500个专业市场与远距离、大批量、高质量的埠际市场。再次是根据"谁投资，谁受益"的原则，大力发展电力、交通、通信、保鲜、仓储等基础设施建设。东莞市1980年以来集资2亿多元办电厂，修桥铺路，安装程控电话，改善投资环境，把工厂办到农民家门口，"三来一补"企业一直居全省乃至全国的前列。

在现行的外贸体制没有根本改革以前，如何处理旧体制与发展外向型经济的矛盾，是一个十分棘手的问题。在这方面，广东不是采取消极等待的态度，等体制改革好了再干，而是实行一些在政策允许范围内的灵活措施。譬如采取同外贸部门联合办基地、建厂的办法，解决产品出口权和出口配额问题；把出口产品从专业公司中分出另立支公司（如将蔬菜从土畜果蔬公司中分出来）以扩大产品出口权；通过与外商联营以解决产品的外销问题等。在调查中，我们常听广东的同志用"见了绿灯快步走，见了红灯绕道走"说明他们用好、用活、用足政策的态度和开拓创新精神，这同有些地方"见了绿灯慢慢走，见了红灯往回走"的精神状态，形成鲜明的对照。当然，用好、用活、用足政策是指结合本地实际，创造性地贯彻中央的方针政策，是思想解放的重要尺度，这同违背中央政策另搞一套，是有原则性的区别的。

（二）调整结构，建立基地

广东省农村产业结构的调整，基本上经历了三个发展阶段。1980年前侧重在种植业内部进行结构调整，改变"以粮唯一"的种植业结构，恢复和发展经济作物；1980年以后抓住改革开放的有利时机，在稳定粮食生产的前提下，大力发展多种经营，向生产的广度进军；1985年以后适应外向型经济发展的需要，突出抓好骨干项目和拳头产品，通过建立出口商品生产基地，使农村商品生产逐步向专业化、现代化、集约化的方向发展。

调整产业结构的中心问题是如何保证农业，特别是粮油的稳定增长。前几年对"无工不富"的片面性理解，确实出现重工轻农，滥占耕地，盲目发展工业，农业发展缓慢甚至萎缩的问题。实践经验证明，在农村经济发展中，"无农不稳"是基本的、主要的。东莞市从实际出发，走以发达的商品农业为基础，以外向型工业为主导，以社会化服务为纽带，实现三大产业协调发展。1980年到1986年东莞市工农业产值比从58：42调整到75：25，工业产值年递增29.2%，农业产值年递增5.2%，种植用地扩大12万多亩，每亩种植业产出由146元增至493元，仅种植业一项就比1978年增收5.47亿元。东莞经验不仅在珠江三角洲，就是在全国条件类似地区也是很有借鉴意义的。其他县、市近两年也已注意加强农业的基础地位，增加投入，改善生产条件；采取行政措施，稳定粮田面积；严格审批手续，控制占用耕地；开发滩涂、荒坡，扩大耕地面积等。总之，农业的稳定增长是促进外向型经济发展的一个重要因素，值得引起足够的重视。

关于出口商品基地建设过去也有，只是现在的标准比过去高些。一般的条件是：①能稳定地提供一定批量的出口货源；②布局比较集中；③有一定的组织。目前已建立的1700个出口商品丰产基地中70%是在原来基础上提高，30%是新建立的，其中种植业基地450万亩，占全省耕地的10%，养殖业基地27万亩，占5%。

出口商品基地的经营模式，主要有以下几种：

1. 贸工农技结合、产销一体的企业集团

这类基地多由有外贸经营权的专业公司牵头组成，或与生产、科研单位联合建立。产品可以直接出口，省去许多购销环节；又可利用外汇留成进口生产资料，引进技术、设备，提高对国际市场的应变力和竞争力。例如中山市食品进出口公司和农业部门合办的鸽场、各地的瘦肉型猪场多属于这种模式。

2. 由专业进出口公司或场、厂牵头联合农村专业户组成产销一体化企业

如深圳市宝安眷养鸡公司即属于这一类型。这个公司拥有5个种（肉）鸡场和一座饲料厂，同时联系92个集体和个体养鸡场，为他们提供鸡苗、饲料和产前、产中、产后服务，订立供产销合同。产品按国家分配的配额，通过国内驻港机构代销。1987年出口活鸡320万只，创汇700万美元。汕头市的养虾、养鳗联合公司也属于这一类型。

3. 中外合资合作企业

如深圳市光明华侨农场与香港豆品有限公司合营的鲜奶生产线，引进优良奶牛品种，先进的挤奶、加工设备，生产维他鲜奶等奶制品，占领了香港60%的鲜奶市场，年创汇500多万元。

4. 外资企业

这类出口基地，是外商利用我国土地资源和廉价劳力经营的厂，生产资料供应和产品销售均由外商自行负责，我方只收取地租、房租和工资。严格地说"三来一补"企业也是属于这一类型。

5. 产销挂钩的出口场、厂

这类出口基地，多数是由生产单位与外贸部门订立合同，产品由专业出口公司出口，产销分属两个不同经济实体的经营形式。大多数乡镇企业产品和非大宗的农副产品出口属于这一类型。

从出口基地的技术结构来看，基本上可以分为三种类型：第一种是引进全套现代化生产技术设施。其特征是劳动生产率高，现代化水平高，能生产优质产品，但投资大、耗能多、成本高，深圳市农垦南方公司从美国引进的20个全套自动化水栽蔬菜塑料大棚，顺德县从荷兰引进的三套现代化温室花卉生产线，都因产品成本太高（如反季节生菜每斤成本高达4—5元），造成经营亏损。第二种是"土洋结合"的技术体系，即良种、技术、关键设备由国外引进，或对引进技术加以消化、改造；中间仍以传统技术、人工操作为主。如肉鸡、蛋鸡、瘦肉型猪出口基地多属于这一类型。第三种是向现代生态农业过渡的技术体系。其特征是在传统的有机农业技术基础上，较多地利用生物能量转化，少投入工业物质（机械设备、能源、化肥），以改良品种，农牧结合为技术体系的中心环节。如在东莞、宝安、顺德、珠海等市县的果、猪结合，果、鸡结合，果、猪、鱼结合等模式的基地，即属于这一类型。从目前的实践效果来看，后两种类型投资成本较低，产品也基本上符合出口的要求，适合当前国情；前一种应当进行研究改进（如蔬菜要解决自繁种子、温室要降低能耗），项目在未经过充分论证前，不宜盲目引进。

（三）抓好开发性农业，推进适度规模经营

广东省人多地少，人均耕地仅0.7亩，依靠有限的耕地，满

足日益增长的人口需要，难度会越来越大，更不用说出口创汇了。但从资源潜力来看，全省还有7000多万亩荒山、荒坡和400多万亩浅海滩涂未很好开发利用。从1985年开始，广东省委在总结群众经验的基础上，有计划地组织了开山种果、开发滩涂和造林绿化的群众运动，把开发农业与创汇农业结合起来，把开发农业与推进适度规模经营结合起来，闯出了一条发展农村经济的新路子。东莞市是一个有125万人口、117万亩耕地的农业大县，九年来共投资1.8亿元，开发荒坡地新种水果60多万亩（其中间种20万亩），开发滩涂扩大水产养殖面积三万多亩，重点发展名、优、特、新产品出口，1986年仅水果产量就达6.15亿斤，居全国各县之首，农民人均水果收入达364元。同时采取"三来一补"为主要形式发展乡镇企业，1987年缴费收入达9000万美元。1980年以来，全市工农业总产值以每年平均20%的速度增长，年出口创汇2.2亿美元，居全国各县之冠。

在沿海经济发达地区，农村第二、第三产业获得较大发展之后，如何及时推进农业规模经营，解决农业经营规模过小的问题，是农业发展中亟待解决的一个问题。广东省有的地区先从开发性项目和占用土地不多的饲养业中推行规模经营，在现有耕地中先在边远田、低产田中搞土地集中，取得了一定效果。如南海县在新开果园和塘鱼生产中，推广投标承包，经营面积在10亩以上的户已占新开果园和鱼塘的20%。同时涌现一批养猪100头以上、养"三鸟"（鸡、鸭、鹅）1000只以上的专业户。中山市低沙田地区神湾镇，在承包土地时，把不易耕、耕不了的边远田5000亩，发包给专业户承包。实现规模经营的63户，经营面积4475亩，占耕地面积的17.9%。由此可见，推行规模经营关键还在于能否取得理想的经济效益，如经营一亩鱼塘年纯收入低的800—900元，高的1300—1400元；养100头猪的专业户年纯收入也有3000—5000元；养1000只家禽年纯收入有4000—5000元；而经营一亩水稻年纯收入只有 80—100 元。因此，推进规模经营应当遵循"积极稳妥、分类指导、先易后难、循序渐进"的原则，逐步把竞争机制引入土地经营，推行"两田制"；改均分承包为招标承包，改无偿转让为有偿转让承包；改过长承包期为适当承包期，促使土地合理流动，适合农村商品经济发展的要求。

（四）转变政府职能，加强社会化服务工作

如深圳、珠海市农业口有关局已撤销，在政府下设农委，主要职能是规划、协调、监督、检查。具体业务由各专业公司负责。珠海市在金山区划出一片土地（20 平方千米）搞外向型农业示范区，实行生产场与科研所合一建制，探索外向型农业的路子，带动农民致富。顺德、中山等县、市为加强对创汇农业的领导，成立了出口商品领导小组和基地办公室。珠江三角洲农村双层经营体制较健全，市、县、镇、村各级转变职能后，通过加强社会化服务，以推进农业现代化、专业化、商品化进程。建立种苗、饲料公司，为农户提供优良种苗、饲料；充分发挥农业场、站的作用，开展技术咨询服务，建立各种专业技术协会，定期开展活动，与农民专业户签订各种购销合同，解决"买难""卖难"问题。

三 面临的问题与对策建议

近几年广东省外向型农业发展较快，但也遇到不少矛盾和问题，主要是：①现行的外贸管理体制与发展外向型经济的矛盾。管经销的不管生产，管生产的不懂国际市场行情，出口受配额的限制，有配额的无出口产品，有出口产品的又无配额，用行政手段管理配额，加深了不正之风泛滥；地方外汇留成少，用汇控制过死，也影响地方和企业创汇的积极性。1988 年外汇管理体制改革只解决外贸部门经营承包问题，没有解决生产单位的出口权与用汇权问题，因而是不彻底的，必须进一步改革。②由于近年来农产品供需矛盾尖锐，价格大幅度上升，内销与外销争货源十分激烈，有些产品国内价格高于国际市场价格，形成国内外价格倒挂问题，产生了"外销不如内销，内销不如自销"的现象，一些鲜活产品问题更为突出。③出口产品的质量、品种、款式、包装等不适应国际市场的要求。在港澳市场上受到美国、日本、澳大利亚、泰国、中国台湾、韩国等国家和地区的激烈竞争，有的产品被排挤出来，有的只能以低价销售。1988年美对港农产品出口增加70%，对广东鲜活产品出口形成了严重的威胁。另外，外向型农业的高投入与资金不足的矛盾，也十分突出。各级政府重工轻农，重城市、轻农村的投资倾斜政策，给外向型农业发展蒙上了阴影。南海县1986年地方财政支援农业投资411万元，仅占当年财政总支出的3.6%；当年社会固定资产投资完成3.78亿元，农业部门726万元，仅占1.9%。中山市1987年银行信贷总额20亿元，用于农业的仅7000万元，如减去预购定金，真正用在农业上的只有1000万元，占0.5%。这样的投资倾斜政策，要使外向型农业较快地发展，是难以做到的。

外向型农业是以国际市场为导向，以创汇效益为中心的技贸工农型的产业体系，它的形成与发展除了受国内诸多条件的影响外，还受到国际政治经济形势发展变化的影响，情况是十分复杂的。我们对前景的估计，绝不能盲目乐观，应持积极审慎的态度，对主客观情况做具体的、实事求是的分析。

从国际农产品贸易发展总的趋势来看，21世纪，尽管世界上仍有亿万人挨饿，但世界农产品市场仍将保持供过于求（有支付能力的需求）的基本格局。主要农产品的国际价格将继续处于相对疲软的趋势。加上世界主要农产品进出口国家多数采取贸易保护主义，这就增加了我国出口创汇的困难。但从局部地区某些产品来看，仍然可能存在"供不应求"的局面（如世界每年对虾贸易额60万吨，我国只出口3万吨，占5%），这就取决于我们的竞争力，只要有价廉物美的产品，即使在"饱和"的市场中也会找到销路。

从国内来看，预计到 21 世纪末以前，国内农产品供不应求的基本格局将不会改变，农产品价格上涨，内外销争货源的矛盾将十分激烈，由于原材料和工资上涨，我国出口产品的机会成本上升，劳动力低廉的优势也会逐步减退。但是相对来说我国地域辽阔，资源丰富，一些名优土特产品、轻纺产品在国际市场仍有较大的竞争潜力。广东毗邻港澳，更能发挥其独特的优势，在国际市场争到一席之地。为此建议采取以下对策：

（1）改革外贸管理体制。改革的目标和方向应当是：在统一规模、统一政策、联合对外前提下，实行政企分开、简政放权，把外贸经营主体由国家统负盈亏的经贸公司，改变为自负盈亏的出口生产企业、出口经营企业、出口服务企业以及农工贸结合的出口企业集团，以形成一个多层次、多形式、全方位有竞争的出口经营机制。对于国家掌握有配额的大宗出口农产品，应坚持统一对外，但超配额部分不列入统一经营的农副产品，要放手让地方或有条件的企业及经营单位自行组织出口。同时要改进配额管理办法，鲜活商品出口实行"择优配额"原则，改革目前行政分配办法为投标办法，换汇成本低的多给配额，反之少给或不给配额，以提高出口经济效益，适当提高地方和出口企业的外汇留成比例，放宽用汇审批权，设立外汇调节市场。国家主要从税收和限制进出口物资品种上加强宏观控制。

（2）开拓国际市场，合理地域分工。应全方位地去争取国际市场，但必须根据地区特点和优势，进行合理分工，各有侧重，避免目前过分集中港澳市场以及某些出口产品一哄而上的做法。从广东来看今后仍应继续以巩固港澳市场为主，同时扩大日本市场，发展东南亚及远洋市场。摸清国际市场的消费变化趋势，调整产品结构，生产适销对路的产品，增强出口创汇能力。

（3）依靠科技进步，提高产品质量，降低换汇成本。外向型经济的实质，就是在国际商品交换中，使国内出口商品价值受到国际商品价值的检验转化为国际价值。因此，从传统的观念出发，只考虑从"互通有无""调剂余缺"的需要而出口，是远远不够的；无视国际价值规律，不计换汇成本，长期补亏的做法，也是难以为继的。正确的做法应该是把生产企业推到国际市场中去经受考验，开展竞争，促使出口商品的经营者依靠科学技术进步，改善经营管理，使出口商品的劳动耗费低于社会必要劳动量，低于国际价值量，不断降低换汇成本，提高创汇效益。为此，就要在技术政策和产业政策上有利于鼓励产品的更新换代，提高产品的质量、档次，实现产业结构的高级化。具体措施上建议设立创汇农业技术改造基金和出口产品风险基金，对名特优新产品专拨科技基金和对创新产品给予免税、减税等优惠政策。

（4）重视劳务技术和资金的输出。发展外向型农业不仅体现在农产品及加工品的出口创汇，从国外引进技术、资金、设备及管理经验；同时也体现在我们的劳动力、技术、资金向国外输出，参与国际化的生产活动。我国劳动力价格低廉，某些技术（如建筑技术、盆景园艺技术、刺绣编织、水产养殖、烹饪等）在国外很有竞争力，可以通过到国外办厂、办场、开店，绕过贸易壁垒，扩大销售网，解决土地和原材料缺乏，从而增强和扩大创汇能力。建议尽快从政策上进行研究，提出相应的政策规定。

因地制宜　循序渐进

——华容县调整农村产业结构的调查

一

华容县位于湖南省北部，倚长江，滨洞庭湖，自然资源十分丰富，是湖南省富庶的鱼米之乡，也是全国重要的商品粮基地县之一。党的十一届三中全会以来，农业生产有了较快发展，但基本上仍处在以生产原料为主的封闭式的经济状态。1980 年全县农业总产值 18662 万元，其中农业占 77.4%，林牧渔占 12.2%，工副业占 8.6%，农村人均分配纯收入仅 161 元，与丰富的自然资源很不相称。从 1981 年开始，华容县在贯彻落实农业联产承包责任制的基础上，先后两次对全县农村产业结构进行了比较合理的调整。1981 年，首先在种植业内部把不适宜种粮食的耕地退耕还林、还渔，扩种棉花和黄红麻等经济作物。同时对全县棉田根据因地制宜、适当集中的原则，调整了布局。在沿长江和藕池河两岸沙洲和荒滩上建立起百里桑带。1983 年，着重在丘陵区种植油桐、茶叶、柑橘等，在平原、湖区扩种湘莲、辣椒等传统土特产品。经过两次调整，全县粮食与经济作物面积的比例，由原来的 8∶2 调整为 6.5∶3.5。另外，还根据本地资源和市场需要，发展饲料工业、食品工业、粮油加工业和建筑、建材业。交通运输业、商业、服务业和集镇经济也有较大发展，到 1984 年上半年，县属镇已由原来4个增加到11个，乡属镇由7个增加到11个，还出现了5个墟场和109个码头。华容县产业结构调整后，1983年与调整前的1980年相比有如下显著变化：

第一，粮食面积虽然减少9万多亩，但总产却增加2.2亿斤，增长37%；棉花、黄红麻、桑蚕茧也分别增长44.2%、91.6%和1.2倍；鲜鱼达11.4万担，增加3.95万担，增长53%；生猪出栏数增加1.5万头，增长8.6%；工副业产值增长11%；农业总产值增长39.9%，其中林牧副渔产值增长43.6%。

第二，据典型调查，调整前农村有35.2%的剩余劳动力。从事种植业的劳动力占劳动力总数的91.6%；调整后，从事农业的占78.1%，林牧副渔占13.8%，工商交运服占8.1%。调整后1983年劳均生产粮食3263斤，比调整前提高27.8%；劳均产值1033元，提高30.4%；农业商品率由1978年的36.7%，提高到68.2%。

第三，全县社会总产值（按当年价格计算）增长65.4%，财政收入增长17.5%，社会商品零售总额增长23.4%，人均国民收入由252元增至447元，增长77.4%。

第四，农村人均纯收入30元，比调整前增长1.05倍。农村人均占有粮食达1406斤，全县生活资料零售额增长1.4倍。人均消费猪肉26.2斤，植物油11斤，食糖6.7斤，饮料酒6.6斤，均接近或超过全国平均水平。

第五，植树造林4万多亩，森林保存面积达13万亩，退耕了3万多亩低洼湖田改为精养鱼池。农田生态环境正在向好的方向转变。

二

从调查情况看，华容县调整产业结构的主要经验有四条：

（1）因地制宜。调整前，华容县委根据农业自然资源调查和农业区划提供的资料和多次组织干部下乡调查的情况，发现实行农业生产责任制后，农村经济发展还不够快的主要原因是：受自给自足的小生产习惯的束缚，对丰富的自然资源和充足的劳动力认识不足，致富无门。如全县土地面积246万亩，其中耕地仅87万亩，尚有37万亩湖泊、13万亩河流、3万多亩湖滩、3万多亩疏残林、4.6万亩荒山都没有很好地利用。在已利用的耕地中，也没有做到因地种植，经济效益不高。如全县有6万多亩高岸田，要靠两级提灌才能保收；有8万多亩低洼湖田，日降雨50毫米就要排渍，种水稻，产量低，成本高，很不合算。又如，全县棉花种植过于分散，不便于统一领导和加强技术指导，分散棉区、稻、棉兼作区和丘岗红壤旱地、飞沙地、湖周低洼地的皮棉亩产比集中产区棉田产量低四五十斤，甚至一半。因此，只要合理调整作物布局，改变种植业内部结构，很快就能收到增产增值的效果。根据这种情况，华容县委首先把过去过于分散的棉田逐步集中到适宜种棉的6个乡镇，黄红麻和桑蚕茧生产也相对集中，既加快了农业区域化、专业化的步伐，也大大提高了土地生产率和经济效益。如棉花调整前大部分年份亩产在70—100斤徘徊，调整后1983年提高到140斤，增产40%到1倍。粮田面积虽然有减少，由于采取"三增三减"措施，即增加双季稻减少一季稻，增加春粮减少绿肥，增加杂交稻减少常规稻，并实行科学管理，亩产由990斤提高到1460斤，全县粮食总产得到较大幅度增长，产值也有很大增长。最为明显的是低洼湖田退耕还渔，产值增长几倍。如操军乡水产场，1978年前是东风农场，因地势低洼，一年只能种一季水稻，产量极不稳定，一般亩产600斤左右，灾年甚至颗粒无收。1978年开始挖精养鱼池，1980年后大面积退耕还渔，现有精养鱼池1200亩，大湖粗养面积2200亩，1983年亩产鲜鱼537斤，亩产值430元，比种水稻高出4倍以上。1983年职工人均纯收入595元，比1978年增长4.8倍，居全县前列。

（2）循序渐进。农村产业结构基本上可分为三个层次，即种植业，林、牧、副、渔和农村产业。从华容县的经验看出这三个层次，种植业是基础，只有搞好种植业，处理好种植业中粮食作物与经济作物的比例关系，才能为发展林牧副渔提供粮食、饲料和资金，为加工业提供原料；只有农林牧副渔各业发展了，才能为农村工业、商业、交通运输业、建筑建材业、服务业的发展创造条件；只有后一层次的调整和加强，才能为前一层次开拓生产领域，搞活流通，消化多余的劳力和资金。二者相互促进，相互制约。比如，在目前的价格水平下，当地种水稻每亩纯收入比棉花低150元，比黄红麻低40多元，比苎麻低110元，比蚕桑低220多元。因此，凡是单一种粮食的队，多数是穷队。所以，不调整种植业结构，不发展经济作物，农村就富不起来。群众说："穷家弱户要发家，一扩棉来二种麻，沙洲变富并不难，只要种麻又养蚕。"新河乡红专村1984年调减水田1080亩，扩种红麻、棉花、尖椒、甘蔗、湘莲、药材、苗圃，发展养鱼，全年产值增加7.6万元，亩均增值100元，人均增值60元。从华容县的经验看，调整种植业结构的同时，应该大力发展林牧渔等多种经营和农村工业、商业、运输业、建筑业。只有这样，丰富的自然资源和劳动力才能得到充分合理的利用，种植业生产的粮食和工业原料才能较快地转化为肉奶禽蛋和其他工业品，才能实现增产增值。华容县目前之所以出现"卖粮难""卖棉难"等问题，主要就是抓了第一个层次的调整，粮、棉、麻、丝等产量大幅度增加了，而相对来说第二层次的调整抓得不够有力，特别是畜牧业和乡镇工业还比较落后。所以，调整产业结构并非要等到第一个层次调整好之后，再来调整第二层次、第三层次，而是应该随着第一层次的调整，就预见到将会出现的新情况、新问题，采取相应措施对下一层次进行交叉调整和改革，才能使各产业之间保持有机联系，促进整个农村经济的协调发展。

（3）面向市场。调整农村产业结构的目的，是加快商品生产发展，使农村尽快地富裕起来。但发展的产业和产品是否能适应国内外市场的需要，则要通过市场的检验。如果脱离实际，盲目发展，就会造成货不对路，产品积压；或者缺乏特色，在市场上竞争不过对手，处于劣势。华容县通过调查研究，认为近两年我国黄红麻大幅度减产，市场供应出现缺口。苎麻是湖南特产，目前国际市场上苎麻制品畅销，附近又有麻纺厂；鲜鱼是目前市场上的紧俏商品，华容县又是国家投资建成的商品鱼基地县；棉花虽然国内已自给有余，但华容棉花产量高（亩产比全国平均高40%）、品质好（1—2级棉占1/3以上），种棉经济效益高，湖南棉纺加工尚有较大潜力。因此，他们把发展棉花、黄红麻、苎麻、鲜鱼作为"拳头"产品，并确定棉花生产，主要是稳定面积，主攻单产，开展综合利用。面向市场，除考虑国内国际市场外，还应考虑农村市场的巨大潜力。比如华容县1982年鲜鱼产量8.9万担，人均占有量仅14斤，当年国家收购2.64万担，仅占产量的30%，70%的鲜鱼在本地消费了。如果人均消费增加2斤，每年就是1.27万担。因此，在预测国内外市场变化的趋势时，特别要立足于农村市场，这是做好农村产业结构调整的重要依据。

（4）统筹安排。调整农村产业结构牵涉面广，会遇到许多问题。只有统筹兼顾，合理安排，得到各方面的支持，才能保证调整顺利进行。为了保证调整工作顺利开展，县委动员各行各业通力协作。在县委统一规划和各方面的大力支持下，近几年，全县仅建设多种经营商品基地，即累计投工1960多万个，完成土石方2700多万方，新建立棉、鱼、麻、桑、湘莲、油桐、楠竹、芦苇等商品基地16.4万亩。国家和有关部门为支援商品基地建设，累计投资900万元。

三

华容县农村产业结构经过三年调整，虽然取得了很大成绩，但从综合效益和农村经济整体来看，仍然没有完全摆脱单一生产原料、封闭式的经济模式，主要表现在：①种植业产值和占用的劳动力仍占农业总产值和劳力总数的 70% 以上。单一生产型的经济结构模式，并没有从根本上改变。②农村仍以生产原料为主，各种农副产品加工和综合利用水平很低，产值难以提高，经济效益增长较慢。③山丘区与垸区经济发展不平衡，人均纯收入相差 150 元左右，而且差距越拉越大。因此，我们认为根据华容县的现实情况，华容县在进一步调整好农村产业结构的同时应该继续抓好以下几方面的工作：

（1）继续抓好种植业这个基础。华容县是湖南省重要的商品粮、棉、鱼基地县之一。这几种重要商品基地，特别是商品粮基地必须抓好。并且要通过抓好种植业这个基础，以带动养殖业和农副产品加工业的发展，进而促进整个农村经济的繁荣。要在充分发挥当地自然资源和劳动力资源的优势，实现农村生态和经济良性循环的情况下，进一步把各种农产品的商品基地和外贸出口基地建设好。这是发展商品经济的需要，也是保证军需民用，有计划发展国民经济的需要。只有这样，调整农村产业结构才有坚实的基础。

（2）大力发展养殖业和加工业。从目前看，华容县还有一部分不适宜种粮食的耕地需要改种经济作物和饲料作物等，粮食品种也需要调整。但在继续调整种植业内部结构和粮食品种的同时，必须把养殖业和加工业这两个薄弱环节抓起来，否则农村经济就不能协调发展，"卖粮难""卖棉难"等问题也很难解决。发展养殖业，特别是发展以养猪、养鱼为主的养殖业，就能把大部分粮食就地转化为肉乳禽蛋鱼。据测算，全县发展 50 万头肉猪、500 万只家禽、50 万担鲜鱼，就需要 3 亿多斤饲料粮，基本上可以吃掉目前这点"过剩"粮食。随着粮食实行计划收购，畜产品取消派购政策，发挥价值规律的调节作用，养殖业很快就会发展起来。

我们认为，华容县的乡镇工业应以农副产品综合利用、加工增值为主。这样，才能做到就地取材，就地加工，能够充分发挥当地的资源优势和劳力优势。以棉花为例，每担皮棉经过纺纱、织布、印染、加工成服装，约可增值4.5倍。再把棉秆、棉籽、短绒综合利用，其产值大约相当于皮棉的产值。

又如目前蚕豆积压滞销，如加工成粉丝，产值可增加几倍，粉渣又可喂猪。根据华容县的资源条件，乡镇工业可以考虑建立以下几种，种、养、加"一条龙"的生产体系：以棉、麻、丝、芦苇为原料的纺织工业、纤维板工业、造纸工业；以粮食、畜产品、鲜鱼、油料、水果为原料的粮油加工、饲料工业、食品工业；以砖、瓦、预制构件为主的建筑建材业等。并以这些产业带动农村商业、冷藏包装、交通运输和服务业的发展。此外，发展农副产品加工业，一般设备比较简单，技术容易掌握，建设周期短，投资少，见效快，有利于多种经营形式的发展，国家、集体、家庭、联合体都可以参与，有利于劳动力的综合利用。有原料来源也应为城市工业搞一些加工配套项目。总之，要把乡镇工业植根于农业的土壤之中，与广阔的国内市场紧密联系起来。这样，才能做到根深叶茂，永不萎衰。

（3）加强对农村产业结构调整的宏观指导。在农村实行联产承包责任制的情况下，如何使调整工作达到预想的效果，需要十分注意运用经济杠杆，特别是价值规律的调节作用。为了使调整工作符合国家计划和市场需要，减少盲目性，有关部门提出调整的指导性意见和参考指标是必要的，但更重要的是要依靠经济手段，如通过国家与企业或农户签订产销合同，引导农民按照市场需要，确定种植面积，选择经营项目，确定资金投向。国家有关部门主要做好产前、产中、产后的服务工作，为农户提供市场信息，做好生产资料供应，提供信贷和技术服务，总结推广经验等。对经济发展较慢的山丘区，应帮助他们开拓经营门路，从资金、技术、人才等方面给予扶持，在山林承包、农副产品流通、税收信贷、乡镇企业布局等方面，放宽政策，予以适当照顾，以逐步缩小山丘区与垸区经济上的差距。

正确把握科学发展观,促进经济、社会、环境协调发展

——对河北省沽源、察北牧场的考察与思考

沽源和察北牧场位于张家口市北部坝上地区,属于温带干旱半干旱草原农牧交错地带,气候特点是冬季寒冷（长达5个半月）,最低气温-38℃。夏季雨热同季,年降水量300—400毫米,全年蒸发量1870毫米。70%的降水集中在7—9月,全年日照时数达2900小时,年均日照率66%,该地区地广人稀,其中,沽源总面积40万亩,人口2.4万;察北56万亩,人口2.46万。该地区宜农、宜林、宜牧,具有发展莜麦、青玉米、蔬菜、马铃薯、胡麻、中药材等的优势。

这两个牧场自1955年建场以来,由于违反了因地制宜的原则,"以粮为纲",从20世纪60年代末开始大量开垦草地,弃草种粮,但粮食单产很低,一般亩产50公斤左右,在严重干旱年份甚至颗粒无收。沽源牧场在1955—1998年的44年中有27年亏损,年亏损额累计高达800多万元。职工工资无法兑付,土地沙化、退化严重,经济萎缩,生态环境恶化。察北牧场44年中,有2/3年份亏损,1/3年份盈余,两场情况大体相似。

从1998年起,随着张家口地区对外开放环境的改善,牧场领

导班子在总结多年经验的基础上，对经济发展重新定位，明确以乳业为支柱产业，围绕这个中心调整用地结构，做到宜农则农，宜林则林，宜牧则牧。2000年5月13日，朱镕基总理亲临察北牧场视察，将察北、沽源牧场列入京津风沙源治理工程，由国家逐年拨专粮专款补助牧场实施治理计划，加速"一退两还"步伐。2003年，河北省又决定对牧场管理体制进行重大改革，将省属农垦企业改为隶属张家口市管辖的管理区（相当于县级），同时分别挂张家口市现代农业高新技术示范区和高效牧业示范区的牌子。牧场的职能由过去统管职工的生产、生活以及科、教、文、卫、公检法，转变为政企、政事分开，成为只对区域经济、社会进行宏观规划、管理、服务的一级政府，极大地解放了生产力。短短的几年时间，两个牧场的面貌都发生了可喜的变化，经济快速发展，职工生活明显改善，基础设施建设也大有长进，草场沙化、退化现象初步得到遏制，生态环境逐步好转。2003年，察北牧场职工年均收入7200元，人均收入2719元；沽源牧场职工年均收入7000元，人均收入3000元。

一　发挥产业优势

沽源、察北牧场都拥有广阔的草地资源，适宜发展畜牧业，但因主攻方向不明确，马、牛、羊并举，形不成拳头产品，两个牧场过去也办乳品加工厂，也因规模小，产品单一，主要依靠个体户经销，销路打不开，货款收不回来。沽源乳品厂仅1993—1995年就积压奶粉700多吨，相当于年产量的两倍，因资金匮缺，有8个月没给职工发工资。1998年6月，本着自愿互利、优势互补、生产要素合理配置的原则，该厂与石家庄三鹿集团实行产品品牌联营（三鹿集团控股51%），三鹿集团在资金上给予支持，扩大并完善了厂房和加工设备，规范了生产经营管理，并帮助培训员工。生产出合格的"三鹿牌"奶品。由集团负责销售及时兑现货款，当年就生产奶粉788吨，上缴税金87万元，实现利润20万元。截至目前，已建成6条生产线，日处理鲜奶能力达到300吨。2003年，产优质液态乳1.9万吨，加工奶粉5900吨，缴税453万元，创利467万元，成为牧场有力的经济支柱。

察北牧场通过转让、参股、引资，现已拥有3家乳品龙头企业，处理鲜奶能力达到520吨。

龙头企业做强做大后，首先带动了奶牛养殖业的迅速发展。沽源牧场现有存栏奶牛1.26万头，全场1481个家庭农场有82.4%的户养奶牛，其中，养20头以上的有85户，养牛头数占总头数的1/4。察北牧场存栏奶牛1.72万头，另有绵羊8291头。

另外，龙头企业还带动周边地区奶牛业的发展。沽源牧场带动周边8个县（旗）、24个乡镇、6324个农户养奶牛2.3万头，仅养奶牛一项即为周边农民人均增收1365元。察北牧场也辐射带动周边万余农户养奶牛3万余头。

养奶牛是一项获利丰厚的产业，一般每头奶牛年产奶4吨，每公斤鲜奶收购价1.5元，除去成本每头奶牛年可获利2000元。母牛产下小牛2年后即可产奶，成年母牛每头售价1万多元。

奶业的经营管理模式基本上采用"公司+基地+农户""四统"（统一规划、统一领导、统一技术标准、统一服务）、"一分"（分户饲养）、"一集中"（集中挤奶）的办法。与此同时，两个牧场都在探索建立规模化、集约化、高效益的奶牛养殖示范区。沽源牧场示范区占地228亩，分4个单元，入驻农户58户，奶牛1855头，分100头、60头、40头、30头、20头5种户型，每一户型均按全舍饲养标准建有双列式牛舍、饲草园、青饲窖、运动场、服务用房、沼气池、化粪池等，布局合理，功能齐备，每个单元中心建有一座每次可容纳32头牛，同时自动挤奶、自动计量、真空无菌操作的挤奶大厅和灌装生产线。其中，寒季塑料膜暖棚养殖技术为国内首创，在坝上-38℃的寒冬季节，暖棚内的温度可达 0 度以上，平均产奶量可提高 15%—20%。如此现代化的乳牛场与西方发达国家并没有什么差别，而且，这些牛舍、设备都是养殖户自己集资建设、自己管理的，牧场只是在联系贷款、土地租金和技术上给予支持和帮助。

为了给奶牛业发展提供优质饲料，两个牧场对种植业用地进行了调整，将青玉米大部分安排在保浇地里，全部选用优良品种，由种子公司统一供种、统一指导、统一服务。两个牧场重点鼓励和扶持规模大户种植，出台地租减免、协助订单、稳定价格等优惠政策，以 1 台卷盘式喷灌机灌溉 300 亩为单元，通过推广大小垄间作、地膜覆盖、精量点播等先进适用技术，采用大型青饲联合收割机收割，旱地亩产青体 4000 公斤，水地亩产 6500 公斤，亩纯利润 100—300 元，经济效益十分可观。2004 年，沽源牧场种植青贮玉米 2.1 万亩，预计产量 1200 万公斤，为高效畜牧业的发展提供强有力的支撑。

坝上气候冷凉，光照充足，昼夜温差大，土地连片平整，是种植错季蔬菜特别是马铃薯的理想基地。上海百事、美国辛普劳两家知名企业与牧场合作繁育马铃薯种薯和商品薯（用于加工薯片），由牧场提供土地并配套水、电及大型灌溉设备，公司提供种薯及管理技术并负责回收。预计 2004 年亩产种薯 2.3 吨、商品薯 3 吨，亩投入 1200 元，亩纯利 1200—1500 元。2004 年，沽源牧场马铃薯种植面积已达到 1 万亩，笔者在察北牧场遇到一位职工王建明，他联合 4 人承包牧场水浇地 1000 亩种植胡萝卜、洋白菜、洋葱等商品菜，每亩交租金 150 元，扣去投资净收入 500—600 元。据牧场干部介绍，他种菜 4 年至少已净赚 5 万—6 万元。

二　开展生态建设

沽源牧场从 1997 年开始实施退耕还林还草工程，比国家提出"一退两还"提早 3 年。在 2000 年夏朱镕基视察后国家对察北牧场下达10万亩（牧场又匹配10万亩，共20万亩）治理任务，同时对沽源牧场下达2万亩治理任务。国家分年补助粮食现金（生态林补助8年，种草补助2年，每亩每年补助200斤粮食、20元现金），是一笔相当可观的财政支持。为了防止这笔资金被截留、挪用、贪污，两个牧场采取将任务落实到户，分户立册建账，粮款直接分到户（2004年，已将粮食折款，不再调粮）的方式，职工吃了"定心丸"，治理的积极性高涨。根据草地荒坡的实际情况，分别采取以下治理措施：

（1）人工种草。即选择土壤肥沃、有灌溉条件的草地，建设高效喷灌草场。沽源牧场在小城子管理处东建成一处1.8万亩的高效喷灌草场，配备奥地利生产的卷盘喷灌机62台。种植品种有紫花苜蓿、冰草、无芒雀麦等，采用大型联合收割机和打捆机，分层次作业，"一条龙"收获。机械化程度达到100%。一般亩产草籽15—25公斤，青干草150—200公斤，一个生长周期年利润180—240元，较常规大田粮食作物增效3—5倍。沽源牧场人工种草面积已达到12.9万亩，分单种、套种两种模式，可收获两茬，亩产青干草100—150公斤。2003年，累计收获各类青干草1206万公斤，饲喂奶牛1.2万头，间接经济效益3000多万元，在改善生态环境的同时，大幅度提高职工群众的收入。

（2）围封禁牧。沿公路两旁或毗邻村庄、易遭牛羊践踏、一般没有灌溉条件的草场，采取竖立水泥墩、拦铁丝网的方法将草场围封起来，禁止放牧，等到收获牧草后再开禁。因投资较大，目前此类草场面积还不大。

（3）划区轮牧。一般远离村庄的荒坡草场采取划区轮牧的办法，以减轻草场破坏，目前此类草场占的比例是比较大的。笔者在察北牧场见到列入风沙源治理的"一退两还"的地块都已设立围栏，一般12米宽，4米种树，8米种草，长得好的草已有1米多高，但树还没长起来。根据牧场领导说，适宜当地的树种只有杨、榆两种，且生长很慢，20世纪五六十年代种的树都成了"老头树"，因此在这里发展林业，树木只能成网难成片，采取乔、灌、草结合或灌、草结合，比较切合实际，一些灌木（如沙棘、柠条）除可防风固沙还可作饲料利用，可以发展。

三　改革管理体制

改革开放以来，农垦企业经历了两次重大改革。第一次是1984年受农村家庭联产承包责任制影响而推行的经营管理体制改革，由高度集中统一的管理体制改为统分结合的双层经营体制。这次改革对调动农垦职工的生产积极性起到了一定的作用。但是，宏观层面上的体制障碍并没有改变（如政企不分，企业办社会，财政上统收统支，经营自主权没有切实保障等），当时社会上流行的口头禅"是职工还包土地，是农民还有退休，是企业还办社会，是政府还要交税"，是对农垦企业"四不像"形象的生动概括。第二次改革是将两个牧场下放给张家口市管辖，建立管理区，同时，挂张家口市现代农业高新技术示范区和高效畜牧业示范区的牌子，基本解决了上述矛盾，受到了广大干部职工的拥护支持，虽然改革的时间还不长，但已显示出明显的效果。

（1）招商引资的力度增强。在过去招商引资中，农垦企业只提供土地优惠而自身的经营收益减少，税收却交给当地政府，因而引资的动力不强。成立管理区后，招商引资具有发展区域经济和增强本区财政的双向动力，牧场招商引资求发展的积极性大增。察北牧场从2003年3月到2004年上半年，共引进较大项目12个，签约引资金额6.8亿元，是体制改革前累计引资的5倍多。引资项目包括乳肉产业化龙头企业扩建、规模化养殖、高效种植、生态旅游、房地产开发、民营办学等，已到位资金3.25亿元。

（2）"国退民进"，加速国营企业的转让改制。察北牧场已形成本场职工参股的察北乳业公司，青岛圣元乳业公司和引进深圳塞北乳业及台资组建的察北草原乳业公司乳业龙头企业三足鼎立的格局，日处理鲜奶能力520吨，是2002年前的2.6倍，1999年的26倍。另外，察北牧场还吸引温州、唐山、保定、北京等地有实力的客户来场开发奶牛规模养殖项目，计划总投资2.55亿元，规划养殖规模1.6万头。这些项目正在建设中。

（3）推动了小城镇建设。几年来，随着各项事业的发展，人流、物流、信息流向中心区聚集，到牧场就业，从事奶牛养殖、高效农业种植、建筑施工等的外来人口占总人口的1/5，小城镇面貌大有改观，短期内管理区政府所在地品位较高、功能齐全、具有坝上特色的袖珍小城镇的雏形已经初显。

（4）基础设施建设步伐加快。成立管理区后张家口市将教育、文化、卫生、道路、城镇建设等各项社会事业纳入政府管理范围，扭转了农垦企业这些方面发展与周边县（区）不同步的局面。沽源牧场从闪电河至管理区所在地的三级柏油路已于2004年8月底建成通车。察北牧场二台至宇宙营乡20千米投资1400万元的三级公路近期也建成通车。同时，还立项实施8个行政村42千米的"村村通"道路建设工程。2004年一年的道路建设投资就超过过去这两个农垦企业50多年的累计数。

四 对两个牧场进一步发展的建议

第一，科学发展观的形成是对农垦企业几十年正反经验教训的总结，是实践的产物，不断改革的产物。它的核心就是实事求是，因地制宜，一切从实际出发，讲求实效。具体说，就是要有一个好的管理体制（政企分开、政事分开），一个适应农垦实际的经营方式（以民营为主的"公司＋基地＋农户"的生产经营方式）和机动灵活的经营机制（如龙头企业可按市场变化实行招季节工和浮动工资以及浮动的产品收购价格等）。现在，这条新的路子已经找到，沿着这条路走下去，定会开创更加辉煌美好的未来。

农垦企业示范带动社会的职能不但不会削弱，而且还会加强。

第二，新组建的管理区机构应本着"精简、效率、节约"的原则运转，防止人员、机构膨胀，探索出一条精兵简政的新路子。现在，牧场的领导干部多数都是土生土长的干部子弟，他们对牧场情况熟悉，与群众关系密切。笔者认为，在干部任期、退休年龄和调遣升迁等方面应考虑农垦的特点，保持干部队伍的稳定性、连续性，以利于农垦事业的发展。

第三，京津风沙源治理，退耕还林还草工程，只是取得初步成效，现在的生态景观与20世纪60年代前相比还有较大的差距，特别是还没有找到适合当地种植的树种，造林的任务还十分艰巨，需要加快干旱半干旱地区树种的培育、试验引进和示范。国家对退耕还林还草的财政补助政策不要改变，以保持群众治理的热情和积极性。

第四，把管理区的生产建设搞好，创造更多的就业机会，吸引外地农村甚至城镇年轻人来牧场工作，事实证明是完全可能的，要注意总结这方面的经验。招商引资项目应以农副产品加工和服务业为主，严格控制引进污染环境的产业。旅游业目前还不是当地的优势，无山无水少林，草原景观也不算好，靠几顶蒙古包、几匹马是吸引不了多少客源的。乳牛发展也要密切注视市场动向，稳扎稳打，防止盲目追求发展速度，定过高的发展指标，造成不必要的损失。

台湾农业经济概况与发展趋势分析

一 台湾农业经济概况和特点

1949年，国民党到达台湾后，给当时台湾的财政经济造成很大压力。人口猛增，通货恶性膨胀，物资供应全面紧张，经济状况十分困难。台湾为解决十分紧迫的吃穿问题，在美国大力支持下，采取了旨在提高农业生产力的有关政策措施。继"土地改革"之后，投入了大量的资金和人力扶持农业发展，并提出"以农业培养工业，以工业发展农业"的口号。从1953年迄今，台湾的农业经济大致可分为两个阶段：1953—1965年为第一阶段，这一时期农业发展较快，年平均增长率达5.13%，主要措施是靠投入大量农业劳动，提高复种指数，增加化肥、农药的投入量，集中发展水稻、甘蔗为主的农作物。1965年与1952年相比，台湾稻米产量增长近50%，蔗糖增长57.8%，从而缓和了由于人口增加而造成的粮食消费压力，并通过出口农产品赚取外汇，为发展工业积累资金。1965年以后，台湾的轻纺工业已初具规模，省内外市场对农产品的需求有了新的变化，轻工业对农产原料也提出了一些新的要求。在此背景下，台湾农业由以传统的种植业为主转向各业综合发展；生产的发展由重点依靠提高土地生产率转向主要依靠提高劳动生产率；经营形态由分散的小农经营为主开始向资本主义企业化的经营方式发展。这一时期台湾农业生产结构发生较大变化,在保证稻米自给的基础上,大力发展出口价值高、对耕地依赖程度较小的畜牧业、渔业和园艺作物。这样,不但改善了人们的食物构成,也扩大了出口,增加了农民收入。据 1978 年统计,平均每户农民年收入 132996 元台币(约合 3496 美元),比 1964 年增加 3.5 倍,农民生活亦有相当改善,高级消费品开始大量销往农村,拥有电视机的农户占 90%,电冰箱的占 74%,煤气炉的占 90%,洗衣机的占 22%,录音机的占 22%,部分农户还有了汽车和冷气机。

农业生产发展为工业特别是轻工业发展和扩大出口贸易创造了条件。1978 年台湾轻工业产值 114.39 亿美元,占工业总产值的 38.65%;外销农产品及农产加工品价值 13.78 亿美元,比 1952 年增加 12 倍。

表1　　　　　台湾农业基本情况及主要产品指标

	单位	1952 年	1965 年	1980 年
人口	万人	812.8	1262.8	1780.5
农业人口	万人	425.7	573.8	528.7
占总人口	%	52.4	45.4	29.7
农业劳动力	万人	153	172.3	127.9
	(1967 年)			
耕地面积	万亩	1314	1334	1361
人均耕地	亩	1.62	1.06	0.76
粮食总产量	亿斤	40.94	60.77	53.65
人均占有粮食	斤	503	481	301
农业生产净值	亿美元	5.08	6.18	22.82
	(1978 年)			
人均农业生产净值	美元	119.3	107.8	404.8

续表

	单位	1952 年 (1978 年)	1965 年	1980 年
猪肉产量	亿斤		4.82	13.16
人均占有	斤		38	73.9
渔产品产量	万吨	12.2	38.16	93.63
人均占有	斤	30	60.4	105.2
森林面积	万亩	2685	2779	
覆盖率	%	49.9	451.82	
林木蓄积量	万立方米	20387		32642
人均占有	立方米	25		18.3
农产品及农产	亿美元	1.07	2.43	13.78

加工品外销额使农村中兼业农户大大增加，据1975年农业普查资料，全省兼业农户占总农户的82%，比1960年增加72%。农民收入中来自兼业收入的比重大大增加。据典型调查，平均占有耕地1.3公顷（折合20亩）左右、属中等生活水平的农家，年平均总收入中非农业收入，由1967年占18.7%增至1977年占57%。11年平均每户的农业收入增长0.7倍，而非农业收入增长8.9倍。由于兼业农户的大量增加，特别是青壮年劳动力外移，给台湾农业的发展带来了严重的问题。农业经营趋向商品化，越来越依赖于国际市场。20世纪60年代中期以来，台湾采取以稻米自给为目标，其他农产品生产面向外销的方针，即视国际市场需求什么就生产什么。如芦笋和洋菇两项生产，近十几年分别由600多吨和2.3万吨（1964年）猛增至1978年的9.7万吨和12万吨，每年产量的90%均制成罐头出口。而对于某些省内需要而进口又较合算的农产品，就不强求完全自给。如目前台湾杂粮年需要量约500万吨，而自给率仅1/10，其余9/10靠从美国、南非、泰国、澳大利亚等国进口。1978年进口杂粮达458.9万吨，比1964

年增长 8.2 倍，其中用于饲料的有 297.9 万吨，占 64.9%，比 1966 年增长 45 倍。这样做的结果，一方面可以充分发挥地区优势，提高经济效益；但另一方面，由于生产过分依赖国际市场，世界政治、经济形势的变化，市场需求的波动，都会给生产带来很大的影响，使生产呈现很大的不稳定性和风险。

二 台湾农业发展的原因分析

近二三十年来，台湾农业发展较快，原因是多方面的，是有其复杂的社会经济背景的。首先，战后台湾经济是在美国垄断资本大力扶持下发展起来的。美国出于其本身的利益，始终把台湾当作其在远东实行扩张政策的重要战略基地；台湾也一直以美国作为主要的靠山，不惜出卖祖国的主权和以台湾同胞的血汗为代价换取美国对台的政治支持和经济援助。这就是战后台湾经济较快发展的历史背景。另外，优越的自然条件、较好的物质基础以及农业发展的政策措施等也对台湾农业的发展起到一定的作用。现试从以下几个方面加以分析。

（一）优越的自然条件，较好的物质基础

台湾是我国富饶美丽的宝岛，地处我国大陆架的东南缘，属热带和亚热带气候，岛上大部分地区长年无冬，四季常青，雨量充沛，土壤肥沃，具有发展农林牧渔生产优越的自然条件、丰富的自然资源和人力资源。全岛土地总面积 35981 平方千米，山地、丘陵、平原、台地均有，其中耕地一年可以两熟、三熟。台湾森林资源十分丰富，森林面积达 2779 万亩，覆盖率为 51%，木材蓄积量达 3.2 亿立方米。台湾河流众多，蕴藏着丰富的水利资源，据初步统计，全岛约有 800 万千瓦的水力资源，比闽浙两省的总和还多。台湾四面环海，海岸线长达 1600 千米，水陆交通十分发达，沿海有基隆、高雄、苏澳等许多优良的商港和渔港，所有这些都为发展农林牧渔和出口加工业提供了有利的条件。

另外，台湾在沦为日本殖民地的 50 年中，日本军国主义出于对外侵略扩张的需要，实行了"工业日本，农业台湾"的殖民政策。一方面对台湾人民进行残酷的压迫和掠夺，另一方面也对台湾的工农业进行了投资。例如，兴修农田水利，创办化肥工业，发展港口交通，普及教育事业，设立农业科研和推广机构等，所以早在日据时期，台湾农业就有一定的基础。据有关资料统计，1938 年台湾当时每年就有一半左右稻米输往日本。台湾蔗糖最高年产量曾达 140 余万吨（1938—1939 年）。第二次世界大战期间，台湾农业虽受到很大的破坏，但是由于有过去的基础，故恢复得较快，到 1952 年台湾农业生产的主要指标就已恢复到第二次世界大战前的最高水平，为以后的发展奠定了基础。

（二）美国的大力援助

朝鲜战争爆发后，由于中国台湾的战略地位，美国大力加强对台湾的援助。据统计，从 1950 年下半年起至 1965 年上半年止，15 年间，"军援"达 30 亿美元，"经援"达 15 亿美元。台湾借助美国"经援"大量从美国进口剩余物资（其中小麦、棉花、大豆、化肥等物资援助达 10 亿美元），供应市场，以减轻通货膨胀的压力；另外，又用这些物资收回通货，弥补财政赤字，支持工农业的发展。据统计，1951—1961 年，台湾总投资的 34% 来源于美国的"经援"，相当于同期台湾全部固定资产形成的 58.8%，特别是台湾第一、第二期经济建设计划（1953—1960 年）所需资金的 40% 来自"美援"。由此可见，如果没有美国的扶植和援助，台湾经济是不可能得到迅速恢复和发展的。1965 年 6 月"美援"停止后，美国又以贷款形式支持国民党政府，据台湾官方公布从 1967—1977 年年底贷款总额达 65.58 亿美元。为了争取外资和侨资，台湾陆续颁布了投资与技术合作的有关条例，实行汇率改革和税收优惠政策等，招引外国资本家和华侨到台湾投资设厂，28 年累计各项投资总额达 121 亿美元，约相当于同时间内台湾固定资产形成总额的 31.17%。一个只有 3.5 万平方千米、1700 多万人口的地方，投入这样大的资金和技术，其作用是可想而知的。当然，美援、外资和侨资主要是用于工矿和交通运输建设方面，但是对于台湾农业的恢复和发展直接或间接地起着十分重要的作用。

（三）制定和实行了发展农业的有关政策措施

台湾农业政策可分为前后两个时期。前期的农业政策是以实行"土地改革"和"平均地权"为主的农村生产关系的改革，目的在于缓和农村的阶级矛盾，刺激生产发展。后期的农业政策在于配合台湾工商业的发展，逐步发展农业的资本主义经营，推进农业现代化。1949—1953 年，台湾在全省搞了一次资产阶级性质的"土地改革"，共分三个步骤：第一步搞"三七五减租"，规定地租额不得超过主要作物正产品全年收获总量的 37.5%；第二步是"土地放领"，就是以贷款方式把日本统治时期日伪占夺的土地卖给缺地或无地的农民；第三步是实行"耕者有其田"，即规定每一地主拥有的耕地不得超过中等水田 3 甲（1 甲等于 14.55 市亩）或旱田 6 甲，超过部分由政府出面收购，再以贷款方式转售给农民。经过"土地改革"后，台湾自耕农由 1948 年占农户总数的 1/4 增至 1953 年年底超过了半数，1977 年增至占农户总数的 80%以上，半自耕农和佃农由 35.7% 降至 18.1%。"土地改革"使 60% 的农户得到好处，共承购土地 352.5 万亩，相当于当时耕地面积的 27%。得到土地的农民，其收益比"土改"前增加约 2 倍，对促进农业生产的发展起到了积极的作用。自 20 世纪 60 年代中期起，台湾工商业发展很快。为适应经济发展的变化，台湾在农业上也采取了一些重要政策。1972 年 9 月宣布实施《加速农村建设九项重要措施》。其内容有：（一）废除肥料换谷制度；（二）取消田赋附征教育费；（三）放宽农贷条件，便利农村资金融通；（四）改革农产运销制度；（五）加强农村公共投资；

（六）加速推广综合技术栽培；（七）设立农业生产专业区；（八）加强农业试验研究推广工作；（九）鼓励农村地区设立工厂。从1973年起每年拨出20亿元台币（约合5500万美元）作为农业发展和农村建设投资。从1961年至1978年年底提供农贷总金额394亿元台币（约合10.94亿美元）。二是实施"农地重划"，即对耕地进行平整合并，修建道路和排灌系统，发挥有关农业技术的效能。据称"重划"的耕地393万亩，田块面积扩大了2倍以上，稻谷单产增加32%，劳力节省20%。三是对稻米生产实行保护价格，维护农民生产稻米的积极性。自设立"粮食平准基金"起至1977年止，共支出补贴费用约4亿美元。

除了改革生产关系和调整产销关系促进农业发展外，台湾也比较重视科学研究和技术推广工作。台湾可耕地已基本垦完，加上人口增长过快，发展农业主要靠提高单位面积产量和开展多种经营。在农业技术措施上，主要抓兴修水利，培育良种，增施化肥，改革耕作栽培技术等。1978年灌溉面积占耕地的56%，水稻、甘蔗良种已基本普及，每亩耕地化肥施用量达183斤，近几年农业机械化也发展较快，水稻耕作机械化程度为整地84.2%，插秧40.7%，收割40.8%，谷物干燥15%。由于生产条件的改善和推广综合栽培技术，使稻谷亩产（按播种面积计算）由1952年的253斤提高到1978年的427斤。甘蔗亩产由3.26吨提高到5吨。畜牧业和渔业采用先进科学技术和专业化生产，产量上升更加明显。台湾生猪存栏量1952年为261万头，1978年增至432万头，增长0.7倍。而屠宰量则由126万头增至621万头，增长3.9倍。主要是抓了品种改良、推广配合饲料及改进饲喂方法等关键措施。如"三品种肉猪"（兰瑞斯×杜洛克×约克夏）普及率已达80%；一般养猪户完全配合饲料用量已占1/3以上，这就使肉猪饲养期由原来一年左右缩短为6个月；平均屠宰重量由70公斤提高到90公斤，而且大部分为"瘦肉型"猪，肉质基本符合外销规格。渔业生产为适应近海渔业和远洋渔业发展需要，大力开展设备更新和技术改造。台湾渔船数量，20多年间变化不大，始终保持在2.5万艘左右，但机动渔船数及其吨位和马力增大很多，1978年比1952年分别增加6.1倍、14.6倍和24倍。机动渔船的装备有较大改善，拥有相当现代化的捕鱼手段；海淡水养殖侧重发展高产值的养鳗养虾等人工养殖业，这是渔业产量及产值大幅度增长的重要原因。

三 存在的问题与发展趋势

近二三十年来，台湾农业获得较快发展，但也存在不少的问题。特别是从1978年开始，随着西方资本主义经济进入了"长期滞胀"阶段，台湾经济出现了严重衰退现象，农业情况更加不妙。1978—1981年的四年中，台湾农业只有1979年增长4.6%，其余三年均为负增长。现存社会制度的限制、台湾实行重工轻农政策、资本主义国家间互相竞争等，都给畸形发展和过分依赖西方市场的台湾农业带来致命的甚至不可克服的矛盾。

（一）农村中出现新的阶级分化

台湾实行"土地改革"后，农村阶级关系发生了变化，自耕农占农村的绝对优势。但是台湾所谓的"自耕农"实际上包括了除"半自耕农"和"佃农"以外的各个农户阶层，它在很大程度上掩盖了农村的阶级关系。据1975年农业普查材料：在67.6万余户自耕农中，平均耕地在3公顷以上，经营规模稍大，占2.3%；其余平均耕地在0.5公顷以下，大都属于贫苦农民的有29.9万户，占44.2%。近年来，由于农业生产成本日增，农村苛捐杂税畸重，很多农户单靠农业收入已"入不敷出"，因而纷纷兼营他业。兼业农民占总农户的82%，这些兼业农户中以耕地未满0.5公顷的贫苦农民最多，占90%以上，这是台湾农村阶级分化的一种新趋势和新形式。另外，为了解决小农分散经营与"加工出口"工业发展需要的矛盾，台湾从20世纪60年代中期开始推行的"共同经营""专业区""委托经营"等组织，实际上也是官僚买办、商人、封建残余联合压榨农民的一种组织形式，他们通过信用贷款、租贷、代耕服务等榨取农民大量脂膏。据说，每公顷代耕仅整地一项费用就达3000多元台币，合200—300斤稻谷，相当于一般水田所交田赋。由此可见，以生产资料私人占有为主要特征的社会制度没有根本改革前，农村中阶级分化的现象是不会停止的，生产资料私人占有与生产日趋社会化、专业化之间的矛盾也是不可能解决的，这就是台湾农村经济的痼症和发展的趋势。

（二）工农收入差距拉大，农村人口外流，农村劳动力"老年化""妇女化"严重

台湾农民生活与城市其他阶层的生活水平相比仍属较低。1977年台湾农民每人平均所得为492美元，比国民每人平均所得低45.6%，全省有5万余户，30万农村人口靠补助和领取救济金，这就导致农村劳动力向非农业部门转移，从1965—1977年每年外流人口约7万人，主要是青壮年，这就使农村劳动力年龄结构发生变化：1965年15—39岁的青壮年农民占劳动力总数的67.54%，1979年下降至43.25%，而50岁以上的老年农民则由14.41%上升到28.96%，女性农民10年内也增加了1.1倍。农业科技人员外流和集中于都市的情况也很严重，目前台湾大专农科毕业生失业率约为6%，比其他大专毕业生失业率高出1倍；已就业的科技人员中，学非所用的约占60%；科技人员就业地区多集中于城市，直接服务农业生产的仅占24%。劳动力的"老年化""妇女化"和技术人员离农倾向，使农村劳力不足，素质下降，经营粗放，1966—1978年台湾农业年平均增长率已降为2.9%，近两年主要农产品除渔业和杂粮外大部分减产，预计这一状况今后将继续发展下去。

（三）农业生产过于依赖国外市场，使生产不稳定，潜伏着很大的风险

以糖业为例，日本统治时期，台湾蔗糖最高年产量曾达140余万吨，1950年台湾砂糖外销量61万吨，占出口总值的79.78%，后因受世界糖价下跌的影响，生产萎缩，产量下降，近10年维持年产70万—80万吨水平，1978年外销量降至37.8万吨，比1950年下降39%。香蕉生产在20世纪60年代"极盛时期"，年产65万吨，外销38万吨（1967年），后受菲律宾和中南美香蕉的激烈竞争，产量和外销量均大减，1978年产量已不到1967年的1/3，出口量仅8万吨。台湾粮食自给率20世纪50年代为91.8%，目前已降至60%左右，1978年进口杂粮92.2亿斤（1980年和1981年进口杂粮均接近120亿斤），其中60%用作饲料，这就不能不受国际市场粮价波动的影响，使畜牧业生产处于极不稳定的状态，1974年世界粮价大幅度上涨，台湾生猪生产就受到严重打击，生猪存栏数由1973年的363.8万头，下降至1974年的280.9万头，一年下降22.8%。另外，芦笋、洋菇生产等也都有此问题。近年来，台湾对此采取了一些措施，但是目前看来，收效不大。

另外，人口增长过快、工业扩散到农村后带来的环境污染、能源短缺、沿海渔业资源衰竭等，也都是台湾农业面临的重大难题。

近年来，台湾针对上述问题采取了一些措施，如加速农地重划；鼓励农民购买土地，扩大经营规模；推广和发展"共同经营""专业区""委托经营"；辅导小农转业；适当压缩稻米面积，扩大杂粮生产；加强海淡水养殖等。实行上述措施，只能在一定程度上缓和矛盾，要从根本上解决台湾的农业问题那是不可能的。

参考文献

1. 周托、齐欣、魏大业：《台湾经济》，中国财政经济出版社

1980年版。

2. 李家泉、刘映仙：《我国台湾省农村经济关系的变化》，《经济研究参考资料》1981年第128期。

3. 李家泉：《台湾经济发展较快的原因何在》，《经济研究参考资料》1981年第128期。

4. 福建省农科院科技情报所：《台湾省农业发展情况》，1979年9月。

5. 福建省农科院科技情报所：《台湾省农业生产结构的变化》，1981年4月。

6. 孙凌、黄钰惠：《台湾农会的回顾与前瞻》，台湾中兴大学《农经学报》1980年第34期。

7. 李朝贤：《台湾人力外移与农业人力问题之研究》，台湾中兴大学《农业经济》（半年刊）1980年第27期。

8. 台湾银行经济研究室：《日据时代台湾经济之特征》，1957年7月。

一种适应"贸工农"型生产结构的经济联合体

——漳浦县花果中心和水产开发中心评介

一 农村商品经济发展的产物

福建省漳浦县花果中心和水产开发中心是 1983 年秋和 1984 年初随着农村联产承包责任制的实行，商品经济的蓬勃发展，特别是"贸工农"型生产方针的提出而建立和发展起来的一种新型经济联合体。

漳浦县位于闽南厦漳泉三角地带的南端，临近港澳，面对台湾省，海路距厦门仅 83 千米。境内有丰富的山海资源和优越的气候条件。全县总面积 292 万亩，其中耕地只有 54 万亩，人均仅 0.8 亩，而山地和丘陵地有 164 万亩，为耕地的 2 倍，适宜栽植花果。海岸线长达 215 千米，延伸出东南海面的井尾、六鳌、古雷三个半岛形成天然的三个港湾，港内地势平坦，滩涂连片，水质肥沃，水温、盐度适中，可用于养殖的滩涂和浅海有 20 万亩。漳浦属亚热带海洋性气候，这里盛产大米、甘蔗，以及荔枝、龙眼、柑橘、香蕉、菠萝等热带水果和鱼虾、牡蛎、扇贝、紫菜、泥蚶、红鲟等名贵水产品，是闽南三角地带重要的农业产品生产基地。

随着对内搞活、对外开放政策的贯彻落实，广大群众要求发展商品生产的积极性十分高涨，但以家庭为基础的经营方式、产供销相脱节的流通体制、科研与生产分割的科技体制同发展商品生产的需要显得很不适应。表现在：一是资源开发的整体性、有序性、计划性与分户经营的矛盾日益突出。二是资金短缺，开发山海资源投资较大，单靠农户集资比较困难。三是技术落后，单位面积产量较低，优质产品少，真正能打入国际市场的名贵品种寥寥无几。四是信息不灵，流通渠道不畅，生产盲目性较大，经常出现商品积压滞销现象。总之，商品经济的发展，要求在经营方式、流通体制、科技体制等方面进行相应的改革，要求资源、设备、资金、技术、人才能够合理地流动和组合。花果中心和水产开发中心，便是在这一新的形势下应运而生的一种新型联合组织。

1983年9月在省委领导同志们的支持下他们首先建立了漳浦县花果中心，以长桥乡集体山地为主体，以国营农场、林场、果蔗场、水果品种试验场为骨干，组成由国营、集体、个体参加的联合组织，拥有山地30万亩，按照三统一（统一领导、统一规划、统一政策）、四服务（技术、种苗、资金、肥料）的原则，采取等高条壕式的种植方法，两年来已开山5万亩，造林12万亩，种植各种亚热带水果154万株，现已初步形成有相当规模的林果生产基地。

1983年11月在花果中心的启示下，该县又在旧镇湾成立了水产开发中心，中心范围包括四个乡镇、一个盐场，参加的成员有对虾养殖场、水产养殖公司、水产技术推广站、饲料加工厂、供销社和800多个养殖专业户。现有干部、技术员86人，拥有四个出口商品（鱼虾、牡蛎、紫菜、泥蚶）基地、一座室内对虾育苗池、40亩对虾实验池和一座饲料加工厂。

两个中心成立以来，本着"组织、指导、协调、服务"的宗旨，开展了多方面的经营服务活动，取得了较显著的成绩，促进了商品经济的发展,赢得了广大群众的欢迎。

一是组织农林、水产科技人员对全县山地和滩涂资源进行全面调查和区划,并帮助乡镇和专业户搞好生产发展规划,落实了一批出口商品生产基地,1985年创汇达600多万美元。

二是通过多种渠道筹集资金。除国家投资外,主要向农行贷款,1986年还争取到世界银行长期低息贷款5000万元。1985年开发中心还帮助养殖专业户筹集资金388万元,解决了资金短缺的问题。

三是引进优良种苗和技术。花果中心成立后,先后从国外和省内外引进优良品种70多个,其中有泰国的番石榴,太城四号的枇杷,美国的薄壳核桃、油梨,浙江的黑梅(杨梅),莆田、南安的"东壁""福眼"龙眼,官溪、沙田、坪山的蜜柚。还专门建立了龙头山品种试验场,进行山地水果品种试验、示范和繁殖无病苗木,供应群众种植。水产开发中心与省水产科学研究所、省水产养殖公司、厦门大学、厦门水产学院等单位挂钩,建立科研基地、实验场(站),引进华贵栉孔扇贝、东方对虾、斑节对虾、太平洋牡蛎、文蛤、花蛤、罗非鱼等10多个新品种,并聘请山东省水产养殖研究所的专家来传授经验,帮助改造养虾池。1985年还举办了二期对虾养殖训练班,培养学员137人,派技术员下到养殖专业户指导。

四是搞好饲料、加工、销售等方面的服务。为了帮助养殖户兴建对虾池,"中心"从外地调进水泥、柴油等物资,建立了一座年产1500吨的鱼虾配合饲料厂,并分点生产以方便群众;还购置一部活水箱专运活鱼活虾。为了打开销路,"中心"专门派人到深圳、汕头、福州、厦门等地联系对虾出口。1985年对虾丰收,基本上做到及时收购、运销,没有出现滞销、削价现象。

二 "中心"的性质和特点

漳浦县花果中心和水产开发中心是一种什么性质的经济组织?

有人说它是新型的农村合作经济，有人说是"中国式的托拉斯"。我们认为，从所有制形式、经营形式和联合体内部分配等方面来看，它应该算是一种松散的联营组织。

第一，"中心"是由国营、集体企事业单位和农户根据发展商品生产的需要，按照自愿、互利的原则组织起来的。内部不存在领导与被领导的关系。参加者原来的隶属关系和所有制形式都不改变，仍然保持各自的生产经营独立性，"中心"各成员之间，是作为相对独立的商品生产者发生关系。按照合同规定，相互提供服务。根据提供服务的数量和质量取得报酬，共同遵守中心制订的经营计划和各项章程。这些特点，说明它是松散的联营组织，而不是独立的经济实体。

第二，两个中心是以发展商品生产为目的，特别是出口创汇为目的而组织起来的联营组织。从"中心"成立起，就一直围绕着专业化、商品化、现代化的要求，按照"贸工农"的方针，而开展经营服务活动。如花果中心创建之初，就明确要搞名、优水果打进国际市场，先后建立的石坑林场、龙头山品种试验场和改建的顶马果蔗场培育种植的品种，大多数都是港澳市场最畅销的名优水果。水产开发中心从基地建设，品种、技术引进，产前、产后的服务等工作，也都是围绕着如何创造"名、优、稀、特、新"产品打进国际市场。而一般的联合体只是为了解决生产过程中的资金、技术、劳动力等困难而实行的暂时的联合，它的专业化程度一般是没有"中心"高。经营的目的性，也没有"中心"那么明确。

第三，参加"中心"的各个成员仍实行独立核算，自负盈亏，他们的收入，主要还是依靠本身的经营收入，至于成员之间提供的服务，则按服务的性质、数量、质量获得相应的报酬，服务费一般不得超过纯收入的10%，服务费的50%上交"中心"作为公共积累，用于技术改造和公共开支。有些服务纯属代办性质，不是单纯以盈利为目的的，都为农户统一组织开垦荒山，然后按认领的面积交付开垦费，以及免费供应鱼苗等。养殖户的产品，按合同议定的数量和价格交售给"中心"，由中心统一组织出口等。从这些方面来看，我们认为"中心"目前还不是经济实体，只是一个松散的联营组织。

三 发展趋势与存在的问题

漳浦县花果中心和水产开发中心成立两年多来的实践说明，它是一种适应"贸工农"生产结构较好的经营方式，从农村合作经济的发展趋势来看，也是符合农村多种所有制互相联合渗透、多种经营方式并存的农村合作经济新格局的。当前适应农村商品经济的发展，各业在技术、资金、人才、管理、信息等方面的横向联系越来越密切，而国营、集体的企事业和科研、教育单位，在这种合作中的核心作用也越来越明显。这是因为：第一，商品生产的发展进一步促进了社会分工，而专业化程度的提高越需要各业之间和生产中各个环节之间的相互协作配合；第二，国营企事业和科研、教育单位在资金、技术、设备、人才、管理等方面的实力都比农村要雄厚得多，他们大多拥有地区性或全国性的网络和系统，随着这些部门改革的深入，同农民联营合作的可能性必将大大加强；第三，农村经济由"指令型"转向有计划的市场调节后，迫切需要国家从宏观上给予指导，除运用价格、信贷、税收等经济杠杆作为调节手段外，以国营、集体企事业单位为"媒介"，运用各种服务手段，把国家的指导性计划落实到农民的生产经营活动中去，也应该视作一种加强农村商品经济宏观指导的有效途径。漳浦县通过"中心"联营的方式，发挥这方面的作用就是很好的证明。

"中心"今后的发展趋势存在着两种可能：一是继续维持目前这样松散的联营形式；二是随着公共积累的增加和经营上的需要，

将逐步发展成为以生产资料、资金、技术折价入股的股份经济。而后者的可能性要比前者大。因为采取这种经营形式，能较好地发挥技术、资金、设备、劳动力各方面的优势，解决分配中存在的问题（既有按劳分配，又有按股分红）。目前，在经营活动中遇到的一些问题，也能较好地得到解决。比如在目前条块分割的经济体制下，通过"条条"渠道下达的投资、资金、物资材料等"中心"就得不到，只好仍以业务部门的名义向上申请，然后把分到的投资、物资用于联合体的发展建设上，但这笔投入如何参与联合体的收入分配仍是个值得研究的问题。又如"中心"的组织机构，目前仍是以政代企，主要领导由政府委派（两个中心的经理，都是农委副主任兼任），如改为股份经济则可由董事会，通过民主选举产生。在流通方面存在的问题也较多，地方没有出口贸易权，农产品出口受到配额和许可证的限制，创汇单位没有用汇权，外汇留成比例太低等都影响地方出口创汇的积极性。这些问题都需要通过改革加以解决，才能进一步改进横向联合，使新型的经济联合体不断完善，促进农村商品经济的蓬勃发展。

瑞典的农业结构与农村发展

一 瑞典农业和农村

瑞典位于北欧斯堪的纳维亚半岛东部，是一个地多人少，工农业都十分发达的国家。国土面积44.97万平方千米（居欧洲第4位），人口835万，每平方千米不到20人，但分布极不平衡，83％的人口居住在城市。中部和南部为主要农业区，北部为人烟稀少的森林区。

大约在一百多年前，瑞典还是一个相当贫穷的农业国。1850年全国348万人口中约70％居住在农村。当时农业劳动主要依靠人畜力，生产水平很低，由于生活所逼，大批移民流入北美。19世纪末叶开始的工业化，长期稳定的政局，富饶的自然资源，使瑞典很快发展成为世界上经济最发达的国家之一，1984年人均国民生产总值为10888美元，居世界第12位。现在农业人口占总人口的比重已降至4％以下。耕地面积292万公顷，年生产谷物567万吨，马铃薯126万吨，油料37万吨，肉类54万吨，牛奶358万吨，木材6046万立方米（均为1985年数字），平均每个农业生产劳动力生产粮食33000公斤，肉类310公斤，牛奶21000公斤，主要农产品自给有余。瑞典农村生活水平无论物质条件还是环境质量都是高水准的。几乎所有的家庭都装备了现代化设备和节约劳力的家用器械，家家户户都有自备汽车、宽敞舒适的农舍，点缀在苍郁林海和花丛中，构成一幅色调绚丽的北欧风情画。

一百多年来在工业迅速发展的带动下，瑞典农村面貌、农村结构和农业方式等都发生了根本性的变化。

（1）农村就业人口大幅度下降，人口城市化趋势明显。农业人口由76%降至4%经历了130年时间。中间可分为三个阶段。1850—1900年的50%年中由69%下降到48%，平均每年下降0.7%（农业人口绝对数还略有增加）；1900—1950年又从43%降至20%，平均每年下降1.7%；1950—1980年的30年中再从20%降至4%，平均每年下降5.2%；1980年以后农业人口趋于稳定，保持在4%左右。瑞典人口城市化趋势比较明显，据1980年人口普查，83%的人口居住在城市，其中斯德哥尔摩、哥德堡、马尔默三个城市人口占全国人口的30%。为了防止人口过分集中，瑞典政府也采取了一些措施，如对北部高寒地区实行高工资和农产品价格补贴，在大城市郊区建立卫星城镇，把国家机关分散到中小城市等，但仍难抑制这一趋势，据瑞典农民联合会预测到20世纪末农村人口占总人口的比重将继续下降到2.9%左右。

（2）农场数量减少而规模不断扩大。在农业人口大幅度下降的同时，瑞典农场数量与耕地面积趋向减少，农场规模逐步扩大。1985年全国10.9万个农场，拥有耕地292.2万公顷，平均每个农场27公顷。同1951年相比，农场数减少173万个，减少61.3%。平均规模增加15公顷，扩大1.25倍。目前耕地面积在2—20公顷的农场，占农场总数的60%，而超过100公顷的大型农场只占3.2%。在瑞典少于2公顷的不计入农场数内，所以实际上中小型农场仍占多数。我们访问的5个农场中最小的1公顷（以生产谷物、蔬菜、养蜂为主），最大的300公顷（谷物为主），这些农场的多数主要由农场主自己直接劳动和管理，雇工作业量约占全部作业量的20%。

表 1　　　　　　瑞典农场数量减少与农场规模扩大情况

年份	农场数（万个）	耕地面积（万公顷）	农场平均规模（公顷）
1919	30.8	380	12
1951	28.2	352.7	12
1970	15.5	303.2	20
1985	10.9	292.2	27

表 2　　　　　　　　瑞典农场规模变化情况

规模（公顷）＼年份	1951	1861	1970	1980	1985
2.1—10.0	185700	141652	73539	44722	39975
10.1—20.0	59790	53446	38309	28123	24660
20.1—50.0	28953	60226	33045	31751	29959
50.1—100	5419	5410	7895	10061	10.923
100.1 及以上	2325	2186	2516	3225	3512
总计	282187	232920	155364	117882	109029

（3）农林牧结合，经济和生态协调发展。瑞典 52% 的国土为森林所覆盖。1/2 的森林为私人所有，1/4 为国有，另外 1/4 为公司（造纸厂、锯木厂）所有，所以几乎 70% 的农场拥有森林地。从作物生长季节来看，每年 3—5 月为作物播种季节，8—10 月为收获季节，漫长的冬季主要从事木材采伐和森林管理工作；两个农业生产高峰之间正好是畜牧业生产的旺季。农林牧结合除能充分合理利用自然资源外，还使劳动力得到充分利用。瑞典畜牧业很发达，1985 年饲料谷物产量为 418 万吨，为食用谷物产量的 1.8 倍；饲养奶牛 64 万多头，猪 258 万头；产牛奶 358 万吨，肉类 54 万吨。农牧业产值之比为 25.3∶74.7。林业产值仅次于牧业居第二位，农林牧产值之比为 15∶48∶37。林产品出口额占工农

业出口总额的20%以上。瑞典森林面积占国土一半以上,但政府仍十分重视自然环境的保护,除制定全国性的自然环境规划外,还把高度污染的工业集中在几个地区,在全国建立了20个国家公园(占全国面积的1.5%)和相当数量的自然保护区(占全国面积将近2%),同时严格控制木材采伐量略低于生长量。这样既能使农林牧业协调发展,又能保持良好的生态环境。

(4)城乡生活差别不大,但农业人口呈减少趋势。在瑞典农场主的收入状况也存在着差异,一般兼业农场的收入高于全日制农场,大农场收入高于小农场。中等规模农场每个劳动力年收入相当于企业雇员的工资收入(扣除税金每年5万—6万瑞典克朗)。在乌普萨拉附近我们访问的Fonsson农场,夫妻两人租种教堂的65公顷土地(农地60公顷,牧场5公顷),饲养25头奶牛,饲料基本自给,常年不雇工,牛奶和谷物年销售收入50万克朗。扣除地租、生产费用和税金外,纯收入约12万克朗,每人6万克朗。女主人原在农业大学当实验员,她说农场收入同学校工资差不多,但务农生活较自由,住房宽敞,生活费用也比城市低,所以还是愿意留在农村,把专长和兴趣表现在工作之中。瑞典南部经营蔬菜、水果的农场,特别兼业农的收入就高得多,延彻平市附近Visingsn岛上的Stigby农场,主人原是电器工程师,他租种11公顷土地,种麦子、马铃薯和无公害蔬菜(不施化肥、农药,价格比一般蔬菜高75%),还经营一处电器装修公司和一间小铺子,他的收入就比全日制农民高得多,农场销售收入20万克朗,电工年收入15万克朗,在电器公司工作一小时还能拿到140克朗工资,全家4口,2个儿子只在夏季农忙时帮助干活,基本上不用雇工。20世纪70年代是瑞典农业的黄金时代,当时经济繁荣,很多人买不起昂贵的农产品,不少人从城市来到农村务农,引起地价上涨。1978年以后出现了生产过剩,农产品价格下跌,利率升高,成本增加,竞争激烈,农业出现了不景气,政府虽采取措施支助农业，但仍难制止农场经营亏损和人口外流问题。

二 促使瑞典农业迅速发展的因素

瑞典农业能在不太长的时间里取得如此迅速的发展，是多种因素综合起作用的结果，主要是：

（1）政局长期稳定，奉行中立的外交政策，未遭战争破坏，人民安居乐业。瑞典是君主立宪国家，实行议会制政体。国王是国家的象征，只参加礼仪性活动。由内阁负责治理国家事务。自第二次世界大战以来，在议会中拥有席位的一直是同样的五个政党，其中社会民主党单独，或与其他政党联合执政的时间最长，政策具有相对的稳定性。瑞典政府长期奉行和平中立的外交政策，两次世界大战都未波及，这是瑞典经济能够长期稳定发展的重要保证。

（2）重视农业教育和科学技术的发展。瑞典有一套完善的教育制度，国家规定儿童必须接受九年制义务教育，对无故不能完成义务教育儿童，其父母要负法律责任。瑞典每年约有1/4的青年学生可进入大学深造，其余则进入各类专业和职业学校，直接就业的青年必须进入各类技术学校培训，然后才能参加工作。遍布全国、由成年教育协会主办的各种学习班，为入境移民中的成年人和需要更新知识的成年人提供各种学习条件，每年大约200万人参加设有多种课程的学习班。完善发达的普通教育和农业职业教育，使绝大多数从事农业生产和管理的人都有较高的文化和专业技术素养。我们访问的5个农场中，有2个农场主具有大学文化并从事多年的科学研究和实际工作，其余3个在九年制学校毕业后，又接受了2—3年的职业培训。所以都是农业技术和管理方面的多面手，这是瑞典农业得以迅速发展的根本原因。

在物质技术上瑞典十分重视能源、交通建设和先进技术的普及推广。瑞典是世界上能源消耗最大的国家之一，平均每人每年消费能源约4.5万度电，全国有将近300万辆汽车，平均2.8人就有一辆，四通八达的公路和铁路网，使城市与农村距离大为缩短。瑞典农业现代化实际上是从第二次世界大战后到60年代末完成的。1945年全国平均每百公顷拥有0.6台拖拉机，1970年达到5.7台，1944年只有2%的农作物使用联合收割机收获，只有1/10的牧场使用机器挤奶，到了60年代末就基本上实现了机械化，化肥使用量45年中氮增长了10.5倍、磷增长了1.1倍、钾增长了3.1倍。科学技术的普及推广使农作物和畜产品产量大幅度提高，冬小麦每公顷产量由1920年的2140公斤，增至1981—1985年（5年平均）的5330公斤，增长1.19倍，大麦由1480公斤增至3660公斤，增长1.49倍，马铃薯由11310公斤增至26830公斤，增长1.37倍。奶牛头数由1950年的163.5万头减至1985年的64.6万头，而每头奶牛年产奶量由2900公斤增至5720公斤，即奶牛头数减少60%，平均每头年产奶量增加近一倍。发达的农业教育、雄厚扎实的物质基础和先进的科学技术三者相辅相成，形成发达的农业生产力，这就是瑞典农业得以迅速发展的关键所在。

（3）富有成效的合作组织是农业发展的强大后盾。瑞典农村合作运动已有一百多年的历史，到20世纪30年代基本形成农村合作的完整体系。1970年农场主协会与另一组织合并，成立瑞典农民联合会（LRF），它是各个全国性行业协会和农民联合会基层组织的联合体，它代表各合作组织同政府和议会对话。全国92%的农场主都是LRF的成员。联合会下分为两个系统，一个是瑞典农民工会（REL），拥有26个地区性组织和1700个地方组织，另一个是合作社系统，目前全国性的行业合作社有奶制品、屠宰业、谷物、物资供应等16个系统，拥有6万名职工，是一个庞大的农业服务体系。瑞典的合作组织具有以下特点：①独立性：代表农民利益，不依附任何政党和宗教派别；②专业性：按不同的生产或经营项目组成，没有地区性合作组织，一般不受行政区域的限制；③多样化，各类合作社没有统一固定的模式。组织形式、管理制度、分配办法因社而异。一般供应合作关系比较松散，而加工销售，特别是肉类、奶类合作组织同社员关系比较密切。我们参观的尼彻平谷物和物资供应合作社，是全国19个同类合作社中的一个，服务800个农场，耕地4万公顷，森林2万公顷，农民入社需交纳一定比例的基金（按交售谷物价款的0.5%），退社时可以退还。社员交售谷物后20天内向合作社结算要款，需要的生产资料，合作社负责供应。合作社年终盈余不是按股金分红，而是按交售农产品或购买生产资料的数量进行分配。合作社资产为集体所有，除非全体社员要求退社才能分配。合作社由全体社员选举的理事会掌管（10名理事中7名农场主，2名农场工会成员，1名合作社主席），每年举行一次全体社员大会。瑞典农村通过富有成效的合作组织把一家一户的分散生产纳入按市场供求调节的商品经济轨道。农户之间在生产上是相互竞争的，在加工、销售上则联合对外。合作组织则通过价格、质量检验、咨询等经济手段对农户生产进行指导和调节。目前瑞典每个农场主平均参加5个合作社，合作社控制全国农产品的85%以上，1986年合作社系统产值达80亿美元。

（4）政府对农业的干预。瑞典属于市场经济国家，但政府对农业发展仍采取干预措施，除发放农业优惠贷款、地区开发基金、实行农作物受灾保险、免费提供农技教育外，较为重要的通过制定农产品价格政策来控制和指导农户生产。价格制定过程是，先由农业部市场局根据议会通过的总原则，提出价格调整意见，召集农民代表（由LRF出面）和消费者代表进行协商，提出基本价格方案的建议，经批准后再由市场局主持协商当年的具体价格。每年1月1日和7月1日做两次价格变动。国家市场局的负责人说，要达成双方都满意的价格，是有一定困难的，但要求双方都遵循生产者与消费者利益兼顾的原则，一般情况下是能够达成协议的。为了调节农产品进出口，政府还采取灵活的关税政策，当然，每年政府都要拿出一大笔资金对农产品实行价格补贴。

瑞典农业在经历长期稳定的发展后，目前也面临不少的困难。主要是农业投资猛增，成本提高，生产过剩，利润下降。1970年农业成本占农业收入的72.7%，1985年增至92.5%，许多农场负债累累，面临破产威胁。现在农产品供过于求，总自给率达110%—115%，谷物和奶制品积压更为严重，国家每年用于农产品价格补贴的金额高达40亿—50亿克朗，这种局面是难以为继的。其次是农村人口老龄化问题严重，据1980年调查，全国农场主平均年龄是52岁，其中55%在55岁以上，由于瑞典生育率过低，加上许多年轻人离开农村进入城市就业，相当一部分农场面临后继无人的问题。

三　几点体会

我国与瑞典社会制度不同，生产发展的水平也不同，资源和社会条件也有很大差异。因此，他们农业现代化的经验不能照搬，但农业发展中带有规律性的问题和某些管理经验，则是可以借鉴的。

（1）瑞典农业资源十分丰富，工业高度发达，但他们丝毫没有忽视农业问题。政府制订农业发展战略，考虑到可能发生战争等紧急情况，说明这是十分有远见的。他们制定农业政策的出发点是保障农民在政治上、经济上同其他劳动者享有同等的地位，长期实践证明，这是发展农业，稳定农村的关键。我国是有14亿人口、8亿农民的大国，这一点对我们来说，应该引起更大的关注。

（2）农业结构的变化和农业人口的转移是一个长期渐进的过程，一般表现为从缓慢、加快到相对稳定的发展过程。科学技术的进步，劳动生产率的提高，是农业劳动力转移的内因，工业与第三产业对劳动力的需求是外部条件，只有两方面因素共同起作用，才能促其转化，并保持国民经济的协调发展。我国目前农业劳动力转移处在什么阶段、采取什么方式转移，都是需要认真研究的问题。

（3）根据商品经济发展的需要，建议酝酿成立一个能够真正代表农民利益的群众组织。这个组织应有相对的独立性和广泛的民主性。能在农业政策和农村发展等重大问题上同政府有关部门进行对话。同时本着自愿、自助、民主管理的原则，因地制宜，建立和发展各种类型的合作组织，并把重点放在农产品加工、销售和产前、产后的服务上。

（4）瑞典的农业管理和机构设置实行产供销一体化体制，农业部下设若干职能局掌管农业（包括林牧渔）的生产、流通和销售。国家不设商业部。农业部对农业干预侧重在价格管理、地区平衡发展和环境保护等重大问题上，有关农业教育（特别是职业教育）、技术推广、社会福利、城镇规划等则由地方负责。这样一来，机构精简、分工明确、扯皮少、办事效率高。对于我国进一步深入经济体制改革和政治体制改革可能有参考价值。